苏州河工业文明展示馆

■ 原圣约翰大学的历史建筑　　　　　■ 夜幕下，百年校园流光溢彩

华东师范大学（原大夏大学）

历史建筑

鸟瞰华东师大

申新纺织第九厂

■ 上海造币厂

■ 上海纺织博物馆

■ 梦清园（原上海啤酒厂）   ■ 苏州河河口（水闸）

M50 创意园

四行仓库

上海四行仓库抗战纪念馆

■ 苏河步道环绕华政校园　　　　　　■ 苏州河边的步道

■ 苏州河边的老北站（现上海铁路博物馆）

热烈庆祝沪港高铁开行

苏州河边的高铁

机翼下的苏州河

苏州河上的游船

苏州河上的游船

外滩源一号

■ 繁忙的洋山港

■ 洋山港

詹东新 著

苏州河的
早晨

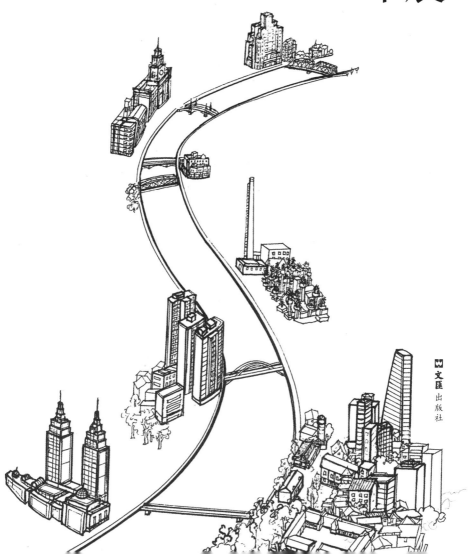

文汇
出版社

前　言

　　《苏州河的早晨》是对上海母亲河的浪漫凝视，对千年苏州河历史与现代的文化朝圣。

　　本书从位于丹巴路尽头的苏州河边的"苏工馆"起笔。从这里望出去，可以看见苏州河一百年前工业文明的盛况：第一家味精厂、第一家牙膏厂、第一家电灯泡厂、第一家电扇厂、第一家棉纺织机械专业厂、第一家氯碱企业、第一家酵母生产厂、第一家煤气厂、第一家关栈制造厂（保税）、唯一一家保留完整的出版机构。

　　构造上海工业奇迹的不光是在十里洋场的旧时代，更是在新中国成立后的我国工业化起步时，有名的"三转一响"带来了"上海质量""上海品牌"的荣耀。永久自行车、蝴蝶牌缝纫机、上海牌手表，以及红灯牌收音机成为当年几代人的心中梦想。公私合营后，走出厂门的纺织女工脸上露出的笑容真诚而灿烂。

　　工业之外，叩访了苏州河畔两所旧时期的大学——圣约翰大学和大夏大学。美国传教士卜舫济久久为功，经营圣约翰大学五十三年。民国时期教育家王伯群胸有大义，择一事、终一生办大夏大学，直到把老命拼掉，泪洒长亭，成为民国荒年巉岩下冒出的一股清流。

絮叨前朝旧事并非为了怀旧，缅怀失落或尘封的闲情遗绪，烛照的是上海海派文化的开放、包容与博大。

上海为中国工业的源头，也是红色文化的起点。曾几何时，上海工业产值占据全国的半壁江山，集聚于苏州河畔的纺织、印刷、机械、食品生产与加工成为上海的工业主体。产业工人的聚集地不仅创造了大量物质价值，也成了工人运动的中心，邓中夏、项英、李立三等工运领导人在此创下风云往事。

苏州河旧梦的破灭，喻示着时代新梦的登场。

《苏州河的早晨》着笔更多地聚向苏州河的今天。无疑，苏州河老成了一段记忆，又新成了一部史诗，想写、要写、能写的东西太多，这里撷取了治水、造景、游河，以及沿河工业、金融、贸易转型升级等和经济社会、民生息息相关的单体，既自成篇章，也相互勾连，烘托出蜿蜒苏州河的无限旖旎、壮美和现代。

苏州河重踩过泰晤士河、莱茵河、塞纳河曾踩过的坑，至1978年已全年黑臭，鱼虾死绝，沿河居民和上海大厦吓得不敢开窗。河水如有思维，一定会怨恨人类。六十年污染，二十年治理，羯鼓解秽，一路长歌，至2020年苏州河综合治理四期工程完工，河水面貌得以根本改观，鱼虾品种恢复45种——仅此一章，就能写一部纪实。

　　42 公里环河步道贯通，也是大文章一篇。政府、华东政法大学的合力，不但将原来规划的步道从 1.5 米扩充到 4 米以上，全貌呈现 27 幢历史建筑，而且将最美校园"彻底"开放给市民，成为上海高校典范。最后的难点、断点——中远两湾城，也在"全过程民主"的氛围下横云断山，得以贯通，将公共空间还给市民。

　　上海人曾经对苏州河沿岸最大的纺织企业倾注了太多情感，搬迁转型后它们去了何处？是不是消亡在上海？这里给出了答案：母亲工业不但没消失，反而爬坡过坎，植入了新生的活力因子，换了一种升级后的生存方式，时下的上海仍然是全国的纺织业（含纺织贸易）领头羊。

　　从传统工业中走来的苏州河承载着新时代的阳光，不知不觉中精彩纷呈。M50 由原来的工业厂房进化为知名的创意园区，成为中外当代艺术的聚光地；四行仓库由一处堆放银行贷款抵押物的储藏建筑华丽转身为文化博物馆；匈牙利著名建筑师邬达克设计的上海啤酒厂（远东第一）则蝶变为市民休闲观光的好去处——梦清园。

　　苏州河和黄浦江不同，后者为恢宏的中外会客厅，前者是深入上海人骨髓的后花园，从不张扬。苏河游船开通后一票难求，前来的客人更多的是上海本地人，有携妻带子，也有一家三代，对这条河寄予太多的情愫。

　　一条河流过，和水有关，和陆关联。除了水运，铁路就在河边，飞机从苏州河的头顶降下，构成了一幅水、陆、空的壮美图景。不过，随着苏州河及两岸的天翻地覆，岸边的闸北老北站已升格为元老级博物馆，代之而起的新客站、虹桥站以及南站高铁的隆隆声驶向四面八方。虹桥机场向东50公里，浦东机场的日均航班量已超过1500架，"双星座"的机场体系妥妥地成为亚太交通枢纽。国产大飞机C919已经投入航线，C929正在来的路上，波音、空客的"二人转"终将被打破。

苏州河通江达海，窅然而去。从丹巴港出去的流水到达洋山港，那里的现代化集装箱码头早已使原本亚太第一的新加坡港难望其项背。上海港翻动了世界，连续十四年蝉联全球第一，撑起国家航运半爿天。没有国家的崛起，哪来海、陆、空航运的规模和高质量发展？上海用她的双手托举起了全球航运中心的尊严。

苏州河心存挚爱、大爱，充满温情。沿河滋生的上海是中国的，也是世界的，而首先是长三角的，江南的。外滩源里渴望更多的"外来人"注入新生机。江浙人士在此扎下大营，依托沪上桥头堡，将触角伸向全国、伸向全球。全国和全球的人士来此聚集、碰撞，创下一番事业。

《苏州河的早晨》十六个章节，独立成篇，看似散装、跳荡，甚至有些芜杂不整，实则逻辑自洽，兼具水系与陆域的交互，发展与环境的和谐，社会与民生的均衡，喻示着上海贸易、航运、金融等中心建设的实在成果。

我是个实打实的劳禄命，不愿活在百度里，竭力将自己摆进去，每一篇文章都要深入河间桥头，采访七八至十余人不等，方才心安，付出的心血自然也多。当我完成最后一篇，回头一望，忽然显得混沌与迷茫，却又长长吁出一口气，豁然开朗：《苏州河的早晨》难道是无心插柳，巧妙演变成了对上海城市精神"海纳百川、追求卓越、开明睿智、大气谦和"的一种诠释？

苏州河的声音在世界回响。

目 录

引　子

一天，几名移居上海的外国人由吴淞江登船，直达到了苏州，顺口称其为"苏州河"。1848年，上海道台麟桂与英国驻沪领事签订扩大英租界协议时，第一次在官方文件中将吴淞江写成"苏州河"。

上海开埠后，城市生长首先在苏州河两岸展开，逐步散射至黄浦江畔。时代的更迭与演进，也不改苏州河的潮涨汐落、不老根脉。苏州河多元共生，杂树生花，是上海烟火气的原声，是永不过时的四季歌。

苏州河是银河飘落下的一丝浪花。

岁月不居，千年已过。惊雷远去，欢声再起。苏州河搅动了历史。而今，她的早晨无比迷人。

苏工馆的工业记忆（一）

　　人的绮想总是向往远方，对于近处的东西往往不屑一顾，或者以为就在脚下，有的是机会。却不知昨日和今日、今天和明天的风景很不一样，错过了再也回不来，有的更是某一方面的源头之光，耀照古今的。譬如大学校园，譬如博物馆，便是两个不可不去的"朝圣"之地，也是许多人眼中的两大盲点。

　　校园里有建筑人文，博物馆里有历史，去这两处，一是近，无须舟车劳顿，二是上档次，借以去度日之平庸、寄啸傲于虚空。

　　时间在河水中流去，又在河水中慢下来。苏河两岸的秘密连苏河人自己都难以尽知。现代化浪潮洪波涵澹、奇景迭出，仍盖不住苏州河弯弯的静流。苏河水宛如历史的明镜，映照出上海乃至中国近代工业文明的一脉涓流。中国的民族工业在努力中爬升，又在野蛮打压下跌倒，再爬起，绕过一个个艰难岬角，慢慢生长、蹿升。一百多年过去，泱泱第一工业大国的光源之一，不就发源于苏州河的一脉细流吗？苏州河一域的工业之光为全国引路、添彩。

苏州河边的苏工馆

来自太湖的一泓仙水从"苏工馆"前静静流过，泛起迷人的涟漪。

位于普陀区丹巴路尽头的苏州河工业文明展示馆（简称苏工馆），就是一处散发着历史醇香的知识聚点。

2023年初，大疫远去，万象更新。一次文艺界的座谈会上，大家宏谈阔论后，一位女诗人忽然指了指西边的云彩，逸兴遄飞地说："苏州河边的苏工馆新缮，各位小说家、散文家、画家、书法家不妨抽空去瞅一瞅，定不虚一行的。"

说起苏工馆，我五年前就去过，是作协的一个参观活动，因当天还有其他行程，走马观花，匆匆而过，印象不深。听说这次是新缮后的重开，必有新意，就问了一句："你应该去过了，而且对那块很熟？"

"我家住沪西，当然是去过的。"她撇了撇嘴说，"普陀区地处沪西，虽然不如老黄浦、老静安、老虹口的海派文化沉积，但42公里长的苏州河（上海市区段）有21公里流经普陀，正好是半程马拉松的距离，也由此诞生了'半马苏河'的概念。而苏州河两岸历来是工业重地，苏河水濡养了我国近现代工业的文明。"

她边上的一位蹙额的男士也仰起头，补充道："苏工馆里呈现的不局限于普陀，也包含了长宁、静安、虹口、黄浦的沿河工业篇章。"

我的思维受到了撞击。既然两位这么说，必有道理，况且，欲写苏州河，人们首先想到的是沿河的工厂和工业。选日不如撞日，我首先想不虚此行，并突兀地萌生了一个冲动的心念，《苏州河的早晨》就从这儿起笔？会议一结束，我临时拽上位文联的朋友一起去，但他忙着赶回单位开会，行色匆匆，不及细究。几周后觉得不过瘾，我又单人单骑进行了"二刷"。

停下车，已经闻到了栀子花和咖啡交合的气味，好像在欢迎来访的客人。面前的苏河水言笑晏晏。

相比人民广场的上海博物馆，1341平方米的苏工馆显得体态轻盈而娇小。它位于苏州河丹巴路口（光复西路2690号），前身是上海眼镜一厂。上下两层红砖面墙的建筑构成了展馆的主体，展出的内容都含裹在里面。博物馆连着咖啡馆——三楼独立分隔出一个圆体的空间，全玻璃透墙，银灰白的底座大胆地向前伸出，为一家本土品牌"MANNER"咖啡店，生意好得惊人，十几张桌子座无虚席，向西的出口还连着一个露台，也能容纳七八张桌子。苏工馆的三楼咖啡馆爆红在小红书、抖音各平台，来的年轻人居多，也有年长的，要是周末，不提前预订，怕是没位。

上海滩咖啡馆和博物馆的风靡并非偶然，前者是闻香，后者是文化。

接待我的两个90后讲解员，一男一女，男孩姓王，女孩姓卢，都是上海本地人，前者毕业于杭州师范大学会展专业，后者毕业于上海师范大学法律系。两位年轻人解说规范，有问必答。但我也发现，他们热情的眼光中隐隐露着一丝淡淡的警觉，怕我将他们解说词的秘密披露出去，因为当我问起能不能要一点解说的文字资料时，他们几乎异口同声地说："有些是我们自己从网络、书本上收集来的，没经过严格审核，不一定准确……"不过，每当我提问，他们都会不吝赐教。

苏工馆展出的重点是工业遗存，因为苏州河流出的第一"金"是工业。

近代以来，上海蹿升为华夏最大的工商城市，工业规模和工人比重占全国的五成，而苏州河沿岸无疑为重中之重、龙头中的龙头。

一百多年过去，苏州河的工业遗存不靠吹与鼓，是踏踏实实的存在，苏工馆呈现的不过是冰山一角。一楼进门，地上用铜条嵌字列出了十家中国"第一"的厂商，都是赫赫有名的大厂。右边为"第一家味精厂""第一家牙膏厂""第一家电灯泡厂""第一家电扇厂""第一家棉纺织机械专业厂"，左边分别是"第一家氯碱企业""第一家酵母生产厂""第一家煤气厂""第一家关栈制造厂（保税）""唯一一家保留完整的出版机构"。

音乐美妙但缥缈，数字枯燥却真实。苏工馆以实物结合数字技术展出了苏州河百年工业风云，一楼还以蒙太奇的光影手法演绎了两岸的历史图景。二楼主要展现 1949 年以后的变迁与升级，以及对未来 2035 年的憧憬。然而，苏州河边的"第一"远远不止这些，这里列举的只算个代表，全豹之一窥。

纺织大王与面粉大王

前些年，一些人在别国的文化渗透面前感到迷茫与颓废，宁可娱乐至死，也不屑"怀旧"。而我伫立在苏州河的滩头，从逝去的浪花中寻找幽思，忽然发现有些人苦苦思量而不得解的事情或方案，前人已经厘清或者实现了放在那儿。这就是历史河水冲刷的功绩。

提起旧上海的工商业，似乎很难绕开荣家。富过三代的不乏其人，荣德生的儿子荣毅仁不仅生意做大，还进入政界，任共和国副主席。

在整整一个世纪的时间里，荣家人在商界可谓大显身手，光芒千丈。荣宗敬、荣德生两兄弟，是二十世纪中国的"面粉大王""纺织大王"，而荣德生之子荣毅仁，更是青出于蓝而胜于蓝，成为上海工商联的领袖。

纵观苏州河两岸工业，首先瞄准民生，尤以百姓日常必需的吃穿为要。据苏工馆史料记载：无锡商人荣宗敬、荣德生兄弟于1912年和无锡茂新面粉厂浦文汀、王禹卿合作，开办福新机器面粉厂，1913年至1921年间在苏州河沿岸创办二至八厂，资本总额高达2912万元，被称为中国的"面粉大王"。

上百年的风霜雨雪，加上改革开放后房地产业的一路狂飙，荣氏工业的遗存已然不多，唯有福新面粉厂那幢灰砖红砖镶嵌而成的办公大楼，仍古朴地矗立在苏州河沿岸的现代群楼密林中，流连于天安千树的隔壁，迟迟不愿离局，宁愿孤独地迎接着当代红男绿女们的指指点点。

荣宗敬、荣德生兄弟不仅在上海投资面粉厂，还向纺织领域深度拓进。1915年集资30万元，开创申新纺织公司，择风水宝地苏州河西岸周家桥建立了申新第一纺织厂，其后一发不可收，五六年时间通过新建或收购，在上海相继开办申新二、五至九厂，其中一、二、八、九厂均在苏州河边，年产量达到全国纺织业的五分之一。

民间盛传荣氏世代望族，实际兴衰无常，荣德生兄弟出身草根。上溯明清时代，荣氏家族确为无锡贵族，出了许多高官，但传至近代，家境日衰。太平天国时期，无锡遭遇战乱，荣家财富被劫一空，几近灭门，荣毅仁的祖父荣熙泰因在上海铁铺当学徒而幸免于难。1886年，少年荣宗敬步父亲后尘，卷着铺盖进入上海一家铁锚厂当学徒，次年转入钱庄继续学徒生涯。过了两年，荣德生在哥哥的引荐下，来到上海另一家钱庄做学徒。可见，荣德生兄弟全靠自己白手起家创的业，后经荣毅仁发扬光大，打造起了一个工商帝国。

荣氏百年的起点源于老家无锡。荣宗敬、荣德生在上海钱庄当学徒时，忙得睡不醒觉，却使他们学会了很多会计方面的本事。后来，荣德生随父亲到广州帮忙管理账务，深受总办喜爱。荣熙泰去世后，总办邀请荣德生到广东省河抽补税局当总账。荣德生意外发现，全国有两百多种货物要征关税，偏偏面粉就不需要。总办的同事告诉他，洋人在通商条约上规定面粉供外侨食用，中国海关不得对其征税；不光免税，对内也免征营业税。荣德生暗忖：外侨哪吃得了那么多面粉，大头还不是卖给中国人？这不是赤裸裸的走私吗？既然清廷把这个便宜白送给洋人，国人为啥就不能利用呢？兄弟俩一拍即合：开面粉厂大有可为！一番紧锣密鼓的筹备后，无锡保兴面粉厂于1902年2月正式投产，不久，改名叫"茂新"。

刚开始，茂新基本是手工作坊，用四个大石磨开工，磨出来的面粉发黄又多杂质，跟市面上又白又细的面粉差得远。荣德生四处打听，甚至潜伏到人家厂里去瞧，才发现上海的面粉厂都用先进的机器磨粉。那就赶紧换机器！可是，这外国人的"机器钢磨"不是你想买就能买的，必须由洋行转手。荣宗敬不知跑了多少趟，嘴皮子磨破，小腿肚转筋，总算把"钢磨"的事敲实了。鸟枪换成炮，石磨改成了钢磨，慢慢地，面粉厂开始爆发，每天净赚银子五百两。

然而，茂新的发展并不是一帆风顺，先后遇到几次大小危机，直到辛亥革命后，茂新面粉业才兴旺起来，其生产的"兵船"牌面粉逐渐走俏，并在南洋劝业会上荣获三等奖，成了国内的名牌产品，价格甚至比一些著名的老牌子还高。依靠"兵船"摇钱树，茂新面粉厂采取租用、收购、扩建等方式，不断地扩大生产规模。1913年，茂新已经拥有了24座美产钢磨，日产面粉5500包，比最开始的时候翻了十多倍，步入鼎盛期。

茂新之后，便是福新。福新面粉公司成立于1912年12月，由荣宗敬、荣德生兄弟创立于上海，它与茂新面粉公司共同构成当时中国最大的私营面粉企业。

福新开业大吉，几个月就赚了四万元。有股东提出要分红，荣德生不同意，并提议三年不分红以扩大规模，获得大家通过。1913年冬天建成福新二厂，次年6月又建了福新三厂。此时恰逢第一次世界大战爆发，面粉紧俏，给中国面粉出口提供了重大机遇，荣氏面粉趁机走向英、法、澳和南洋各国，每次订量以几万包乃至几十万包计，经营的面粉厂也增至十家，每日产量达到了惊人的4.2万袋。1919年，五四运动爆发，全国掀起抵制日货高潮，更给本土的荣氏集团锦上添了花。

现在将时间再拨回到1905年，也就是茂新改造一年后，荣氏兄弟和别人合伙，在无锡创办了振新纱厂，两年后正式开机。振兴纱厂的开局打得漂亮，生产出来的"球鹤"牌棉纱风靡一时，甚至能和从日本进口的名牌货打擂台。

然而，股东多了，难免七嘴八舌。对于工厂利润的走向，荣氏兄弟和其他股东产生了分歧。老大荣宗敬希望钱生钱，拿利润到上海开新厂、开大厂，却遭到了其他股东的反对：利润都拿去发展了，办企业的获得感就难以体会。荣氏兄弟决定，既然达不成合作，不如退出振新，自己独立办新厂。

1915年，荣氏兄弟自己的申新纺织厂在上海开张，并很快做到了后来居上。那些年，正是中国近代史上纺织业发展的黄金期，类似于本世纪初的房市，只要傻乎乎地买进，总能赚钱。纺织厂只要开机，就能盈利，更别说荣氏兄弟本身就富有经商头脑了。申新纺织甚至创造了近代史上的奇迹——华商纱厂并购日商纱厂，也就是说，中国工厂并购了日本工厂。

有人说，日本人的本性是只服力而不服理，见小利而无大义。收购日本纱厂后，借全国上下抵制洋货运动的风起云涌，荣氏兄弟干脆连日本人的市场也顺便拿下了。申新纺织顺势大为。

申新的"吃和穿"——面粉业和纺织业，成了荣家的左膀右臂，相辅相成。1925年到1931年间，有的纺织企业开始走下坡路时，荣氏非但没有改组、出租和出售任何一个分厂，反而加速整合，工厂数量从四家增加到九家，纺织机器达到五千多台，牢牢占据着全国首席的地位。荣德生扳扳手指，戏谑地说："从衣食上讲，我们拥有了半个中国。"

大隆整套纺织机械厂

国内纺织业的崛起，催生了纺织机械的发展。这一行，又诞生了一个传奇人物严裕棠，他一手开创的大隆纺织机械厂和申新公司有着关联，那就是为荣家的纺织企业做机械配套。

近代民族工业的发展过程，一直存在着对进口设备从机器依赖到技术、人才依赖的弊端，这也是民族工业难以自强的原因。严裕棠花了四十多年时间，将一个弄堂作坊发展成中国最大的本土机器制造企业，还拥有两个现代化的大型纱厂和几个中小纱厂，闯出了一条"棉铁联营"的机器自制、技术自立之路。按现在的话说，是有效实现了国产替代。

严裕棠 1880 年出生于上海，祖籍浙江鄞县，成长于洋行买办家庭，从小耳濡目染，对买办职业和商务活动有着天然的兴趣，并在英语方面天赋异禀。父亲严介廷见儿子是块"璞玉"，专门为他聘请了外籍教师，传授语言及西方文化。十九岁时，严裕棠在叔父的介绍下进老公茂洋行当学徒，后任洋行主皮尔斯的私人助理，很快熟悉了业务。两年后，严裕棠从洋行辞职，以债权人身份入公兴铁厂当跑街。公兴铁厂是一家民营机械制造厂，因没有外语人才，难以揽到大单。严裕棠进厂之后，如鱼得水，业务量骤升。

严介廷见儿子是块真玉，就在 1903 年与铁匠褚阿土合股开办大隆铁工厂，让其自立门户。大隆厂初创时，在杨树浦太和街梅家弄租赁两间平房权当车间，主要为外国商船修理小机件，也为缫丝厂和轧花厂修点零配件。不久，大隆厂搬到平凉路，租用严介廷的 12 间铁皮木板平房作厂房，厂里工人增至 50 名。而严裕棠始终将目光盯住黄浦江，专门置备两条小拖轮，为外国船家提供上门服务，生意兴隆。除了修配外轮机件外，也承揽了其他厂家的机件修配生意，增加的长期客户有永茂轧花厂、中美面粉厂、日商云龙轧花厂、商增裕面粉厂等，业务蒸蒸日上。

1907 年，严裕棠买断了合伙人的股份，将大隆变为独资公司。这时，跟风做外轮修配业务的厂家越来越多，利润日薄。与国内的棉纺织业兴盛相对应，纺织机械都花高价从国外进口，且维修不便。严裕棠瞅准商机，决定放弃外轮生意，将业务转向纺织机件的修配上。此时的大隆虽然不能完全自制自销，但仿制和修配水平已是业界的佼佼者。严裕棠长袖善舞，发挥自身业务联络之长，获得了英商恒丰洋行和日商内外棉公司的两大订单。代理加工不仅能提升业务量，还名正言顺地学到了相关制造技术。

第一次世界大战爆发，将西方列强拖入战争漩涡，欧洲风雨飘摇。长期受压制的中国民族工业强劲反弹，纺织业发展迅猛。严裕棠趁机承包了荣氏兄弟申新纺织公司的机器修配业务，同时，组织力量试制部分纺织机器，为整机制造打下了基础。

严裕棠清楚，大隆欲摆脱低层次的机器修配，转向高水平的整机制造，重要的是培养自身的人才队伍，走技术自立之路。为此，严裕棠在大隆建立了严格的学徒制度，选定一批技术精湛、能吃苦耐劳的老技师担任师傅；徒工进厂之前经严格挑选，学习时间为三年，白天跟随师傅当下手，晚上学习相关理论，表现不好随时可能被辞退。大隆培养的大批技工和管理人员，成为中国早期机器制造业队伍的重要组成部分。另一方面，大隆技师在为英商恒丰洋行代制纺织机传动装置过程中，从洋行提供的设计方案里学到了不少关键技术。

在严裕棠看来，纺织厂高价从欧美及日本进口机器不仅是民族纺织业之失，也是机器制造业之辱。经过反复试验，1922年，大隆机器厂终于试制成功织布机并上市销售。

1923年，严裕棠在苏州河边的光复西路购地70亩（大隆机器厂现址），建造厂房，业务也由纺织机件修配积极向机器制造方向转型。1927年迁入新厂时，已有工作母机200余台，职工1300多人。

严裕棠的梦想是建立自主独立的一流机器制造企业，但单纯的技术自强之路并不容易。大隆机器厂自制织布机成功后，因华商普遍轻视国货，产品销路不畅。有的厂家看在与严裕棠的交情上购买几台，也是弃而不用。

严裕棠心生一计：无人购买，就自建纱厂，自制自销，搭建样板。1925年，严裕棠租办连年亏损的苏州苏纶纱厂，更名苏纶洽记纱厂。在全面接办苏纶后，由大隆机器厂对原有机器进行整修，并采用大隆机器厂的纺织机增设了苏纶二厂和一个织布厂。重新开工的苏纶纱厂，由于机器购买及维修成本低廉，产品价格远低于其他纺织厂，且质地优良，获利甚丰，为其他纱厂望尘莫及。苏纶纱厂的成功意味着严裕棠的"棉铁联营"战略初战告捷。

马太效应下，上海的永安纱厂和鸿章纱厂、江阴的利用纺织厂先后采用了大隆的成套纺织机器。此外，严氏父子还向常州民丰纱厂、郑州禄丰纱厂和江阴通仁毛棉纺织厂等一些纺织厂投资，成为这些厂的股东，以上厂家便理所当然地购买了大隆的机械。

严裕棠引进了一批技术专家，并设立了技术研发机构。1928年，大隆聘请机械专家黄朴奇任大隆机器厂经理兼工程师，掌管全厂的技术与生产。黄朴奇破天荒地在工厂组建了机械物理实验室。1932年，严裕棠的第六子严庆龄留德回国，担任大隆机器厂厂长。严庆龄聘请擅长内燃机制造的连忠静为工程师，还聘请了两位德籍工程师，与原有的技术员共同组成总工程师办公室,在铸冶、机械加工、量具制造、热处理等方面进行了一系列改进。经过努力,大隆从仿制机件到仿制整机,最后自行设计各类机器设备,最终实现了流水线生产。

二十世纪三十年代,大隆生产的机器有精纱车、浆纱车、筒子车、提长机、打包机,以及拆包机、开棉机、给棉机、花卷车、清棉机、梳棉机、七眼并条机,还制造了120吨压力的打纱包用的油压机以及染布机,完成了整套棉纺织机器的制造,一举成为华商机器制造业的骄子。

"家大业大"的严裕棠终于招来了别人的垂涎与觊觎,他分别于1928年10月和1932年5月两次遭绑架勒索,但大难不死,逃过劫波。据《申报》1932年5月5日报道:"严裕棠两次被绑架,都化险为夷,乃因果造化、命大福大也。"

1937年全面抗战前夕,严裕棠的棉铁联营企业登上了顶峰。大隆拥有工作母机500余台,工人1300多人。上海鸿章纱厂对其评价道:"我国最先仿、造纺织机器其成绩最良、规模最大者,惟大隆机器制造厂也。"

上海沦陷后,大隆厂被占,改名"内外铁厂",转为日军的军工厂。为香火不断,严裕棠用密藏机器在江苏路诸安浜路,以美商泰利为掩护办了泰利机器厂。抗战胜利后,内外铁厂(原大隆厂)作为敌产被国民政府经济部没收,改名上海机器一厂。

1947年9月,严裕棠以600根金条赎回原工厂,并复名大隆厂。1948年,严裕棠迁居香港,嗣后侨居巴西。其子严庆祥留守上海大隆厂。

1949年，大隆与泰利两厂在以生产棉纺机器为主的同时，开始制造船用推力轴、火车轮、金属切削机床、空气锤等设备。1954年，在严庆祥主持下，大隆厂和泰利厂实行公私合营，改名为公私合营大隆机器厂，下设一厂（原大隆厂）、二厂（原泰利厂）。1958年，严裕棠从巴西回大陆途中滞留台湾，10月18日突发心脏病，逝于台北。

随着国家石油工业的发展，大隆机器厂的产品开始以生产石油机械配件为主。

上海啤酒厂

说起第一次世界大战难民邬达克，上海人立马联想到巨轮远航似的武康大楼，垂直线条、逐次收进的"上海之巅"国际饭店，南洋公学工程馆（现上海交大工程馆）及大光明电影院等。他设计的私人住宅更是凝固的艺术，声名远播，番禺路上西班牙与意大利文艺复兴式的孙科别墅，汾阳路法国文艺复兴式马迪耶住宅（海上小白宫、现上海工艺美术博物馆），巨鹿路上的"爱神花园"刘吉生住宅（现上海市作家协会），铜仁路上"绿房子"（现上海城市规划设计院），新华路上成片的欧式哥伦比亚生活区……

这位匈牙利建筑设计师将他一生作品的99%留在了上海，让海派建筑大放异彩的同时，也让上海成了他的名利场。

在邬达克三十多件永不过时的经典中，有一件庞大的工业建筑——上海啤酒厂。位于苏州河畔宜昌路 130 号的这座工厂建筑，是当时远东最大的啤酒厂，占地超过一万平方米，呈马蹄形展开，主建筑有酿造楼、灌装楼、仓库、办公楼及发电间，主体建筑为现代派风格，是这位设计名师奉献给上海的大型工业建筑，也是他将现代派风格融于厂房设计的成功范例。如今，苏州河边的"梦清园"主题公园内仍遗存着旧时啤酒厂的部分建筑，有灌装楼、办公楼和临苏州河的酿造楼，可惜了当年高过九层的宏伟酿造楼被拆到只剩五层。残留的啤酒厂遗存成了梦清园的重要部分。

当时的技术层级，在苏河滩这类松软的沙地上建一座大工业建筑并不容易，地基深达三十多米，桩基原木就需两三千根。并不擅长工厂设计的邬达克接受案子后，恰遇心脏病复发。他于 1931 年回欧洲做心脏手术时，专程去慕尼黑考察德国的啤酒厂，以为参考。

早在 1911 年，德商顺和洋行在上海创办了顺和啤酒厂（即联合啤酒股份有限公司），这不仅是上海最早的啤酒生产厂，也是远东最大的啤酒工厂，因其生产"UB"牌黄啤，被上海市民称为上海"友啤"啤酒厂。工厂雇员 100 人，年产啤酒 2000 吨，厂址在戈登路（现江宁路）1420 号。

啤酒为舶来品，啤酒的"啤"字由外文音译过来，和"皮"谐音，中国以前是没有这个字的。后来，有人根据国外对啤酒的称呼如德国、荷兰称"Bier"，英国称"Beer"，法国称"Biere"，意大利称"Birre"等，这些外文都含有"皮"字音，于是就将这种酒译成"皮酒"，然而，唯美的中国人觉得这个"皮"字不雅，索性创造了一个形声字"啤"，沿用至今。

当时，啤酒属于新鲜物种，不为大众所接受，发展商拼命吆喝做广告，请当红女明星出面站台，连双层公共汽车的车头上都印着"UB（友啤）啤酒"的巨幅广告。传播多了，时髦的上海人开始喜欢上这种"爱冒泡"的酒精饮品。

1919年，公司经营亏损，挪威人汉记（英译）将上海联合啤酒股份公司收购，改名顺和啤酒厂，但仍使用原"友啤"商标，主要生产浓色啤酒、拉格啤酒、皮尔森啤酒以及黑啤酒。

三十年代初，啤酒厂的大部分股票被英商巨头维克托·沙逊所认购，控股权三次易手，但仍由汉记负责管理。实际大股东沙逊踌躇满志，积极开疆拓土，在苏州河南岸的宜昌路买下茂兴面粉厂15亩地基，请名师邬达克设计建造新厂，落地建筑面积达11000平方米，设计能力为年产啤酒3.2万吨。

1935年新厂建成投产，总建筑面积约32700平方米。从原料进厂、发酵酿造、消毒处理到灌装打包，基本是自动流水线作业。提取当时能用的苏州河水，生产清色、浓色、金浓等啤酒。啤酒的外表设计和包装精美，深受消费者喜爱，这在当时已属国际一流。后因资金周转出现问题，啤酒厂的经营者汉记不得不向英商巨头维克托·沙逊借款，最后啤酒公司的管理权也实际落入沙逊集团之手。当年，工厂易名上海啤酒股份有限公司。为维护商业推广的连续性，继续保持"UB"啤酒商标。汉记仍是公司的三位经理之一。除中国市场外，产品远销东南亚。

1949 年 4 月，因战争原因，啤酒厂停产。1957 年由国家接管，易名为"国营上海啤酒厂"。1959 年恢复生产，产品商标改为"天鹅"。在二十世纪九十年代中期，该厂一度成为上海生产"青岛啤酒"的主要企业。二十世纪末，苏州河沿岸环境整治，工厂永久关停，旧址作为工业遗产得以保护，并改建为活水公园"梦清园"的一部分。上海啤酒厂旧址 1999 年被公布为上海市第三批优秀历史建筑，2009 年 6 月被列为第二批普陀区登记不可移动文物，2011 年初被定为普陀区文物保护单位。

最早的电灯泡厂与电扇厂

我在写这些文章的时候，早将自己当成了一名研究工业史的"考古学者"，对一些文献始终抱着怀疑、审视和批判的眼光，非要走访实地、反复核实才肯罢休。后来，有些史料馆的馆员已经厌烦和忌惮我的出现或电话，害怕我刨根问底的"黏劲"、不愿放过半丝疑点的诘问。也有人干脆抱头撂挑子："我们这里的资料就这些了，有些疑点暂时理不清。"我忙说："等我弄清楚了，说不定对你们也是种补充。"

这是我性格使然，是优点也是缺点——凡事追求完满，明知不可能也奔向可能，所以就累，做事累，做人累，一辈子累。

据苏工馆的资料介绍：中国第一家电灯泡生产厂，是 1917 年美国奇异安迪生电器总公司在中国的一个分厂，原厂在今南京东路四川中路口，1918 年迁至今长寿路 1012 号。1952 年命名为国营上海灯泡厂，1953 年研制成功第一根国产钨丝——这样的描述也对也不对，或者说存在着补充的空间。

比较完整的说法是：早在 1908 年，美国 GE（通用电气）在沈阳建立了中国首家灯泡厂；1917 年由美国 GE- 爱迪生电器公司创办了上海奇异安迪生电器公司（上海灯泡厂前身）。不管是沈阳厂还是上海厂，都是外商在国内开设的灯泡厂，但也促进了中国的光明和进步。

而我，很想叙述一家属于中国人自己研制的电灯公司，也在上海，创始人是宁波人胡西园先生。他于 1921 年在上海成功试制国产电灯泡，1923 年创办国人的第一家灯泡厂——中国亚浦耳灯泡厂，在与国外企业的残酷竞争中为民族工业争下光明一席。胡西园集发明家、实业家于一身，1945 年参与创办民主建国会，当选常务理事，享有"灯泡大王"赞誉。

他有句著名的口头禅："要让中国人用上中国人自己制造的电灯泡。"

胡西园 1897 年出生于浙江宁波，也是天纵奇才，童年时对能自动发光的电灯泡产生了兴趣，甚至一见到木柴燃烧冒出的火焰，就会联想到明晃晃的电灯新光源。他宁波中学毕业后考入浙江高等工业学校攻读电机专业，自制灯泡的念头一直在脑海中萦绕。

1921 年，大学毕业的胡西园受到装点城市万家灯火竟无一家国产灯泡厂的强烈刺激，丢开了待遇优厚的工作机会，一头钻进书库，寻找有关电灯泡的技术资料，还在市场上收购一些旧设备和器材，腾出家里一个房间用作实验室，埋头电灯泡的试制。1921 年 4 月 4 日，胡西园在留洋归国工程师周志廉、钟训真的协助下，经历了灯泡走气、漏电、断丝、裂壳、烧毁以至爆炸等系列失败后，凤凰涅槃，破茧成蝶，终于让自研的灯泡发出了迷人的光芒。这就是国人自己制造的第一只电灯泡（长丝白炽泡）。

当年夏天，胡西园筹集三万元作启动资金，购买了两套日本旧机器，在上海北福建路唐家弄 242 号开始了国产电灯泡的生产。先后取厂名"神州""国光""三海"。

民族实业家胡西园并没有"闭关锁国"，而是吞吐四海。1922 年底，胡西园向益昌钱庄和四明银行贷款得一笔款项，将德商奥普制造灯泡的全套设备盘了下来，用来扩大生产。1923 年，胡西园拓展厂房，聘德国人奥普为总工程师，并聘请一些中国专家为顾问，取德国"亚司令"之"亚"字、荷兰"飞利浦"之"浦"字、立志将来执电灯泡工业牛耳之"耳"字，起名"中国亚浦耳灯泡厂"。同年，胡西园参加中华国货维持会，被推选为常务委员。1924 年 11 月，胡西园作为国货团体代表，受到孙中山先生的接见和嘉勉。

不久，胡西园在上海苏州河附近的小沙渡路建立了第二座灯泡厂。接着又在沪西创办了第三座厂。亚浦耳公司很快蹿升至日产 20 万只灯泡的规模。

亚浦耳公司在胡西园独立自主经营的指挥棒下，生产和销售稳步前进。全面抗战前夕，亚浦耳公司已有四大工厂，列全国电器业之首，胡西园成为近代中国电器业的知名人物。

1937年全面抗战爆发后，胡西园带领员工搭乘法商聚福公司"福源"轮于11月迁到重庆，在白象街116号设立中国亚浦耳电器厂办事处。在重庆期间，胡西园办了八个不同性质的工厂。1945年国共重庆谈判期间，胡西园与众多实业家一起，先后三次受到毛泽东、周恩来的接见。毛泽东详细询问工商业的情况和要求，赞扬他们为发展民族工商业所作的贡献。周恩来对胡西园说："亚浦耳灯泡厂战时内迁，为战区照明出了大力，对抗战贡献不小。"

同年10月19日，胡西园在西南实业大厦担任主持星五聚餐会的主席，请周恩来发表"当前经济大势"演讲。周恩来从发展工业建设的政治环境、资本、发展、税收和劳资等五个方面阐明了战后中国发展经济所面临的形势和任务，阐述了中国共产党对经济建设的主张和政策。

抗战胜利后，胡西园携工厂回迁上海。亚浦耳继续制造长丝灯泡并积极研制新光源，于1946年试制成功国产第一支日光灯管。

解放前夕，胡西园选择留下。新中国成立后，他继任亚浦耳总经理，1950年生产出新中国第一批日光灯。

曾经挤走美国品牌的华生电扇，承载着无数老上海人抹之不去的记忆，即使到了空调普及的二十一世纪，仍有"舍不得"

的居民拎出华生牌电风扇，让它轻盈地摇头、旋转，将阵阵消暑凉风送进室内。

国产华生牌电扇诞生于 1916 年，创始人为杨济川（镇江人）、叶友才（宁波人）以及袁宗耀三人。

1909 年，杨济川在做裕康洋行账房时，和叶友才、袁宗耀一起发现了电扇行业的巨大商机，发誓要打破美国 GE 对国内电扇市场的垄断，制造属于中国人自己的产品。三人一拍即合，开始在白铁店、铜匠铺、翻砂作坊敲敲打打，于 1915 年试制出了国人的第一台电扇。

创出了样品，接下来当然是生产上市。三人凑了几百两银子，在北四川路横浜桥附近租屋，雇了几个工人开厂起步，起名"华生电器制造厂"，寓意"中华民族更生"。第一代华生牌电扇的设计颇有东方创意，将彼得·贝伦斯设计的直线栅栏改为极具中国意趣的曲线栅栏，蕴含"风吹云动"的意思。杨济川还亲自设计了"华生"牌电扇商标，除了画上戏剧名伶舞姿全身像和一台电风扇的造型外，居中位置突出一个椭圆形，内印"华生"变形汉字与"WS"变形字母及"注册商标"字样。华生牌电扇商标图案表现张扬，加上售后服务周到，一下撬开了市场。

五四运动东风的加持和价廉物美，使得华生民族品牌受到国人热捧。1924 年，三人在周家嘴路购地 15 亩，建厂房四十余间，并增冲床至百余台。杨济川、叶友才谋定后动，以"华生"牌电扇与 GE 大打出手，逐鹿天下。据宁波帮博物馆资料显示，当年，华生电扇大批量进入市场。次年，又开产56英寸吊扇，这是宁波人叶友才开发的又一新品种。为了进一步拓宽市场，叶友才通过上海华美电料行与香港华美电料行的关系，与南洋各地商会挂钩，多次举办电扇展销会，使华生电扇在国内外更为畅销，而美国GE风扇则在中国市场上销量锐减。

哪怕放在今天，杨济川和叶友才走市场也是一把好手。一方面，大打质量牌，电扇在出厂前试运转一年，没有丁点问题才卖客户，他们响亮地提出了"保修十年、免费检修"的口号。另一方面，加强舆论造势，其样品在繁华南京路上的大新公司（远东最大的百货商店）的玻璃橱窗内不停息旋转一年多，每天更换绑缚在风罩上随风飘舞的彩色纸带，纸带上更新着日夜旋转的天数。广告效应下，华生神器轰动上海滩。另一方面，华生电扇在各地的国货展览中频频亮相，斩获诸多殊荣，声誉鹊起。1926年，美国费城举办世博会，华生电扇一举获得银奖，震惊世界，引发销量直线飙升。1927年，电扇产量达到五千台，1928年上升到一万台。1932年，产品销量达三万台，两万台销国内，占国内市场八成以上，一万台销南洋群岛，占当地市场的一半，成为中国电扇业中年产量和年产值稳居榜首的龙头老大，被称为"电扇大王"。1933年至1935年，华生电扇进入全盛期，在南翔开设了华明电器厂，产量稳定在三万台以上（有资料记载，巅峰期为七万台）。华生的崛起使经营GE的慎昌洋行惊慌万分，生死时刻，先以50万元来购买"华生"牌商标，遭拒绝，又以超低价倾销市场进行扼杀，均以失败告终。短短十几年时间，华生不但站稳了脚跟，还以市场法则硬生生将傲慢的 GE 与三菱电机的同类产品踢出了中国。

阳光过后，便是风雨。1937 年全面抗战爆发，在周家嘴路和南翔的工厂成了交战区，往昔厂址顿为焦土。万般困难下，叶友才、杨济川冒险将华生电器厂的各种机器、原料、成品全部迁往武昌，后又移往重庆，其搬迁的物资数量之多，在上海民营内迁厂家中名列第一。途中多次遭日机轰炸，损失惨重，抗战胜利回沪时不足原来的十分之一。

华生电扇厂内迁时，由于周家嘴路厂房被焚，留守人员只好将剩余设备和物资搬迁到戈登路（江宁路）劳勃生路（长寿路）口，重新建厂。这就是老上海人记忆中的华生厂。

华生迁回上海也即意味着落难，国民党当局以低于市值数倍的价格，用金圆券强行收兑华生厂存于中央银行的 20 余万美元。此次劫掠，使工厂现金流枯竭，经营陷入困境。好在上海很快解放，华生获得重生，在华东工业部领导下，政府及时下达三批加工订单，使华生厂绝处逢生，免遭倒闭的厄运。1954 年 5 月，华生厂实现公私合营。1962 年 1 月，澳门路厂区专门生产电扇，称为华生电机厂，1966 年更名为上海电扇厂，1979 年恢复为上海华生电扇厂。1980 年，以华生电扇厂为主体成立了华生电器总厂，下设十二家分厂，职工增至 7000 多人，年产量 50 万台。八十年代，华生两次获得"国家质量银质奖"，还拓展生产电饭煲、电水壶、吸尘器、脱排油烟机、多功能食品加工器等系列家电产品。

2001 年 4 月，上海日用五金公司通过产权交易中心收购包括"华生"牌商标在内的华生电器总厂整体资产，与上海晟光日用五金进出口有限公司重新组建了上海华生电器有限公司。历经三年多的调整、改革和发展，"传承经典、风靡百年"的宗旨初见成效。2005 年 12 月，"华生"牌商标被再次认定为"上海市著名商标"；2006 年 1 月，"华生"牌商标荣获"最具影响力的上海老商标"称号；2008 年 12 月，华生牌电风扇产品荣获"用户满意产品"称号；2009 年 3 月，华生牌电风扇第三次被认定为"上海市著名商标"。

味精厂与氯碱厂

苏州河岸边的味精厂和氯碱厂，出自同一人之手——嘉定人吴蕴初。

二十世纪初期，我国尚无生产味精的厂家，所需味精全部从"东洋"进口，大街小巷尽是日本味 ——当时也不叫味精，仿个日本名"味の素"（至今仍有老人称为"味之素"）。这种调味品一直被日商垄断，直到吴蕴初的出现才打破局面，他后来成了中国的"味精大王"。

吴蕴初 1891 年生于上海嘉定，十岁开始上学，学了几年外语后辍学回家，在老家一所小学教几句英文糊口。十五岁那年考上了上海兵工学堂攻读化学，被当时的德国籍化学老师杜博看中，悉心教导，学得了许多化学知识。十九岁从上海兵工学堂毕业，先在上海制造局实习一年，然后去了杜博老师的实验室担任助教，两年后被杜博举荐到汉阳铁厂工作。善于动脑的他在汉阳铁厂成功研制出了锰砖和矽砖，竟然从一个小小化验师蝶变为砖厂厂长，并被聘为理化课和制药课课长。1920年，回到上海的吴蕴初与朋友合办了炽昌新牛皮胶厂，其间，他无意中看到了独霸全国市场的日本"味之素"。这勾起了吴蕴初的兴趣，也严重刺激着他的神经，于是专攻中国的"味之素"。他白天上班，晚上研发，甚至发动妻子成为自己的助理，最终研制出了白色晶体状的颗粒，将它取名为味精。

1923年，吴蕴初找到一个合伙人——酱园老板张逸云，两人合办并获批了第一家国产味精厂，取名"天厨味精"，产品采用"佛手"商标，突出其产品不同于日本"味"。

国产品牌物美价廉，天厨味精一上市就被抢购一空。吴蕴初开始扩大规模，新建了十个厂房作为粗制加工场，另外还有一个精制加工厂。据统计，天厨味精年产量为3000吨，受到政府的嘉奖。天厨味精的大批量上市，加上当年抵制日货的情绪高涨，国人疯狂抢购，一时间日本"味之素"销量狂跌，不久便灰溜溜地退出了中国市场。

为使味精所需盐酸自给，吴蕴初作为我国氯碱工业的创始人，于1930年建成天原电化厂。这是我国第一家生产盐酸、烧碱和漂白粉等化工原料的氯碱工厂。后来，他又相继创办了天利氮气厂、天盛陶器厂等"天"字号企业，填补了中国近代氯碱、化学陶瓷工业的空白，形成了实力雄厚的"天"字号化工系列。吴蕴初甚至到越南海防盘下了一家因经营不善而停业的法国人的盐酸厂（法国远东化学公司）。

"天原"，即天厨原料的意思。吴蕴初从电化化学的阴阳两极联想到"太极生两仪"，于是把太极图作为天原产品的商标。天原电化厂成为中国第一家电解化学工厂，被视为中国食盐电解工业的鼻祖。天原盐酸出货后，日产盐酸首先被打倒。烧碱本来是英商卜内门洋行的主要商品之一，是固体碱，天原剑走偏锋，改做液体碱，同时设法降低液碱的含盐量，不仅降低了成本，而且便于本地工厂使用，广受用户欢迎。

当时国内电解食盐工业尚处空白，吴蕴初率技术人员于1932年赴美考察学习，回国后，他一边对厂内生产工艺进行改进，一边搜集国内外有关电解工业的资料，于1934年自制电解槽获得成功，在化工界传为奇闻，也使天原厂成为国内第一家设备基本国产化的化工原料企业，拓宽了民族化工企业自力更生的发展道路。

吴蕴初强调质量是企业的生命线，积极引进、消化国外先进技术。天利氮气厂成立时，他从杜邦公司买来初始设备。1934年春，吴蕴初亲自到德、法等国选购机器，最后从法国购进了全套硝酸设备。抗战期间，他又冒着随时被流弹送命的风险去国外学习先进的生产技术和管理理念。

吴蕴初衣着朴素、态度谦和，从来也没有忘记自己少年时代的求学窘境。他觉得企业资金有余，应该多做些公益。

吴蕴初不贪婪，妥善安排味精发明权报酬。他致函公司：

"味精虽由蕴初启其端，然有今日之发达，全赖同事之努力及社会之赞助，故自本公司成立之日起，蕴初决定只保留发明权而牺牲所应得之利益。"他提议将发明权报酬的25%分给职员，25%作为社会公益金，50%作为公司特别公积金。他一手推动建立了慈善基金会。1931年，他发起成立了"清寒教育基金协会"，基金会所筹资金，专门用以奖励那些攻读化学专业而家境贫寒的学生。他还聘请当时的专业人士共管他的财产，定名为蕴初公益基金委员会。抗战胜利后，他将味精发明权所得款项并入基金会。

1937年上海淞沪会战爆发，为支援抗战，吴蕴初收购了大批核桃壳，用来烧制活性炭，制作防毒面具，无偿赠送抗战的中国军队。1938年，吴蕴初又以天厨味精厂的名义购买战斗机支援抗战，成为当时家喻户晓的"献机爱国"抗日模范。

抗战时期，天厨味精厂被迫西迁重庆。为培养技术人才，他在重庆大公职业学校及中华职业学校成立"天厨"奖学金。其间，吴蕴初教导后辈要"蕴志兴华，家与国永"。他笃信"致富不忘报国"，即使在抗战的艰苦环境下，仍创造条件生产，在重庆和宜宾，先后建成了天原渝厂和天原叙厂。同时，他的企业在香港设立分厂，打开了美国的味精市场。

抗战胜利，吴蕴初返回上海。1947年，主体工厂迁回上海。新中国成立后，他的化工企业进入了新发展阶段。正当吴蕴初怀着激情积极投身于新中国的化工事业之际，不幸于1953年10月病逝，终年六十二岁。临终前，还不忘吩咐后辈："你们今后要照着国家指引的道路走下去！"

1955年，先后有六家调味品厂并入天厨公司。六十年代末，天厨味精厂一度改名为上海味精厂，其生产的99%结晶味精从1962年以来连续22年获国家外贸部门出口免检信誉。1977年恢复"天厨"名。八十年代年产味精约4500吨。天厨味精厂还生产天冬氨酸、赖氨酸、丙氨酸等产品，远销香港、东南亚、巴西等国家和地区。

写到这儿，我想做一个浅小的总结。综上所述，旧上海时期建立的"苏州河"工业品类众多，由于篇幅有限，只是选取几家有个性的企业，更多的还藏在背后，供日后去厘析与分解。

旧时期，上海的民族工业是中国民族工业的一个缩影，而苏州河又是那个最有资格的见证人。苏州河沿岸工业起始于辛亥革命前后，繁荣于抗战前夕。许多实业家沿河梯次展开，成就一番伟业；来自江浙、内地的劳动力被苏州河的魔力吸引，纷纷来此务工，鼎盛时期，以苏州河为核心的上海工业规模占据中国工业的半壁江山。

苏州河仗剑四顾，举国已无抗手。苏州河已然封神，不再需要以工业自诩，也不需要更多地抛头露面。

然而，战争的风暴残忍地吹进苏州河十八湾，日本鬼子的炮口吐出恶毒的火焰，将文明的苏州河烧得遍体鳞伤，将我国民族工业的源头之火无情泯灭。过往的疮痍永远留在两岸人的心头，历史的伤口直到解放战争的隆隆炮声后才渐渐平复。

苏工馆的工业记忆（二）

苏州河开山立派，艰难登顶，成为中国近代工业的鼻祖，即使遭遇战争的狂轰滥炸仍昂首向前，其惯性滑向黄浦江，滑向全上海，滑向现代，使这座工商大都市光环叠加，耀眼蓝星。

纺织女工的笑容

苏州河工业的起点不限于旧上海。新中国成立后，上海延续了聚中外交汇之气，屡开天下之先。一个良好产业的开端，大都由上海打得开局第一拳，临门一脚成功率最高，因为这里有雄厚的工业基础，全方位的人才优势，背靠长三角乃至长江流域的集群资源，纺织、钢铁、汽车、航空、航天、石化、造船、电子……事关共和国气运的大工业，上海皆是史诗般的开路先锋。

解放后的上海，天空飘着彩云，地上开着红花。工人们欢天喜地，民族资本家笑逐颜开。

上了苏工馆的二楼，解说员王丰伸出右手食指，指着第一张黑白照片对我说:"您看,这是新中国公私合营后的纺织厂,年轻女工出厂门的笑容多么真诚、多么灿烂,没有半点假意虚情。"

我驻足一瞧,是一张半个多世纪前的老照片。几名十八九岁的女工先后走出第一棉纺织厂的大门,脸上自然流露出烂漫的笑容。

"可见,当时的公私合营得到了劳资双方的真心拥护。"他以比年龄成熟得多的老成口吻说。

我又仔细瞅了瞅,才明白这张普通女工照片的深意所在,颇感自己不如90后"识图"的深邃。

苏州河的"天"亮了。

新中国成立七十多年来,中央召开过十多次大规模的表彰会,对全国劳动模范和先进工作者进行隆重表彰。上海纺织集团先后涌现出165名全国劳动模范,占上海全国劳模总数的10%,另有5048人次获上海市级劳动模范称号,占上海市级劳模总数的16.5%。

上海是中国工人阶级的摇篮,纺织工业是上海的母亲工业,在这座英雄辈出、劳模辈出的城市,一代又一代劳动模范在平凡的岗位上创造出了非凡的业绩。他们是国家的脊梁、民族的自豪,是社会的风向标、时代的领跑者。纺织女工黄宝妹就是其中一位。1931年12月,黄宝妹生于浦东高桥镇麦家宅,家境贫寒,父亲靠卖豆腐养家,兄妹九个夭折到只剩三人。为了分担生计，黄宝妹十三岁就虚报年龄，进入日商裕丰纺织厂做童工，开始了"六进（早六点）六出（晚六点）"12小时工作制、两班倒的"日不见天，夜不见地"的车间生涯。

黄宝妹在细纱车间打工，手上的活就是不停地接断头、换粗纱，一个断头没接上，就要被气势汹汹的工头打骂，还要被罚开陈旧破烂的"老爷车"。不过，乐观的她虚心向老师傅讨教，在"老爷车"上练技术，熟练掌握了细纱挡车工的技巧，别人挡车270锭，她能挡400锭。

上海解放后，黄宝妹成了"主人翁"，生产积极性空前高涨，很快成了生产能手，成为厂里的一面旗帜。她纺的23S纱，皮辊花率只有0.3%，达到了郝建秀（由技术能手、劳模至纺织工业部部长）的同级别水平。黄宝妹擅长总结，她革新生产方式，摸索出了"单线巡回、双面照顾"细纱挡车巡回路线，提炼出了"逐锭检修法"，极大提高了生产效率。她以一人照看1000个纱锭的纪录名列全市前茅，经验被广为推广。

黄宝妹的微笑发自肺腑。独乐乐不如众乐乐，从不保留的她牵头成立了"技术互助小组"，将一手绝活无私地传给姐妹们。我父母辈的记忆中，有一本有名的《黄宝妹和浦玉珍》连环画，描绘的正是二十世纪五十年代工厂里那种热火朝天的感人场面。

一次，周恩来总理在上海视察时指出，公私合营后，上海工人阶级热情高涨，涌现出众多劳动模范，可以拍一部反映劳模题材的电影，以真人真事纪录片的形式，来表现我们伟大的时代，伟大的人民。

黄宝妹做梦也没想到，一不留心成了电影明星。

上海市委经过讨论，决定将黄宝妹的经历搬上银幕。电影剧本由厂里创作组成员陈夫、叶明担任编剧，著名导演谢晋担任导演。除了扮演女记者的是一位专业演员，其他"角色"都是从厂里遴选的纺织女工担任。三十七岁的黄宝妹在剧中扮演主角，也就是她自己。影片在全国公映，各大电影院门口贴满了《黄宝妹》的海报，黄宝妹还上了《上影画报》的封面，成了家喻户晓的"明星"。黄宝妹和纺织姐妹们真情实感的表演打动了时代，感动了全国，激励着一代又一代的劳动者。影片不仅留下了黄宝妹的青春岁月，也留下了人们对那个时代的无限怀想。

作为一个劳模，黄宝妹的双手从不离开劳动。在距离退休还有半年的时候，她主动要求去大江彼岸的南通聚南棉纺织厂帮助建厂。随着上海纺织业的向外漂移，她北上河北南下浙江，没日没夜地为外地企业输出技术。二十世纪九十年代，她远赴新疆石河子协建棉纺织厂，从厂房设计到选址施工，一一"顾问"把关。

到市劳模协会工作后，黄宝妹同刘金堂等几位劳模牵头成立了上海英豪科技实业公司，把赢利部分拿出来资助困难的老劳模，人们亲切地称英豪公司为"劳模公司"。

2019年11月，习近平总书记在视察上海时接见了部分新老劳模，亲切地对黄宝妹说："你是国家发展的见证者、参与者、奉献者……"

年近九旬的黄宝妹含泪表示："我还得努力，我要发动大家一起，努力为社会再尽一点力，这也是一个老党员的责任。"

荣氏的荣光

国民党政府败退时，荣氏实业扛住压力和威胁，选择了留在大陆，留在上海。

1949 年 5 月 25 日清晨，荣氏企业舵手荣毅仁像往常一样打开家门，被映入眼帘的一幕撼动了：街道两旁睡满了解放军战士，他们一排排整齐地躺在潮湿冰冷的水泥地上。荣毅仁百感交集，喟然长叹："这才是值得百姓信赖的军队。"

荣毅仁出生于 1916 年，为荣德生的儿子，早年就读于上海圣约翰大学历史系，从小受到良好的中西方教育，毕业后进入家族企业，从担任无锡茂新面粉公司助理经理起始，最终成长为荣氏集团的掌舵人。

在那个战火纷飞的年代，上海绝大多数资本家为了保命保财，不惜将资产转移到香港或海外。与此相反，荣德生父子立下"三不"原则："不迁厂、不转移资金、不离开本土。"在父亲的影响下，荣毅仁始终坚守民族资本家的底线，带领荣氏家族挺过了抗战等几个重要历史关口，尽管荣氏为此付出了代价——许多企业在战火中被焚毁。

解放战争时期，国民党政府打着"经济改革"的幌子，大肆搜刮民脂民膏。宋子文等巨鳄趁势劫掠安分守己的民营企业，荣家的许多产业也遭到了蹂躏和没收。荣毅仁不屈服于"四大家族"胁迫其迁往台湾的淫威，历尽艰难，坚持留守大陆。1949 年，面对国民党当局出动千余名军警和装甲车，武装包围申新九厂，荣毅仁暗中组织数千名工人奋起自卫，以三楼屋顶为据点，用砖头、铁棍、碗片、桌凳砸向军警，展开殊死抵抗，终使上海规模最大的申新九厂（现纺织博物馆）完好无损地回到新中国的怀抱。

1950 年 5 月，上海申新纺织厂总管理处成立，统一管理在沪的申新各厂，年方三十四岁的荣毅仁出任总经理。1951 年，作为工商界代表，荣毅仁参加了政协第一届全国委员会第三次会议并发言。后来又当选全国人大代表。1954 年 4 月，掌门人荣毅仁领头响应"公私合营"改革，申新 86 户股东一致通过由荣毅仁申请办理公私合营手续。

1956 年 1 月 10 日，荣毅仁迎来高光时刻，国家最高领导人毛泽东主席视察申新九厂。苏工馆的原始影像资料记下了历史性的一幕：毛泽东身穿浅灰色大衣，头戴影视片中常见的圆舌帽，健步走进申新九厂的纺织车间。风度翩翩的荣毅仁着深色西装领带，头发锃亮，紧随其后。当毛泽东伸出右手时，荣毅仁躬身相握，忍不住热泪满眶。四十多年后，荣毅仁在国家副主席任上，回忆起当时的情景，仍心潮涌动，澎湃不已。

当时，毛泽东对荣毅仁和车间的干部职工说，苏联取得政权后，一个命令就把资本家的财产没收为国有，但中国采取逐步改造的办法，这是根据中国的情况，不硬性地把苏联一套搬过来。他还说，工厂公私合营后我们怎么办？就是要把工厂管理好，要对经理人做工作，让他们认识到做社会主义的经理是光荣的，过去是为资本家办事，现在是为工人阶级办事。

申新九厂是毛泽东一生中视察过的唯一一家公私合营企业。

就在这一年，荣毅仁做出了一个让所有人都为之震撼的决定：将荣家所有企业捐给国家，企业全部国有化。当时的荣氏家族是全国数一数二的豪富，公私合营开始后，全国工商界人士都在观望，荣毅仁的这一举动无疑为民族资本家开了一个好头，促进了公私合营的顺利推进。

毛泽东曾夸赞荣氏家族："荣家是中国民族资本家的首户。中国在世界上真正称得上是财团的，就只有他们一家。"

1957 年，荣毅仁步入仕途，被任命为上海市副市长。当时上海市市长是陈毅元帅，他非常欣赏荣毅仁的所作所为，并称呼他为"红色资本家"，以表彰他在"公私合营"中做出的贡献。从此，"红色资本家"的光环笼罩了他一生。

周恩来总理也非常欣赏荣毅仁的能力，多次邀请他前往北京工作。当荣毅仁表示自己不适应北方的气候时，周恩来不再勉强，给了他充分的自由，允许他"两地跑跑"。1959 年，荣毅仁担任纺织工业部副部长。以后的岁月中，他长期奔波于京沪两地，为我国的纺织工业以及工商业发展不遗余力。

1978 年，荣毅仁当选为第五届全国政协副主席，成为新中国的副国级干部。之后，荣毅仁前往香港创办了中国国际信托投资公司，担任董事长。这家公司也是中国改革开放的窗口和排头兵，为改革开放获得了先机，摸索了经验。1993 年，荣毅仁任国家副主席，协助江泽民主席处理国家事务。此后，荣毅仁陆续担任了全国人大常委会副委员长及全国工商联执行委员会主席等职务，用自己的经历与经验指导国内的经济建设。晚年的荣毅仁主要生活在北京，于 2005 年因病去世，享年八十九岁。

"三转一响"的举国影响

二十世纪七十年代，我幼小的心灵中，有一个强烈心愿：拥有一辆永久牌自行车和一块上海牌手表。现在看来如同拣一根火柴那么渺小的愿望，却是那代人现象级的奢望。后来才晓得，这是当年小青年结婚时的向往，哪怕打肿脸充胖子也要争取。

从苏州河衍生出去的工业在新中国成立后找到了新的定位，人们常说的"三转一响"——上海牌手表、永久自行车、蝴蝶缝纫机，加上红灯牌收音机，就是殿堂级的配置。

这些产品都由上海生产，除了铜钿，还需凭票供应。独领风骚的良好口碑来自品质的过硬和全国人民的自觉认同。

上海牌手表，重点在"上海"二字，这是上海产品特有的文化符号。手表之于一个男人，好比中世纪的佩剑之于骑士。

解放前，上海没有像样的手表厂，只有修表的小作坊。1954 年，国家经委主任李富春视察上海时指出："我国有六亿人民这样大的市场，手表工业大有作为。希望上海能生产我国自己制造的手表。"

1955 年 7 月 9 日，上海市第二轻工业局与上海钟表同业公会从中国钟厂、文华钟厂、华成工业社、中苏工业社等十几家中小企业中抽调 58 人，组成手表试制小组。此前，参与试制的老师傅们没有一个人造过手表，连制造手表的专用机器也极其缺乏，唯一可算作设备的也就是一台修理钟表的小摆车。他们先是将瑞士手表"塞尔卡"拆成一百几十只零件，分头仿制。缺少设备，就用普通机床改制成钟表用的小摆车；缺乏传动电机，就用电风扇头子改装；没有材料，就采用绣花针造钻头，用阳伞骨、绒线针、自行车钢丝等制造手表轴芯，用酒精灯作热处理。试制人员在一无资料、二无设备、三缺原材料的条件下集中攻关，只花了两个月时间，硬是赶在 1955 年国庆节前，拿出了 18 只样表。其间，由大光明钟厂工程师曲元德研制小钢马，中国钟厂工程师阮顺发承担主夹板试制。时年 9 月 26 日，分散加工好的 150 多只零部件全部集中到慎昌钟表店，共组装出 18 只长三针（17 钻）细马、防水手表，成为国产的第一批细马手表。

1956 年 4 月，手表试制工作集中到江阴路（原齐心发条厂仓库）进行，试制人员逐步增加到 150 人，设备增至 50 台，装配、测试检验在一间用隔音板搭成的密封式小房间里进行，五个月后研制出第二批细马手表100只，商标为"东方红""和平牌"两种。由于经验不足，零件按实样研制，精度不一，次品、废品率高，手表平均日走时误差达两分钟。1957年4月，试制小组不断改进工艺，规范出1070道工序、画出150多个零件图纸进行生产，也成为我国第一套手表生产的工艺文件。1957年7月开始，按图作业，先后共试制14批3076只成表。

1958年，上海产A581型机械手表正式量产，注册商标为"上海牌"（原"东方红""和平牌"废弃），当年生产手表13600只，奏响了国产表的序曲，也改写了中国人只能修表、不能造表的历史。定型后的上海牌手表质量大幅提高，可连续走时36小时以上，日误差小于一分钟。1959年，上海手表厂用A581型机械男表机芯，组装了第一批女表。1965年自行设计上海牌机械女表，填补了国内空白。

六十年代后期，手表厂出于对开国领袖的敬爱，从毛泽东的手迹中选取了一个"上"字和一个"海"字，拼成毛体"上海牌"，倒也天衣无缝，沿用至今。

上海牌A581型手表投放市场后，供不应求。不但需凭票购买，也受到国家领导人的青睐。手表上市不久，周恩来总理就买了一块，当时还是帆布表带。1961年，周恩来准备去苏联参加苏共二十二大，得知上海牌新表大量投放，高兴之余，嘱咐卫士长成元功花90元购置新表。从此，这块"上海牌"手表日夜陪伴着他。1972年，手表的荧光无法发出夜光了，他还舍不得丢，趁陪同美国总统尼克松访问上海，委托相关人员将这块旧表拿去上海手表厂维修。1976 年周总理逝世，遗体火化前，工作人员才从他手上取下这块珍贵的手表（现陈列在中国国家博物馆内）。

1962 年，上海牌手表第一枚日历功能腕表面世，其中一枚纳入中国国家博物馆永久收藏。1967 年，第一枚具有潜水功能的军用腕表交付使用。1973 年，搭载 SS7 机芯的 7120 成为品牌影响最为深远的产品。

改革开放后，外国机械手表和电子表如潮水般涌入中国市场。外国品牌中，阿尔卑斯山区的瑞士表得到了消费者的青睐，日本手表则走低端路线，加上大量水货，同样诱惑着人们。但最致命的打击来自强悍的异类——电子表。

上海表业有限公司总经理倪海明曾主政上海表业一二十年，据他回忆，二十世纪九十年代，上海手表进入至暗时刻，年产量从 700 万只锐减至 100 万只。有一阵上海牌手表到义乌参加全国轻工产品展销，从每只 100 元卖起，逐年降价，最后卖到每只 10 元，堪比白菜，连本钱都捞不回来。奢侈品方面，更是国外品牌独占鳌头，有钱人喜欢的都是宝珀、百达翡丽、江诗丹顿、劳力士、欧米茄等欧洲名品。

进入二十一世纪后，国内外手表制造行业出现了前所未有的激烈倾轧，不进则亡。2000 年，城市经济转型促成了上海手表厂整合为上海表业有限公司。上海表业从 2001 年至 2005 年间，开始研制代表机械手表制造工艺最高水平的陀飞轮机芯。

陀飞轮手表把钟表的计时精度和动感美发挥到登峰造极的地步，被誉为"表中之王"。上海手表厂的技术人员非常清楚，如果制造不出陀飞轮手表，不但无法立足，更无法挑战全球钟表王国瑞士，在世界钟表市场将彻底丧失话语权。2005年，上海牌手表诞生五十周年之际，上海手表厂向市场隆重推出限量50只陀飞轮手表，每只售价十万元。没想到的是，新品一上市即被哄抢一空。2008年，中国"神舟七号"载人飞船升空，航天员翟志刚出舱时戴的飞亚达手表，它的机芯就是上海表业公司研发的。这颗"芯"必须适应手表在失重条件下，特别是在出舱后的外太空环境，它的润滑油能在 120 ℃和 -90 ℃的情况下不渗透、不凝固，运转如常。

这期间，上海牌陀飞轮手表应邀亮相瑞士巴塞尔国际钟表展，瑞士手表商惊叹之余，对东方大国在钟表工艺上的创新能力倍感压力。当地媒体甚至认为：中国的钟表制造业赶超瑞士名表只是时间问题。而参展的外国表商对上海牌陀飞轮表报价"一万美元一块"，连称"不贵"。反而在国内，由于改革开放后长期形成的媚外思维根深蒂固，上海牌陀飞轮手表的价值还没有被充分挖掘和认知，产品售价也只有瑞士名表的十分之一。而在收藏圈内，上海牌手表已成为一个新亮点，尤其是一些经典款式不乏拥趸，真要寻觅，还真不容易，比如 A581。

2022年，上海表全新推出致敬、大都会、复兴、FAB 及大艺术家五大系列。2022 年 9 月 7 日，上海南京西路茂名路口，上海牌手表官方旗舰店开业。上海牌手表，上海手表厂产品，现为复星集团控股。

永久牌自行车的经典款式是 1964 年生产的"二八杠"。二八杠的意思，是指它的轮子宽度为 28 英寸。许多 80 后、90 后小时候就是坐在它的前杠上被送去幼儿园或小学，到了大一点的时候，就可以坐在后座上，悠闲地去往学校，不用担心交通拥堵。

自行车称脚踏车更合适些，因为它不能自行，需要人的双脚踩踏。永久牌脚踏车的特点是"久"，有的车过了三四十年还能骑。

"永久"之外，还有"凤凰"，前者坚固，后者时尚，都是上个世纪的老字号品牌，珍藏在几代人的记忆里。上海档案馆的资料显示，两家都说自己是百年老店，甚至"凤凰"的前身可上溯到 1897 年的同昌车行。不过，作为一个完整的品牌，"永久"在 1951 年得名，"凤凰"在 1959 年完成工商注册；从排序看，"凤凰"为上海自行车三厂，也在其后。

今天，从地铁口走出，骑"小毛驴"摩拜单车代步几分钟十几分钟的青年男女也许很难相信，曾经八十年代的自行车王国，每天有几亿辆车骑行在城市街头、乡间小道，成为交通工具的主力。

远溯到二十世纪二十年代，上海公共租界工部局曾对经过外白渡桥的车辆人马做过详细统计，马车、轿子、骑马者皆消失于街头，自行车以仅次于汽车的数量成为人们常用的代步工具。

自行车也是舶来品，最晚在光绪年间就已出现，据传是外国人送给光绪作见面礼的。二十世纪二三十年代，自行车大多从西方进口，并没有国产自行车，即使国内开始生产少数零部件。抗日战争时期，一个日商由北往南，先后在占领区沈阳、天津和上海办起了自行车整车厂"昌和制作所"。

1940年，坐落在上海东北角唐山路的昌和制作所开业，成为上海第一家生产自行车的工厂。当时生产的自行车规格均为26英寸，外表黑色油漆，挂"铁锚"牌子，年产自行车3000辆。

1945年抗战胜利后，昌和制作所交由国民党当局接收，改为"资源委员会中央机器有限公司上海机器厂"，商标易名为"扳手牌"。1949年5月上海解放，工厂由军管处接管，改名上海制车厂。6月1日，军代表接管工厂的第二天，便全面恢复中断了一年的生产。厂里决定放弃原标识，设计一个新商标。当时我国同苏联的关系特殊，新商标暂定名为"熊球"牌，画面上一只北极熊站在地球的巅端。后几经反复，觉得"熊球"的政治色彩过浓，最终决定采用"熊球"的谐音"永久"作为产品名称。商标定稿时，增加了"永久牌"三个红字。这是永久牌自行车第一个商标的由来。

1952年，永久牌自行车年产量达到28767辆，占全国自行车产量的三分之一，成为新中国自行车行业中一颗耀眼明星。1953年8月，上海制车厂更名为上海自行车厂。

永久牌自行车虽然在1953年就已走出国门，但也存在一些问题。外表看似简单的单车，实则构造复杂，光是零部件就达到两百多种，更何况还有制作零部件的上千道工序。尤为揪心的是，当时国内自行车零件五花八门，无论在名称还是尺寸结构上都没有统一标准，零部件难以互换，阻碍了零件厂、配件厂和整车厂之间的协调发展。1955 年，第一机械工业部将制造标定车的任务交给上海、天津、沈阳三家自行车厂。

1956 年，敢为天下先的上海自行车厂率先研制出了我国第一辆公制标定车。永久牌标定车的诞生，统一了国内标准，为自行车零部件的互换互通创造了条件，在我国自行车工业史上具有里程碑意义。这年底，28 英寸永久牌标定车在上海自行车厂转入大批量生产。

1957 年，工艺美术设计师张雪父先生设计出了家喻户晓的"永久牌"标识，沿用至今。

1958 年底，上海永久试制成功公路赛车。首批生产的 81 型公路赛车，经试验和检测，各项指标均达到或超过设计标准。在第一届全运会上，上海队选用这款车获得了团体冠军。

1962 年 5 月，为了适应农民朋友的通勤和载重要求，厂方决定对车架、前叉、车把、车架等 13 种部件重新设计，额外增加了保险叉和工具袋两个部件。载重车一经问世便与农民结下不解之缘，也被亲昵地称为"不吃草的小毛驴"。1965 年，上海永久又为我军第一支自行车连队提供了 26 英寸军用自行车。按照轻便、机动性强等要求，全车采用特种钢材，每辆车负重 200 公斤，车身采用高级绿色防锈漆，车上配有活动挂架、肩推助力杆等。

1974 年，任美国驻华联络处主任的布什（后任美国总统）曾特意骑了永久车和他的夫人芭芭拉在天安门金水桥畔摄影留念。1979 年，上海自行车厂按照欧美市场的需要，研制出了 27 英寸 10 速挡运动型自行车（SC67）。经外方专业检测机构测试，产品质量完全符合美国安全标准。相比亚洲工业第一强国日本产自行车从打入美国到展开销路前后花了二十年工夫，永久产品在短时间内就拿到了"签证"，显得轻松潇洒。运动车打入美国市场后，广受欢迎。至 1989 年，永久自行车出口累计达到 400 多万辆，远销美国、加拿大、德国、日本、新加坡和苏联等 50 多个国家和地区。1989 年 12 月，我国体育健儿骑着专制的永久 SC654 型公路赛车，在印度新德里举行的第十四届亚洲自行车锦标赛上力挫群雄，一举登上了男子（四人组）100 公里团体冠军的宝座。当时赛场上各国队员使用的为清一色意大利赛车，唯有中国队用的是国产车。在第十一届亚运会上，永久新型公路赛车又为中国赢得了女子 1000 米计时赛的个人冠军和团体赛冠军。

　　1993 年，上海自行车厂更名为永久自行车公司，成功上市。但厄运接踵而至，欧美对中国展开疯狂反倾销，国内同时取消了对五金家电的统销统购……中国自行车行业迎来低谷。

　　2001 年，上海本地民营企业——中路集团入主上海永久，掀开了永久的新篇章，在产业上突破了单一的自行车格局，形成了以自行车、电动自行车、童车、电动轮椅车为核心的两轮车产品谱系，以及以保龄球设备、棋牌桌、塑胶跑道为核心的康体产品群。

2002 年至 2004 年，永久自行车连续三年全国销量第一，2004 年销量突破 200 万辆。2009 年，永久自行车、电动两轮车再获"上海品牌"称号。永久自行车销量勇攀高峰，重夺国内第一。

2019 年，"中国品牌价值评价信息"发布活动在上海举行。永久被评定为品牌强度 880、品牌价值 46.60 亿元，荣登中华老字号榜单第 12 位，为唯一上榜的自行车企业。2019 年 10 月 1 日，在庆祝中华人民共和国成立七十周年大会上，几百名少男少女脸带笑容，骑着数百辆永久自行车在长安街上轻盈驶过。车流带动时光倒流，几代人的青春记忆再次被唤醒。

2020 年 8 月，"永久"连续两年入围中国轻工业百强企业。

蝴蝶牌缝纫机偏重于女性，其实大师傅里不乏男流之辈。

在并不遥远的二十世纪七八十年代，蝴蝶牌缝纫机与永久牌自行车、上海牌手表一并成为青年男女结婚的"三大件"，再加上红灯牌收音机，组合成风靡一时的"三转一响"。购买一台"蝴蝶牌"缝纫机成为许多年轻家庭的梦寐以求。

缝纫机的诞生，不知不觉已过去了两百多年。1790 年，英国人发明了世界上第一台先打洞、后穿线、缝制皮鞋用的单线链式线迹手摇缝纫机，但并没有投入商业化生产。1841 年，法国人发明了机针带钩子的链式线迹缝纫机。1845 年，美国人试制成了第一代具有实用价值的手摇缝纫机。1851 年，美国一个工人开发出了锁式线迹缝纫机，并成立"胜家"（Singer）机器公司。过了八九年，胜家公司发明了脚踏式缝纫机，并投入规模化商业生产。

1869 年，李鸿章出访英国，归国时带回一台镀金的胜家牌缝纫机，作为礼物送给慈禧太后。这应该是第一台进入国内的缝纫机。而缝纫机最早进入上海市场是在 1872 年，由洋行从国外运进数架"微荀"制造的缝纫机。

缝纫机的英文"Sewing Machine"，早期被翻译为"铁车""洋机""针车"。此后，各大洋行来沪推销各种牌号的缝纫机，以美国胜家公司最为著名。1872 年 12 月 14 日，上海《申报》刊登了一则晋隆洋行"成衣机器出售"的商业广告："新到外国缝纫机器数辆，其价每辆计洋五十元，倘欲买者请至广东路第二号便是。"这则广告是当今能找到的缝纫机最早进入中国市场的资料，而广告中晋隆洋行销售的正是美国胜家公司的产品。每台机器要价远超普通家庭承受能力，但美国人凭借独有的分期付款、"以机养生"的营销模式和铺天盖地的广告，很快使胜家缝纫机成为上海裁缝师傅们手上的先进制衣工具。

国产"蝴蝶牌"源自 1919 年的"协昌铁车铺"。沈玉山，浙江余姚人，曾在永昌缝纫机商店账房工作，非常熟悉缝纫机修配、销售业务。1919 年 1 月，沈玉山和高品章、张明生三人合作开张协昌铁车铺。1922 年改为协昌缝衣机器公司。1927 年，国产第一台缝纫机诞生于此。当年，协昌正式生产"红狮牌"草帽缝纫机。二十世纪二十年代协昌创立之初，先后用过"红狮""金狮"等品牌名。1946年,协昌决定将其产品商标重新命名——受当时"无敌"牌牙粉启迪,公司将"金狮"牌商标更名为"无敌"牌(走遍天下无敌手的意思)。也就在这一年,协昌缝纫机"无敌"牌产品使用了"蝴蝶"造型图案。有趣的是,"无敌"和蝴蝶在沪语中的发音完全相同,使得此次品牌设计转换来得流畅顺利,文字和造型的"双关",在上海人的口耳相传中更显传播效应。新的设计,"蝴蝶"造型图案的上方是一只在锦簇花团中展翅的蝴蝶,栩栩如生。从此,这只蝴蝶飞舞进了千家万户。

二十世纪初至四十年代,旗袍从宫廷传入百姓家,在上海的名媛中成为时髦的衣着。旗袍等衣装需求的持续增长加速了缝纫机技术的发展。缝纫机在中国的百余年发展中,上海产品领军领潮流,而"蝴蝶牌"又是其中的佼佼者。

整个三四十年代,上海知名的缝纫机生产企业还有在郑家木桥30号(今福建南路)开设的阮耀记缝衣机器公司、虹镇老街的广厚机器厂、谨记路(今宛平路肇嘉浜路南侧)的胜美缝纫机厂等。当时的沪产缝纫机品牌在与以美商胜家为代表的进口产品竞争中艰难前行,基本守住了一方天地。

上海解放后,协昌搬迁至徐家汇路新址,职工增至百人,年产缝纫机千余架。新中国成立后,美国胜家等国外缝纫机品牌停止进入中国,民族缝纫机行业得到恢复与发展,产品积极支援抗美援朝前线。从五十年代开始,协昌进入了发展快车道。1956年,沈玉山和政府公私合营,成立上海市缝纫机工业公司，规范生产标准，壮大行业。当年，协昌搬迁至龙华（龙华路 2544 号），年产缝纫机近四万架，产品首次打入国际市场。

1956 年至 1962 年，先后有装配、翻砂、零件、烘漆、皮革、文具、牙刷和自行车等行业一百四十余家小厂小店并入，职工增至 2334 人。1962 年，产值和利润增至 3339 万元和 919 万元，年产缝纫机 27 万台。六十年代，上海市第一百货商店辟有"无敌牌"缝纫机销售专区。1963 年 12 月 19 日，《人民日报》刊登一幅名为"上海无敌牌缝纫机受到用户欢迎"的图片新闻。1965 年，协昌被评为上海市"红旗单位"。

1966 年，沈玉山先生抛下了他一手创立的缝纫机事业，撒手西归，享年五十九岁。次年 1 月，为了让内外贸中英文商标名称统一，"无敌牌"正式更改为"蝴蝶牌"，英文商标为"Butterfly"。从此一锤定音，"蝴蝶牌"商标延续至今。

1972 年 1 月，厂名改称上海缝纫机二厂。"上海发布"的数据显示，1980 年，产量首次突破百万架；1982 年增至 112.2 万架，重新恢复"协昌"厂名，更名为上海协昌缝纫机厂，职工增至 4677 人，年产缝纫机 131 万余架。由于"蝴蝶牌"缝纫机在国内外市场均超级风靡，甚至导致内销的百货商店和外销的外贸企业互相争夺货源。对于普通家庭来说，拥有一台蝴蝶缝纫机更是望穿秋水。

进入九十年代后，缝纫机不再像以前那样需凭票购买，而是敞开供应。协昌生产的"蝴蝶牌"由于质量过硬、信誉度高，依然创造了年产 140 万台的高纪录。1992 年，协昌厂（龙华）

占地面积扩至 16 万平方米，职工 5424 人，下设七个车间和国际贸易部、缝纫机研究所、计量测试中心、计算机中心、信息中心等 24 个部门，还建有一所技工学校、两家分厂，年产家用和工业缝纫机 137 万余架，出口 52 万架。

九十年代末，成衣市场兴起，在家缝制衣服的人渐渐稀少。同时，大量民营企业进入缝纫机行业。此时的"蝴蝶牌"缝纫机开始转战海外市场，并成为与美国"胜家"齐名的品牌之一。2000 年至 2008 年，"蝴蝶牌"的海外销量为每年 44 万至近 60 万台，其中非洲市场占了海外销量的一半。"蝴蝶"的另一大热销地区为亚洲的孟加拉国、斯里兰卡和印度尼西亚。由于"蝴蝶"商标过于火爆，冒名顶替者此起彼伏。1994 年 2 月 4 日《解放日报》就报道过一起中国和印度尼西亚之间的商标官司，耗资 20 余万美元，历时八年，原因就是"蝴蝶"商标被冒用，最终在国家工商总局、驻印度尼西亚使馆以及一些外商的帮助下赢下官司。自那以后，国内企业格外重视商标及知识产权的维护，设专人负责商标注册，"蝴蝶"商标同时在 80 多个国家和地区进行了注册。

2010 年，上工申贝所属上海上工缝纫机有限公司、上海上工进出口有限公司、上海上工佳源机电科技有限公司、上海蝴蝶进出口有限公司等企业经合并重组，建立全资子公司——上海上工蝴蝶缝纫机有限公司。

缝纫机的出现只有两百多年，缝纫的历史却长达千年。如今，缝纫机虽已淡出千家万户，但"慈母手中线，游子身上衣"

的不灭情结将伴随着人类走向永远。

红灯牌收音机来得晚，去得早，如一颗流星划过天际。连生产红灯牌收音机的上海无线电二厂也早已注销，湮灭在许多离场企业的河流中。

现在收音机的主战场在流动的汽车上，家庭中的存在已成为摆设，或者是陈迹。

上海红灯牌收音机诞生于 1972 年，属于无线领域的后来居上者。因为在它之前，外省市厂家生产的收音机已不在少数，像南京熊猫、北京牡丹、天津长城等中高端收音机早已"横冲直撞"。

六七十年代，尽管生活清贫，鲜有时下人看来上档次的娱乐活动，却为人们留下了太多美好记忆，也是收音机风靡的时代。收音机发出的旋律就是普通百姓的天籁，其中的朗读声成为大家期盼的精神食粮，一夜走红的《映山红》成为年轻人争相点播的金曲。收音机里有远方和诗情，也是了解"外面"的一个窗口。有了那台收音机，才能将那群野孩子拽回家，当夜幕降临时，他们会自觉蹲守在收音机旁，等候播报员用低柔、充满磁性的声音说："听众朋友们，现在是小说连播节目时间，欢迎收听……"

也有的老人，和收音机如影随形，"红灯"陪伴他们走过一个又一个春夏秋冬，也有的将"红灯"放在枕头边，有时人睡着了，收音机却还开着，直到生命的终点。

为了写这篇文字，我历尽艰辛，找到一台古董似的收音机。这台"红灯牌"产自上海，纯木外壳正面紧绷着一大块红色呢绒，上面是红火喜庆的图案，象征绽放中的礼花，左下角有美术体的"红灯"二字，再下面是调频的玻璃面板，轻轻转动旋钮，会透出强弱不等的光亮。这时，我突然发现，岁月的面影已经模糊，红灯牌收音机还在我的身旁。

时光留声，普罗大众对收音机都有刻骨铭心的记忆。当年收音机不依赖电网，价格便宜，携带方便，二十世纪六十年代基本普及（城市）并有了"话匣子""戏匣子""半导体"（晶体管时代）等昵称，是我国第一个海量电子产品。而电视机一直要到八十年代才慢慢进入寻常百姓家。

红灯牌收音机虽然姗姗来迟，但中国的电台和收音机却都起源于上海滩，并在七十年代的上海得以爆发。

1922 年，美国人奥斯邦把一套无线电广播发送设备运抵上海，创办了中国无线电公司，史称"奥斯邦电台"。公司的投资方是一位姓曾的旅日华侨，当时设想的商业模式是靠卖收音机赚钱。12 月 19 日，《大陆报》发布了头条：上海很快就要有 radio 了！ 1923 年 1 月 23 日，奥斯邦电台在广东路 3 号大来洋行顶楼正式对外播音。开播首日的节目包括小提琴独奏、四重唱、萨克斯独奏以及新闻简报等。之后，奥斯邦电台每天晚上播音一小时，主要节目内容为音乐、歌唱、讲座以及由《大陆报》提供的新闻等。这距离世界第一座商业电台开播仅两年时间，可见上海吸纳西方先进科技的快捷与果断。

一些精明的美商意识到收音机带来的娱乐价值和经济价值，将关键零件（如电子管、电容、检波器等）运进上海组装成整机。后来，为降低成本，美商将有些小零件如外壳和连接件委托给上海本地作坊制造，将组装好的整机出售，有真空管收音机，也有矿石收音机。奥斯邦电台开播时，全市已经有了500多台收音机。

　　抗战期间，广播和报纸成为主要的宣传武器。国民政府架设了多座大功率电台，以中央电台和国际二台为代表的抗日电台，对国统区和沦陷区产生了广泛影响。

　　1939年，周恩来去莫斯科治疗摔伤的右臂，收到苏方援助的一部10千瓦的广播发射机，几经辗转带回延安。1940年12月30日，在延安王皮湾的旧窑洞里，用这部发射机建立起了新华广播电台。

　　谈到国产收音机，还得从1924年说起。这年，福建人苏家姐弟共同入股，在上海成立了亚美无线电股份有限公司，同济大学毕业的老二苏祖圭任总经理，在美国学过无线电的老四苏祖国任副总经理兼工程师。公司成立后不久，苏家兄弟在以前组装的基础上，设计制造出多种规格的矿石收音机和一、二灯电子管收音机。其中矿石收音机外形小巧美观，价格低廉，收音效果良好，深受市民欢迎。这是中国最早上市的收音机。

　　1929年，苏氏兄弟设计并试制成一套50瓦特功率的广播电台，12月23日正式开播。

　　进入三十年代后，亚美品牌崭露头角，1935年10月推出的"亚美"牌 1651 型五灯超外差式中波收音机，技术优良，价格亲民（售价仅及舶来品一半），在与洋货的激烈竞技中一举成功。

1949 年 6 月，南京刚解放不久，交通大学毕业的南通人单宗肃从美国归来，筹建了新中国第一家电子管厂，当年开发出 866a 型真空电子管，这也是我国自主生产的第一个电子管。1951 年 3 月，新中国第一个专业电子管厂南京电工厂建成，单宗肃为厂长兼总工程师。1952 年，研制成功第一套五灯收音机用电子管，结束了我国收音机电子管依赖进口的历史。

1953 年，国营南京无线电厂利用南京电子管厂（即南京电工厂）的产品，研制成功了中国第一台全国产化的电子管收音机——红星牌 502 型收音机，从而告别了中国收音机依靠进口散件装配的历史。

1955 年，天津无线电厂研制出"北京牌"电子管四灯超外差式收音机，除一只复合电子管以外，其余部件均为国产。"小北京"售价 96 元，只有红星牌的一半。有价格优势的"小北京"很快畅销全国，正式吹响了中国收音机普及化的号角。1958 年，"小北京"实现全国产化，售价下调至 47 元。

1956 年，南京无线电厂创建"熊猫"品牌，在高端产品上再接再厉，研制出了熊猫牌 1501 型收音、电唱、录音三用落地式特级机。1959 年运至北京，作为国庆十周年的献礼。但是，机子 650 元的售价近乎天价，不是普通百姓家庭能够承担的，因为当年一般工人的月工资只有十几元到几十元不等。

市场需求带动行业强劲发展。继南京和天津后，上海和北京也相继突破采用国产电子管的收音机。1958年4月，上海广播器材厂试制成功上海牌131型交流七灯收音机。

1961年在第三届全国收音机质量评比中，国内有实力的品牌有北京牡丹、南京熊猫、天津的长城和渤海、上海的美多和上海牌等。

到了1965年，收音机渐渐在城市中普及（农村还是以大喇叭为主），半导体收音机的产量也超过了电子管收音机。1966年春，周恩来再次指出，要积极发展农村广播网，让有线广播和无线广播相结合。此后，适合百姓使用的简易和多功能收音机被陆续开发，种类繁多，按外形可分袖珍、便携、台式三大类，落地式越来越少。

到了七十年代，后发的上海无线电二厂独辟蹊径，研发出红灯711电子管收音机，一下飞上枝头，摘得"花魁"，像京剧《红灯记》一样迅速爆红了半边天。

1972年，上海无线电二厂瞄准普通百姓能承受的中低端市场，设计出了一款红灯牌711型六灯两波段大台式电子管收音机。全机共使用六只电子管和一只晶体管，可连接交流电。产品价格适中，音色丰富，隐隐具有音响的效果，一上市即炙手可热，谁家要购买一台"红灯牌"，需要排一天一夜的长队。

红灯牌711收音机问世后的八年间，共生产出186万台，创同期一种型号收音机产量最高纪录。市场需求庞大，"红灯牌"供不应求，引来全国各地的无线电厂纷纷仿制。在当时的

计划经济年代，上海仪电毫不介意，甚至还派技术人员去全国
指导各厂家的"仿制"。

如今，"一代名将"的红灯牌收音机已经从家庭中消失，上
海的家电行业也被外地超越，离开了千家万户，犹如上海的母
亲工业——纺织业从苏州河两岸的离去，代之而起的是更为
庞大、高端的上海制造——造船、汽车、化工、芯片、航空、
航天……

苏河水流出的大学（一）

苏河水滔滔向东，孕育出了当年两所影响深远的大学，那就是圣约翰大学、大夏大学，一所外国人办，一所中国人开，即使现在拿来剖析，也不乏包容和创意。

教会学校圣约翰

古老厚重的围墙打开后，名重远东的圣约翰大学（简称约大）露出了一个多世纪前的峥嵘。东南而来的苏州河仿佛想在这儿表演一番，或使使性子，先是柔和地向内划了一道弧线，尔后来了个近乎180度的大转，从北迁回向西南，再调整身姿向西而去，留下了一个圆弧形的半岛。这便是约大的所在地。

历观上海校园，保留完好的莫过于原来的约大（现华东政法大学本部东校区）历史建筑群，27幢中西合璧的建筑，两个大大的草坪，至今仍显恢宏阔大，贵气十足。

约大西园离我家不远。忆想前些年，写作吃紧，每遇周末，无论寒暑，必夹起电脑及纸笔，溜进校园，越过苏州河上小桥，来到原约大东园常绿的草坪，在石桌上找到一个座位，铺开笔纸，一待就是大半天，太阳落下还意犹未尽。有时难免和学生争抢石桌、石凳，年轻学子瞧瞧我夹笔携本的模样，估计不是校方教授也是哪个部门的头头，也就不跟我计较。我的两部长篇《飞往中国》《晨昏线》就是置身于古意盎然的建筑群，在绀紫混合的光照中完成了不少章节。

约大被誉为"东方哈佛"，校长卜舫济（F. L. Hawks Pott）厥功至伟。卜舫济执掌约大五十三年，办学方略一以贯之，宏图尽展。中国通卜舫济深谙华夏国情，在两件事上苦心孤诣：一是推进教学改革，扩大教育门类，最终设有文、理、医、工、神五个学院及一所附中；二是拓展地盘，使校园面积扩展至348亩，建有校舍、住宅50幢所，建筑风格不是一味的西洋，而是恰到好处的中西合璧，成为当时中国最美丽校园。它也是在华办学时间最长的一所教会大学。

1840年以后，西学东渐，大量的传教士将西方的文化、科技传入中国，深刻影响着中国的未来。约大的创始人施约瑟（首任校长）和第二任校长卜舫济都是来自美国的传教士，其中施约瑟为当时美国圣公会上海教区的主教。

施约瑟记得中国有句俗语：上有天堂下有苏杭。苏州河直通苏杭。一天，被苏州河风光吸引的施约瑟灵光乍现：跑来跑去传教多辛苦，不如在此盖一所大学，让老师和学生们一起帮我们传播西方的思想。

主教手上握有超强资源，将设想化为现实还是有条件的。施约瑟采取两步走的方式，先从书院切入，再升格成大学。在他的一番运作下，1878 年，他用虹口一带的教会房产作抵押，在沪西曹家渡苏州河南岸购地 84 亩，作为筹建教会学校的地基。1879 年，他将圣公会所辖的培雅书院和度恩书院合二为一，成立圣约翰书院，当年 4 月 14 日，学校破土动工，仅过了五个月，就开招第一期学生 39 人。

开始的时候，这所私立的教会学校少有人问津，甚至遭遇冷落。为提升知名度，施约瑟决定不仅免收学杂费，还免费为学生提供住宿和日常生活用品。

即使有如此优厚的条件，办学的过程也非一帆风顺。学校建成了，设立哪些课程，当时颇有争议。为了适应当时的社会现状，圣约翰在初创时期，设立了三类学科，分别为西学、国学和神学，并以上海方言授课。

一个外国人在异国办学，除了勇气，还需要符合实际的方法。施约瑟深谙从实际出发的道理，第一步是将学校办起来，办下去，这就需要根据当地的实际情况确立独特的发展方向。譬如，医科由同仁医院院长文恒理创办，开创了西医教育的先河；聘用美籍英语教师卜舫济用全英语上课。特别是后者，奠定了约大在英语方面的特质。

缘分的神奇难以想象。几年后，可能不只施约瑟，就连卜舫济也难以想到，自己会成为圣约翰大学的校长，并将它办成彪炳青史。

"上海通"卜舫济

我之所以要费笔墨写一位外国人的校长，当然是想说西方传教士为了传教可以背井离乡，可以牺牲自我，可以集一生专一事，为了西方文化输出，一辈子"守望"在另一个国家。这似乎是我们所欠缺的。

出生于纽约的卜舫济二十二岁时以传教的身份来到中国，认识并受到了施约瑟的接待，从此开始了长达半个多世纪的传教生涯。

刚到中国的卜舫济什么都不懂，为了尽快适应这个落后的农业国，他住进了一户农户家，和农民同吃同住同劳动。由于当地人对外国人不是很熟悉，以至于将这位粗壮的外国人称为"野蛮人"。

卜舫济觉得，要彻底融入中国，光住在农民家里是不够的。他没将自己当外人，开始穿中国人的衣服，学中国文字，说中国话甚至上海话，脑后拖了一条长长的辫子，挖空心思模仿当地人，"自觉"和中国人"打成一片"。不仅如此，卜舫济爱屋及乌，执意找了一位比自己年长的中国女子黄素娥为妻。当时美国圣公会规定，传教士不得与华人结婚，卜舫济却千方百计冲破教规，牵手这位高挑秀丽、气质上佳的厦门女子。大婚那天，卜舫济身着大清礼服——长袍马褂，和端庄文雅的黄素娥小姐在圣约翰教堂举行了浪漫的中西合璧跨国婚礼。婚后，卜舫济坚守了中国式的对爱人、对家庭的忠贞，和黄素娥相濡以沫，在这块三面被水包围的半岛育下三子一女。

卜舫济对当地国及当地人的"融入"由表及里，毫不做作，几十年生活经历，终于将自己演变成了一个"中国通"里的"上海通"。

施约瑟是圣约翰的创始者，学校的校长。得到施约瑟的引荐，卜舫济在学校教授英文，从此与圣约翰结下世纪之缘。

1888年，一位传教士接替了另一位传教士的位置，成了圣约翰的第二任校长。一旦大权在握，比施约瑟更懂中国的卜舫济即着手进行教学改革，朝着"特色学校"的方向狂奔。

卜舫济首先对课程进行了大刀阔斧的改造，推行时髦的英语授课，使约大成了"全中国最适宜学英语的地方"。其次，学校增设了化学、物理、算术等课程，并引入了先进的办学理念。在卜舫济的推动下，圣约翰成了一所中西兼备的学校，而这种中西方文化的交融正如它的校训一般，前者是西方特色，后者是中国传统。

1892年，圣约翰开设大学课程。1905年，圣约翰书院正式更名为圣约翰大学。同年，约大在美国华盛顿哥伦比亚特区注册。从此，约大授予的学位被美国各大学所认可，毕业生可优先甚至免试进入美国相关高校深造。

在卜舫济的联络下，1914年，广州的宾夕法尼亚医学院并入约大医学院，约大成为当时中国仅有的两所可授予医学博士学位的高校之一。医学院的学制为预科两年、本科五年（包括一年实习），总共七年，四年毕业授予理学士，七年毕业授予医学博士。至 1919 年建校 40 周年时，约大已拥有文科、理科、神学科、医科及中国文学、哲学科等六个学科，另有中学为预科。后又开设商学、政治、历史等系。1921 年创办了中国乃至亚洲第一个新闻专业，1923 年增设土木工程学院，步步成就了一所综合性大学。

1937 年全面抗战爆发，约大教学难以正常，卜舫济被迫与沪江大学、东吴大学、之江大学等教会学校合办华东基督教联合大学（医学院及神学院除外），在公共租界的南京路大陆商场楼上继续上课。1939 年，学校陆续迁回原址。1944 年成立农学院，设动物生产、植物生产和农业经济三个系。抗战胜利后，约大于 1947 年向国民政府提出立案申请，同年 10 月 17 日获批。

卜舫济在教学改革的同时，不忘扩充地盘。早在 1884 年，美国纽约克拉克逊女士资助兴建教堂，后经重建，成为该校礼堂兼圣公会教堂。1894 年，学校建造了以创办人命名的中国式教学楼"怀施堂"。

约大北临苏州河，南面是租界的兆丰公园（今中山公园），教师、学生出入不便，约大同学会便集款购得苏州河北岸（又说西岸）用地 70 亩，1911 年又花白银 14 万两购置了兆丰公园土地 70 余亩。这样，约大的校址南面直达到了极司菲尔路（今万航渡路）。

卜舫济提领约大几十年间，资产增加了 200 万银元，校园从 84 亩拓宽到 228 亩，先后建造了 15 幢大楼、28 所住宅，分别有宿舍楼、教学楼、办公楼、大礼堂、图书馆、博物馆、实验室等。二十世纪四十年代中期，校园面积拓展至 348 亩，建有校舍楼馆、住宅约 50 所。中国通卜舫济要求，所有建筑风格中西合璧，包括校长办公楼（4 号楼）和他本人在校内的住宅（24 号楼）都是飞檐翘角，灰瓦白墙（也有红墙），在当年西风建筑主导的上海已属异类。

在中国的教会学校里，以中国人命名的楼宇凤毛麟角，圣约翰大学例外。在卜舫济的授意下，许多主建筑都以中文命名，像思颜堂、怀思堂（现韬奋楼）、格致楼、交谊楼等。思颜堂为纪念约大创办初期出力至多的颜永京所建，经费自 1901 年起募，共计五万多美元，自美国募得 2.2 万美元，其余来自约大、上海商界和学生捐助。思颜堂于 1903 年 10 月奠定隅石，次年 10 月落成。它属于约大的早期建筑，形式为殖民地外廊式与中式屋顶的结合。全楼呈现 U 字形，楼顶四角皆为曲线形，东侧南顶以阳台护栏式装饰，建筑面积 4052 平方米，计 114 个房间，砖木结构，西侧三层均为学生宿舍，可容 150 人；从怀施堂迁移来的罗氏图书馆置于楼下的西南隅房间；东侧二楼设大会堂一间，因捐资的学生人数较多，所以二楼的大会堂又称"同学厅"，为会议聚集场所，地板、座椅均上档次，可容纳 600 人开会。

交谊楼，原名交谊室，是圣约翰同学会、校友会为纪念圣玛利亚女中首位校长、卜舫济的结发夫人黄素娥女士所建，历时十年，于 1929 年落成。交谊楼由校友范文设计，上下两层，上层分大、小交谊厅各一间。大交谊厅除了用来交谊、会议、文娱活动以外，还可进行篮球比赛，四周看台能容 300 人就座，南面还设有放映间。下层有大小房间 11 个，供学生文体社团使用。交谊楼名义上按中西合璧的要求设计，观其外表，却是中国古典建筑风格，初来乍到者看到这幢富丽堂皇的红柱大楼，以为身在北京故宫。1949 年 5 月 26 日凌晨，华东野战军司令员陈毅进驻上海，就住在交谊楼休息。当天下午，陈毅离开此地，转移至三井花园，正式开始接管上海的工作。

特色约大

只有有特色的大学才有突出的地位。对于卜舫济来说，约大就是他的人生全部，是他心中的上帝。

圣约翰以优异的教学质量著名，人称"东方哈佛"。约大的校训也颇有意思，分中西两种，英文校训是"Light and True"，意为"光与真理"；中文校训则来自《论语·为政》的"学而不思则罔，思而不学则殆"。前半句出自基督教信仰，后半句为孔子名言。

对于前半句，校刊《约翰声》如此诠释："……我们将充分地教授英语和文学，相信这将有助扩大学生的智能水平；我们将传授科学，不仅因为科学有实用价值，还由于科学真理和所有真理都来源于上帝。"

中国传统文化之深厚为世界之最，但当时的社会制度已经严重制约了国家的发展，卜舫济瞄准这一点，注重以西方知识和宗教氛围培养中国的"新一代"，奉行所谓"广博之自由教育"，倡导文理兼容，德、智、体、美四育并进的"全面教育"来改造中国的教育。

卜舫济从"光与真理"的校训出发，办出学校的特色，成就"新式人才"。中国通卜舫济言传身教，倡导健康、文明的行为习惯，还非常重视师生间的情感交流，每到周末，他都放弃休息，邀请学生聚会，畅谈心声，一起做礼拜，将学生的"思想工作"做到了家。

针对中国的课堂教育比较死板，缺少对学生思维能力培养等弱点，卜舫济利用西式教育的优势，强化培养和训练学生的思维能力，还亲自编写了《自然科学初级读本》等教材；倡导学生开展各种活动、各种课外训练，开发学生的思维能力和对知识的灵活运用。1900年，约大成立了同学会，属于国内最早成立校友会的大学。

体育是约大的又一特色，并夸张地把兵操列为学生的必修课。校方不仅组织学生每周日早上做哑铃操，还设定周一、三、五进行军体操训练。为了鼓励学生锻炼，约大专门设置了优胜奖，凡是获奖的学生给予学校运动队队员的特殊伙食待遇。1890年5月，应加拿大籍体育教师李蔼门的提议，圣约翰举办了以田径为主的运动会，由此成为中国体育运动会、田径运动会的最早举办者。1898年，圣约翰获得两江总督刘坤一所赠步枪200支，此后每周组织学生进行操练，是中国最早对学生实行军训的学校。1901年，约大成立了中国历史上第一支正式的足球队。

体育之后便是美育，如音乐、美术。卜舫济希望约大的学生多才多艺，个个都是一等一的人才。

刚开始的时候，卜舫济选择与圣玛利亚女校合伙，通过组织男女唱诗班，对学生进行西方音乐的启蒙，不仅有利于学习英语，也有利于培养学生的美感和音律。到了1902年，卜舫济觉察到时机成熟，由音乐老师出面，专门成立了大学歌唱会。

1913年，约大开始招收研究生。1936年，招收女生，实行男女同校。

作为首个将西方风格引入中国的学校，约大的入学考试长达六天，每年录取人数不定，超过及格线的都能录取，不及格的一律不予考虑，没有既定名额。学生入学后每周课程六天，上午9点到12点，下午1点到4点，六天中五天讲英文，只有一天使用中文。有趣的是，约大一年级不分专业，都上基础课，二年级分文理科，很有些通识教育的意味。

成功后的约大丑小鸭变凤凰，蝶变成为贵族学校，费用昂贵，每学期学费高达两百银元。考入约大的非富即贵，每到周末，接学生的汽车便会在校门口排起长龙，如同今日的家长接孩子。这在旧上海已形成一道万众瞩目的奇观。约大也有"奖学金制度"，对成绩优异的学生给予免费或一定的补助，但名额不多，每年30个，由于是教会学校，资助名额占比最重的在神学院。

百年约大

中国古代的科举制度，实行之初利大于弊，首先体现在对普通家庭的相对公平上，寒门子弟也有了"跳龙门"的机会；随着时代的演进，其弊端也在扩大。然而，一旦取消了它，中国的教育将何去何从？圣约翰正好弥补了这个空隙，帮助中国教育体验了另一种方向。可以说，中国的现当代大学开始于教会大学，而教会大学则始于圣约翰。那么微妙。

在卜舫济的国际视野下，美国的密歇根大学、哈佛大学、加利福尼亚大学等名校，都愿意接受约大的学生，甚至耶鲁大学还同意免试招收。

卜舫济明白，在中国办事，离开了中国人是万万不成的，为此，这所教会大学也进行顺应时代大潮的改革。1927年，约大成立校董会，由在美国的董事会、上海教区会、校友会、校务委员会共同派代表组成，校长和会计作为无投票权的成员参加，在有投票权的13位校董中，中国人占9席，其中大部分是校友。

1913年初，卜舫济邀请革命者孙中山先生前来演讲。2月1日，孙中山出席约大学期结束仪式，并于思颜堂二楼大会堂发表演讲。孙先生操着浓重的广东口音，以"四言诗"般的语言，告诫新一代青年："民主国家，教育为本。人民爱学，无不乐承。先觉觉后，责无旁贷。以若所得，教若国人，幸勿自秘其光。"

1929年12月，约大举行50周年盛典，同时庆贺卜舫济担任校长40周年。国民政府实业部长孔祥熙、北京大学校长胡适、南京金陵女子文理学院院长吴贻芳等人专程前来观礼。时任国民政府财政部长、约大校友宋子文在庆典上被授予荣誉法学博士学位。

1941年2月1日，卜舫济因年迈辞去校长职务（6月13日偕夫人回美国安度晚年），沈嗣良成为该校首任中国籍校长。卜舫济之子卜其吉任教务主任，1948年任代理副校长。

1941年6月5日，基督教华东六大学（圣约翰大学、金陵女子文理学院、上海女子医学院、之江文理学院、东吴大学、沪江大学）在大光明电影院举行联合毕业典礼。当年底，太平洋战争爆发，日军占领租界，圣约翰成为孤岛上海仅存的一所完整大学，学生人数1391人。

1946年10月，八十二岁高龄的卜舫济再次回到中国，担任约大名誉校长，涂羽卿被任命为校长。由于美籍教士的反对，约大长期未向中国教育部立案，直至1947年10月，学校才完成向国民政府立案的手续。

约大的著名校友有顾维钧、宋子文、林语堂、荣毅仁、邹韬奋、周有光、潘序伦、贝聿铭、经叔平、史久镛、俞大维、吴宓、马约翰等。医学各科的名家有许多是圣约翰大学医学院毕业的，如上海医学院的创办人颜福庆（1908届）。文学女士张爱玲为圣约翰中学（预科）的学生，并非传说中的约大毕业生。

1949 年秋，约大新闻系并入复旦大学。1952 年国家进行院系调整，圣约翰大学走完了它的百年历程，曲终人散，理学院（数学系、物理系、化学系、生物系）、教育系、中文系（部分）并入华东师范大学；外文系、中文系（部分）、历史系并入复旦大学；土木工程系、建筑工程系并入同济大学；机械工程系并入上海交通大学；医学院整体参与组建上海第二医学院；经济系并入上海财政经济学院；政治系和校址划归华东政法学院；附中并入上海市五四中学。

现今沪上的老校园，当数原约大的建筑保留最为完整，彰显上海的包容大气，吞吐中西，而约大的物理地址继承人华东政法大学的破壁开园，更显襟魄宏大，气度非凡，将历史的空间让渡给社会，将一流的风景气韵留给市民，实为沪上高校之典范。

苏河水流出的大学（二）

大夏大学校园的承继者华东师范大学，不同于圣约翰的接盘者，原址上的校舍扩充了好几倍。

华东师大，也是最熟稔不过了。2003 年至 2005 年，我曾在那儿学习两年——基本属于不务正业，美其名曰"古董鉴赏"，开课四门，为瓷器、书画、玉器和杂件，倒也有几位像蔡国声这样的名家来授课，两年后居然也考了个国家级的中级鉴定师的证书，但这个"中级"多少显得名不副实，理论上可以头头是道，真正面对实物，无论瓷器、玉石还是书画，十有八九看走眼。不过也有收获：对华东师大校园混得烂熟，还装模作样地办了张停车证，更为重要的是借"考古"的名义，对师大的前身——大夏大学的古往今来重新作了一番"鉴赏"。

如果说教会大学圣约翰有一位传奇校长卜舫济，半个世纪谋一事，那么大夏大学更有一位坚忍不拔者王伯群，办学于乱世之时，奔波于危难之际，直到将老命拼掉。

浊世清流

在那风起云涌的 1924 年，厦门大学三百余位教师和学生源于学潮奔赴上海，呼吁组建一所民主、自由的新生大学。国民政府交通部长王伯群与前厦大教授欧元怀、王毓祥、傅式说等人共同成立了"大厦大学筹备处"。"大厦"即"厦大"的颠倒，后来认为"大厦"俗气，就以"光大华夏"之意定名大夏大学，马君武为首任校长，王伯群任董事长，成为当时名动华夏的综合性私立大学。

如果说卜舫济是圣约翰大学的缔造者，那么王伯群就是大夏大学的奠基人。王伯群，鼎鼎大名，当时无人不晓。他 1885 年出生于贵州信义的豪门世家，早年求学于兴义书院，后由兴义县公派留日，在日本中央大学学习政治经济，加入孙中山的同盟会，和康有为成为好朋友。辛亥革命后回国，任广东军政府交通部长、贵州省长。1915 年协调蔡锷参加护国讨袁运动。1927 年，南京国民政府成立后，任交通部长、贵州省长、国民党中央执行委员等职。其时，蔡元培因事务繁忙辞去交通大学校长，王伯群由交通部长兼任交大校长。

我研究王伯群生平，发现他一生跌宕、斑斓、传奇，横跨"革命救国""交通救国""教育救国"三大领域，当交通部长远不如当教育总长合适，凭他后半生在教育上鞠躬尽瘁的劲头，要是擘画全国教育，定有一番宏大作为，这从他办大夏大学的倾心投入可见一斑。1932年，王伯群无意参与国民党党派间的倾轧，先后辞去交通部长、国民党中央执委等职，淡出政坛，转身教育救国，实为当时浑浊世界的一脉清流。

办大学一要人才，二要资金，而且注定是赔本的买卖。作为同盟会元老，王伯群够面子，振臂一呼，捧场者非贵即富。大夏大学当时的校董有吴稚晖、吴铁城、叶楚伧、邵力子、张嘉森、马君武、孔祥熙、何应钦、孙科、居正、王正廷等人物，个个有头有脸，惊倒一方。甚至连上海滩大亨杜月笙、虞洽卿也曾屡次资助大夏，可见一时盛况。

1924年夏，王伯群始创大夏。自掏两千银元，加上各方捐助，租用宜昌路115号为临时宿舍，劳勃生路启和里全部房屋为师生员工宿舍，小沙渡路（今西康路）201号为校本部。9月20日，大夏大学在槟榔路潘家花园举行第一次开学典礼，9月22日正式上课，当时有学生229人，多为原厦大离校学生。10月22日，大夏董事会正式成立，公推王伯群为主席董事（后称董事长），马君武为校长。

建校伊始，设文科、理科、教育科、商科和预科，后增设大夏中学，附设女子幼稚师范学校、师范专修科和法科，已是一所综合性私立大学。

随着学校声誉鹊起，学生人数激增，1928年秋学生数已达千人以上，胶州路校舍无法承载。1927年初，马君武应邀去筹建广西大学，辞去大夏校长职务，王伯群担任校长。由于学校发展迅速，王伯群决定择地建立永久性校舍。

1929 年 3 月起，大夏陆续在沪西梵王渡中山路旁购地近三百亩，所需经费甚巨。一方面，前校长马君武及欧元怀、王毓祥先生率几位华侨同学去南洋募集建校款项。另一方面，王伯群校长个人捐银六万七千余两（合当时 11 万元）资助筑建教学大楼，并以中山路地产为抵押，向银行借贷 32 万元。1930 年初开工，短短九个月，一期建筑完工并迁入新址（现华东师大中山北路校区），包括：教学大楼"群贤堂"，可供两千人同时上课；"群策斋""群力斋"两栋男生宿舍以及女生宿舍"群英斋"，可容两千余人住宿；教职员宿舍 12 幢，以及浴室、饭厅等，开创了"大夏速度"。接着，在新校址上继续兴建大礼堂、图书馆、体育馆、理科实验室、医疗室、各类运动场等，至 1932 年大体完工，建筑总面积达 18000 多平方米。此外，在学校西南部另置土地四百亩，辟为大夏新村，为教职员自建住宅之用（抗战前夕已建成 30 余幢）。王伯群还从巨商荣宗敬手中募得蜿蜒隽秀的丽娃河一条，为校园风光增景。在当时上海的 40 多所私立大学中，大夏大学尤以建筑宏阔、环境隽美、设施完备著称，与复旦大学、光华大学、大同大学并称为上海私立大学的"四大金刚"。

　　王伯群秉承"服务国家，曰公曰诚"精神，在学科设置上坚持研、学、产结合，如理工学院重视化学，支持民族工业，为天厨味精厂等提供技术研发和支持；土木工程系培养建筑工程技术人员；法学院、商学院培养了很多法学和管理人才；增设盐务专修科，为国家输送盐务专员；开设体育专修科，培养体育人才。

大夏大学生于乱世，王伯群不仅慷慨解囊，更屡屡在危难之际挽狂澜于既倒。1937年淞沪抗战爆发，大夏一度与复旦合并成为联合大学，踏上漫漫西迁之路。一设庐山，称复旦大夏第一联合大学，二设贵阳，称第二联合大学。

1939年，贵州省政府拨地加上当地人士捐助，大夏择定贵阳城郊花溪辟地两千余亩为固定校址，1940年新校舍开工建筑，却因经费不足，只完成校舍三栋。战乱之中，校董会亦难以支撑，王伯群殚精竭虑，勉强维持至1942年。他与部分校董及学校高层交换意见后决定，要使大夏摆脱困境，从长远打算，不妨改为国立。为此，王伯群专程往重庆与校董何应钦（贵州兴义同乡、行政院长、王伯群妹夫）晤商。何对改国立不甚赞同，认为保持私立，学校能少受政潮滋扰，人事稳定，教授安心，利于学术自由；但不改国立，又不能解当前危局。最后，何应钦答应将大夏申请国立事在行政院会议上讨论，如不获准，则请政府适当拨款补助。

1942年2月，在何应钦主持的一次行政院例会上，大夏改国立事获得通过。但国民党内山头林立，互不买账，时任教育部长陈立夫（国民党元老）一向横眉冷对大夏，这回又故意搅局，既不尊重大夏请求保存校名的意见，也不征求捐资创办人同意，竟擅自将大夏大学与贵州农工学院合并，改为国立贵州大学，并内定教育部秘书主任张延休为校长。消息传来，立即激起大夏师生、校董、校友们的愤慨，舆论哗然，学生抗议尤为强烈。在师生集会上，王伯群激愤地说："大夏是我一手扶植、成长的，在大夏十八年的岁月里，我当了十五年校长，对大夏耗尽心血，但我一无所求。对大夏的爱护，我不落人后！大夏的成败荣辱，与我分不开，我向大家保证，我将把学校完整地迁回上海去！教育部设立贵州大学，那是他们的事，与大夏无关。我们有团结一心的师生，有分布各地的广大校友，还有全国诸公、私立大学和舆论支持，任何力量、任何困难都动摇不了大夏坚持下去的决心和信心！"

来自鸿蒙的力量支撑着王伯群的内心。王伯群与教授代表金企渊、校友代表王裕凯亲赴重庆向教育部长陈立夫提出质问。王伯群说："大夏是私人出钱捐办，不是政府行为。对公立学校，政府可以任意处置，但未经捐资创办人同意，要将私立学校收归公有，请问有什么法理根据？今日这样对大夏，明日也同样可以对其他私立大学！试问当今世界各民主国家有此先例吗？"面对同盟会元老，陈立夫唯唯诺诺，无言以对。其他私立大学闻讯，也对大夏拒改国立表示声援。后经何应钦向行政院提请复议，教育部才收回成命。1942年下半年，王伯群主持重大人事调整：推孙科为董事长；王伯群以校董兼校长身份主持学校工作；副校长欧元怀出任贵州省教育厅长。这一番运作，为摆脱困难、打开局面起到了重要作用。

1942年5月，行政院决议在国立贵州农工学院基础上增设文理、法商两个学院，成立国立贵州大学。大夏大学虽然未并入贵州大学，但贵大北校区子弟学校后面仍保留了一条"大夏路"。因为大夏在入黔之初，便在花溪勘察了两千亩地作为永久校址。1944年秋，大夏花溪校舍第一期完工。

1944年12月初，日寇侵入贵州南部的独山，贵阳危在旦夕。眼见惨淡经营之大夏又将毁于炮火，身患胃病的王伯群心急如焚，决定动员全校师生迁往赤水，以避兵燹。当时贵州山区道路崎岖，交通极为不便，学校图书、仪器、档案等难以运走又必须运走，还要考虑师生旅途安全，加上经费紧张，王伯群心力交瘁，病情日重，急送重庆医治，不幸于12月20日逝世，终年五十九岁。

王伯群临终前，留下遗嘱："余追随先总理奔走革命三十余年，才力绵薄，恒少建树，正思振奋精神，努力补救，今竟一病不起，事与愿违。此后切望吾党同志在总裁领导之下，一心一德，争取胜利，以完成抗建大业。吾大夏校友，服务国家，尤须力行公诚二字，以发扬大夏之精神，余虽不及见国家复兴，世界和平，但知革命成功之有日，此心亦无憾矣。"

群贤毕至

大夏创始人王伯群外，欧元怀、王毓祥、鲁继曾等均为大名鼎鼎的教育家，一方大神。

首任校长马君武，1881年出生于广西桂林，资产阶级民主革命家、教育家、诗人。1900年赴新加坡见康有为，衔命回广西策应唐才常起义。1901年自费赴日，为广西第一个留学生。

马君武初与梁启超办《新民丛报》，旋追随孙中山革命。1903年入日本京都大学学应用化学。1905年加入中国同盟会，为首批盟员，被选为执行部书记长。1906年回上海创办中国公学。1907年赴德国入柏林工业大学，获工学博士学位。辛亥革命成功后，参与起草《中华民国临时政府组织大纲》及《中华民国临时约法》，担任中华民国临时政府实业部次长，后又担任孙中山革命政府秘书长、广西省省长、北洋政府司法总长、教育总长等职，实为国民党元老级人物。1924年后，马君武淡出政坛，全力投入教育，先后担任大夏大学、国立北京工业大学、中国公学、国立广西大学校长，与主张"思想自由，兼容并包"的蔡元培同享盛名，有"北蔡南马"之誉。马君武一生译著甚丰，主要有《物种起源》《达尔文》《民约论》《代数学》《矿物学》等书。

马君武是我国第一个在国外获得工学博士的化学家，又长期帮助孙中山从事革命活动，声望之高可想而知。1924年11月，他出任大夏大学校长，并亲自讲授化学课程，完全是尽义务，不收学校薪金甚至车马费。为建筑胶州路301号校舍，他把自己在吴淞路的房产作抵押向银行贷款。1929年夏，他已离开大夏，仍带领欧元怀等去南洋募捐以帮助大夏建筑中山路校舍。

大夏第三任校长欧元怀，1893年出生于福建莆田市，1915年赴美国，先后在西南大学文理学院和哥伦比亚大学学习。1922年毕业回国，历任厦门大学教育主任兼总务长、大夏大学副校长、上海市工部局华人教育处教育委员、贵州省政府委员兼教育厅厅长、大夏大学校长兼董事长等职。解放初任"华东师范大学筹备委员会"事务委员，并被邀为上海市人民政治协商会议委员。欧元怀一生致力于教育事业，曾因创办大夏成绩显著，美国西南大学特授予荣誉博士学位。欧元怀在美国哥伦比亚大学师范学院学习期间，深受美国著名教育家杜威赏识。

在几位校长的主持下，大夏聘请了大批学识渊博的知名教授。当时在大夏任教的学者有马君武、吴泽霖、谢六逸、邵力子、郭沫若、田汉、何炳松、李石岑、朱经农、程湘帆、何昌寿等。

物理学家夏元瑮是爱因斯坦的学生，也是在中国最早介绍相对论的学者，他曾任北京大学理科学长，1924 年来大夏大学任物理学教授。社会学家吴泽霖，1928 年初从美国留学归国时，他的母校清华大学与大夏大学同时向他发出聘书。论条件，当时的大夏还在草创期，无法与清华比肩，但大夏师生朝气蓬勃、自强不息的精神感动了他，最终选择留在大夏。儿童教育家沈百英先生与其他教授不同，未出国留学，甚至还没有上过大学，只是一名中等师范学校的毕业生，但杜威先生曾听他讲课，对他的教学评价甚高，由此闻名全国，成为名牌教授。沈百英对大夏情有独钟，甚至在 1951 年后，还继续在改制后的华东师大任教，直到九十岁高龄退休。

不过，王伯群对于学者的遴选有一套自己的法则。1933 年初，蔡元培给王伯群写了一封推荐信，力荐研究印度哲学和宋明理学的大家熊十力来大夏任教。可王伯群认为，尽管熊十力名气够大，但某些方面仍不符合担任专职教授的要求。他复信道："惟敝校下学期所有学程早已订定，限于经济未能增开……"予以婉拒。

1930 年，鲁迅应大夏学生之邀前来讲演。时任国民政府教育部长蒋梦麟得到消息，立即发函责令彻查。蒋梦麟与王伯群同为政府部长，王伯群还是国民政府执行委员，在级别上压过蒋梦麟一头，可蒋梦麟还是发来"铁面无私"的公函，可见事态之严重。王伯群当然不会将邀请鲁迅前来的学生交出去，他回了一份报告，称"有学生数十人组织乐天文艺社，以研究文艺为宗旨，不时请文艺界名家演讲以增学识"，还称学生们"以鲁迅在文艺界负有相当声望，来校演讲，于学生研究文艺之兴趣上不无裨益，遂准如所请"。换言之，请鲁迅来演讲，是经过校方同意的，自担肩胛，将鲁迅来校之事搪塞过去了。

"三苦"为魂

大夏大学于戈登路、小沙渡路初创，在上海十三年，流浪外地八九年，在庐山、贵阳、赤水等地辗转办学，颠沛流离，历尽苦难，是对创学"三苦"精神的最好诠释。

建校初期，学校倡导苦教、苦学、苦干的"三苦精神"，倡导"师生合作""读书救国"，并制定了"自强不息"的校训，以此作为砥砺全体师生的座右铭。

华东师大教育学者娄岙菲在《大夏大学的立校精神与当代启示》一文中指出：创办于 1924 年的大夏大学，在近三十年办学过程中，将"师生合作"视为立校精神，与"三苦精神"一起贯穿办学始终，在实际行动上诠释了传统书院与现代大学教育相结合的典范。

首任校长马君武在就职演讲中即以"三苦精神""师生合作"与师生共勉。他将"师生合作"解释为"群策群力"，提出大夏办学各项事业"须全校师生，一心一德，共同工作"。马君武此言既是对未来的期许，也是对大夏当时处境的真实反映。

欧元怀在晚年时回忆大夏建校初期提出的三个口号，即"三苦精神""师生合作""读书救国"。对于首批报到入学的190名学生（嗣后陆续增至229人）和初创入盟的三十余名教授来说，他们大多出身厦大，有感于改革无望被迫出走，深切体会到求学不易、办学更难，因此自然认同于三个口号。

1929年6月，大夏迎来建校五周年，校长王伯群却没有常人的兴奋，回顾筚路蓝缕之路，颇为心酸，发出了"苦"字当前的万分感慨。

"开创初始，赁屋而居，漱隘简陋，几无以蔽风雨，贷资而食，茹苦含辛，几无以继朝夕。举凡物质上应具之事务，可谓一无所有，然而师生精神，有逾骨肉，治理校事，有如家事，意喻而色举，朝令而夕行，亲而近，近而密，简而易，易而周。古人之言曰，治国如烹鲜，治大如治小，党国如是，教育亦如是。兴亡成败之机，定于是矣。"

掌舵人王伯群以国事比喻校事，言语不多却道出了大夏办学之艰难。他在肯定师生同甘共苦的同时，谆谆告诫大家，以后的路更艰苦，面临的挑战更艰难。

抗战爆发后，大夏在炮声中一路西走，几易其地，经费不足，磨难不断，硬是挺了下来。王伯群以民国高官筹建大夏，不惜变卖家产，不惜丢弃国家高薪俸禄，不惜顶着炸弹，始终坚守大夏，始终坚守教育救国，直到油尽灯枯，成为履行"三苦精神"的一面明镜。

荒年与丰年的接续

王伯群早年留日学习经济，归国后将所学创办岭南银行、入股祥新面粉厂和投资房地产等金融与实业，积累了大量财富。

王伯群故居位于愚园路 1136 弄 31 号，现为上海长宁区少年宫。我在儿子小时候反复去，孩子们上去听课了，家长们东晃晃西走走，从车库到花园，为建筑的宏大惊讶不已。王宅为意大利哥特式城堡建筑，占地 10.78 亩，四层钢筋混凝土结构，大小厅室 32 间，楼内廊庑迂回，上下贯通，房厅、客堂均用东方传统艺术装饰，室内配以彩绘壁画，连门窗拉手也采用紫铜开模制作，空铸梅花窗栏。由王伯群住宅的气派联想到大夏大学的建筑，即使在军阀混战和日军侵华的战乱荒年，也不可流于平凡与普庸。

果然，王伯群以超强的管理和筹资能力，创办大夏并使其一跃成为全国著名的私立大学，时有"北南开，南大夏"之谓。

现华东师大本部校区内存有历史建筑群贤堂、思群堂、三馆（即物理馆、地理馆和生物馆）、办公楼等，其中思群堂及办公楼被列入上海市第五批优秀历史建筑名单。

群贤堂（原称大讲堂）是华东师大最古老的一栋建筑。1930年1月5日，大夏新校址开工，全体师生出席，盛况空前。5月，大讲堂正式定名为"群贤堂"，寓意大夏"师生合作、群策群力"办学理念和荟集群贤的期望。当年8月，"大夏速度"中的群贤堂落成。处于中心位置的群贤堂建筑宏伟，三层钢骨水泥混合框架结构，面阔21米，宽6米，建筑面积3643平方米，入口门廊通高两层，以并列四根爱奥尼亚式立柱支撑。群贤堂内有大小教室及办公室32间、厕所6间。整个群贤堂至多可同时容纳2500名学生上课，最大的教室可容纳190人。抗战时期，屋顶东北角被日寇炸出三个大洞，堂前四根爱奥尼亚式立柱两根被毁，只有内侧两根勉强支撑整幢建筑。

拥有"沪上高校礼堂之最"美称的思群堂建于抗战后的1946年12月，为纪念学校创始人王伯群命名。思群堂一直是学校重要会议及重大活动的主场所，也是校内著名的建筑遗存，目前已列入上海市优秀历史建筑名单，并与东西办公楼作为大夏大学旧址整体的一部分被列为普陀区不可移动文物。

大夏办公楼兼具历史、艺术、科学价值，办公楼的东、西、北楼始建于二十世纪三十年代前中期，其中东、西楼分别作为大夏附中的教学楼和学生宿舍。办公楼呈品字形，采用红砖清水墙、灰色机平瓦坡屋面，门窗多以钢制为主，材质上佳，工艺精湛，整个建筑群呈现出较为简化的西式风格。1946年，大夏大学由赤水回迁上海，东楼成为化学馆，西楼为土木馆，为理工学院使用。

华东师大本部的压舱之作诞生在新中国成立后。被后人称为标志性建筑的"三馆",即物理馆、地理馆和生物馆于1954年12月落成,总面积11865平方米,由华东建筑工程局建筑设计公司设计,孙自健建筑师主持。

"三馆"位于师大校区中轴线的西端,平面呈"H"形,为三层(对称中心四层)混合结构,两座翼楼拱卫主楼,采用歇山顶青平瓦,端庄稳重又气势恢宏。整幢建筑既富有民族特色,又受当年苏联建筑风格的影响,亦称中苏合璧的建筑典范。1959年,物理系迁往新建的物理楼,但师生仍惯称为"三馆"。1977年恢复高考后,政教系曾迁入此馆上课。因此,"三馆"不仅是华东师大物理、地理、生物等自然科学教学科研的重地,也是哲学和社会科学的发祥地,见证了物理学家陈涵奎,地理学家胡焕庸、李春芬、陈吉余,生物学家张作人、郑勉,哲学家冯契,经济学家陈彪如等诸多名家的大师风范和莘莘学子的追梦脚步。2013年8月,"三馆"完成了新一轮修缮,上海纽约大学在此办学,"三馆"成为第一个课堂。

在大夏根基上新生的华东师大,经过几十年的蓬勃发展,早已长江后浪推前浪,成为和复旦、交大、同济同侪的一流大学。

苏州河畔一抹红

旧时期的上海，列强长期占有各自的"租界"，中国没有完整的主权。上海也是中国工人阶级最集中的城市，具备天生的先行者气质，不是红色选择了上海，而是上海选择了红色。

圣约翰冒出的红火星

苏州河半岛上的圣约翰大学（简称约大），给人的印象是严谨、严肃、刻板，具有浓烈的基督教色彩。不过，百年圣约翰不只生活在古板和教会中，在历史的大潮中还是冒出了明艳艳的红色火焰。

2023 年 4 月，我采访了华东政法大学校史馆、档案馆馆长朱敏女士。1979 年出生于南通、毕业于南京大学社会学系的朱馆长沉浸在对校史挖掘的惊喜中。这次，我的本意是咏物写景，采访苏州河步道华政段（原约大校区）的开通，而她最想畅谈的却是百年约大的红色基因。

朱敏的手指柔和地敲击着键盘，双目凝视着电脑屏："圣约翰虽然是座旧时期的教会大学,却也生长着令人瞩目的红色土壤,这里诞生了上海高校的第一个党总支(1938年),在全民族抗战时期,约大秘密发展党员250余名,当时的进步青年打着上海基督教学生团契联合会的掩护加入党组织……"

她又飞快往前翻了几页,说:"即使是西方人办的教会大学,也阻梗不住红色基因的流淌和传播。早在1919年,约大就涌动着进步青年向往进步的浪潮,北京的'五四运动'一爆发,约大学生就纷纷走上街头声援。"她点着电脑上的一幅老照片说,"这是当年《申报》对约大游行方阵的描述:圣约翰大学列队其中,步伐整齐,精神严肃,绝无零乱之状,夹道观者无不为之兴感。"

她说了很多约大的红色故事给我听,红色人物像董健吾、孟宪承等,都是教科书上的名字。这几位,我是熟悉的。

圣约翰被视为最西方的学校,是培养买办的学校,却也受到进步力量的强烈反弹。1925年"五卅惨案"发生后,约大教授孟宪承组织师生上街抗议,声援学生的爱国行为,并在校园悬半旗纪念死难同胞。孟宪承早年毕业于南洋公学中院和圣约翰大学,1918年留学美国华盛顿大学获教育学硕士,1921年赴英国伦敦大学教育研究所深造。回国后,先后在东南大学、圣约翰大学任教。孟宪承学贯中西,博古通今,在教育理论研究方面建树甚丰,同时也是一名进步知识分子,嫉恶如仇,在"五卅惨案"发生的第一时间挺身而出。

1925年6月1日,孟宪承先生召集学校的中国教授开会,并在会上发表愤慨演讲。他说:"假如一个学生,只知自己是圣约翰的学生,而不知中华国民,看到同胞为外人屠杀漠不关心,这对我们平日所讲的国民自觉教育,将无法自圆其说!"他慷慨陈词,"教师应该支持学生的正义斗争,维护国家、民族的尊严,否则,今后我们也无颜再以学问文章与学生相见于讲台。"孟宪承和师生向校方提出举行纪念活动,悼念死难同胞,遭到约大美籍人员否决。在孟宪承和师生的据理力争下,校方被迫同意学生罢课、降半旗向死难者致哀。6月3日凌晨,满腔义愤的师生在罗氏图书馆前升挂中国国旗,在礼堂集会悼念,不料这一行为遭到校方强行阻挠,美籍校长卜舫济把学生集会时升在旗杆上的中国国旗降下,引起轩然大波。学生悲愤啼哭,三呼"中华万岁"。师生们义愤填膺,和校方发生冲突。见学校当局一意孤行,不顾师生正当诉求,以孟宪承为首的19名教师带领553名学生,宣布"永远与圣约翰脱离关系",发誓"以后不再进任何外国教会学校"。约大师生的这场壮举,在社会上产生强烈反响。1927年,国民革命军兵临上海,约大除神、医两院外宣布停课,部分教职员在校外赁屋上课。此后,原来把持校务的外国传教士开始顺应高涨的民主主义思潮,于1928年设立校董会,吸纳中国籍校董参加,将部分行政权交于中国人。

我无数次进入原约大校区,拍下不同季节的无数照片,但这一次我重点关注了两幢楼宇,一是"六三楼",二是交谊楼。"六三楼"原名斐蔚堂,为纪念孟宪承等师生含恨脱离约大的壮举,改为"六三楼"。

在交谊楼前分明镶嵌着一块黑色的大理石，赫然写着"解放上海第一宿营地"，标题下有正文：中国人民解放军第三野战军司令陈毅在 1949 年 5 月指挥淞沪战役中，26 日凌晨进驻上海的第一宿营地——前圣约翰大学交谊室。当日下午，转移至三井花园，领导接管上海的工作。特树碑石，以志永久纪念。华东政法学院 2002 年 5 月立。

毛泽东惦念的恩人

毕业约大留校任教的"牧师"董健吾，是毛泽东记挂了一辈子的恩人。

1960 年 6 月，美国《西行漫记》作者埃德加·斯诺暌违二十多年后再访中国。在与最高领导人毛泽东的会谈中，他提出想见一位叫"王牧师"的人。这个"王牧师"，就是当年在白色恐怖的特殊环境下屡建奇功、身为共产党员却又背负牧师身份的董健吾。

1936 年，斯诺就是由董健吾护送由西安一路去陕北，采访了毛泽东和一批共产党人，由此写下轰动一时的《西行漫记》。斯诺在他的著作中这么描述这位"王牧师"："一个身材高大，胖得有点圆滚滚的，但是体格结实、仪表堂堂的中国人，身穿一件灰色绸布大褂，外表像个富裕的商人。"斯诺写道，"他穿过打开着的旁门进来，用一口漂亮的英语向我打招呼……"斯诺对这位自称姓王的牧师印象不错："在护送路上，王牧师幽默诙谐、谈吐不凡。在这以后的那个星期里，我发现即使仅仅为了王一个人，也值得我到西安一行……"

董健吾 1891 年生于上海青浦县，1914 年考取圣约翰大学，专攻神学，与宋子文是同窗好友。在约大校园内，董健吾活跃，善交际，校长卜舫济十分赏识他。董健吾毕业后又去神学院进修了两年，成了一名正式的牧师，卜舫济提拔他当了自己的助手。

约大封闭的校园封不住人的心。董健吾深受五四运动影响，爱国思想迅速萌发。"五卅惨案"期间，他紧跟孟宪承，带头在约大降下美国旗，升起中国旗。为此，他与关系良好的校长卜舫济翻脸决裂，被开除出校，不得不在上海爱文义路（今北京西路）圣彼得堂担任牧师谋生。

不久，他被约大的浦化人（中共党员）举荐到"基督将军"冯玉祥部队布道。董健吾为人机敏，说得一口流利的英语和拉丁语，冯玉祥将这位知识青年聘为自己的秘书，不久又升为秘书处主任，业余时间还请他教授冯夫人及孩子学习英语。时值国共合作，在冯玉祥部工作的共产党员颇多，担任冯玉祥部队政治部主任的就是著名的共产党人刘伯坚。1927 年 4 月蒋介石发动反革命政变，"宁汉合流"，白色恐怖笼罩华夏。就在中国革命至暗时刻，"神学"出身的董健吾由刘伯坚和浦化人介绍，加入了"无神论"的中国共产党。

1928 年 11 月，董健吾回到上海。考虑到他和宋子文等国民党人的关系，负责特科工作的陈赓请他加入中央特科，利用牧师身份收集情报。1930年2月，陈赓指示董健吾用牧师作掩护，办一个幼稚园，专门收养烈士遗孤以及党的领导人留在上海的子女。由于经费拮据，董健吾一面在教友中募捐，一面回青浦老家把祖母分给他的几十亩良田转手，筹到钱款租下戈登路（今江宁路）武宁路拐角处的两幢石库门房子，办起大同幼稚园。为障人耳目，他利用关系请国民党元老于右任题了幼稚园匾额。大同幼稚园收养的孩子中，有彭湃的儿子、恽代英的女儿、蔡和森的儿子、李立三的女儿等。1931年春节前后，毛泽东在江西苏区指挥红军打仗，他的三个儿子毛岸英、毛岸青、毛岸龙也被送了进来。不久，大同幼稚园由戈登路迁至陶尔斐斯路341号（今南昌路48号）。1932年，深知我党秘密的顾顺章叛变，上海地下党组织遭到空前威胁。为了保护火种，陈赓决定立即解散大同幼稚园，将孩子们分散转移，但董健吾仍负责抚养毛岸英、毛岸青两兄弟（毛岸龙于1931年生病夭折）。1936年春天，西安事变前夕，董健吾通过他与张学良的关系，将毛岸英兄弟俩护送去苏联学习。

日理万机的毛泽东每见到毛岸英、毛岸青，就惦念起"王牧师"。

1936年初，美国记者埃德加·斯诺在上海会见宋庆龄，提出想去西北红区采访的请求。宋庆龄设法通过电台与陕北取得联系。当时中共中央也需要一位有影响力的西方记者来客观公正地报道红区的情况，以正视听，双方一拍即合。宋庆龄想到董健吾与张学良的关系，便把护送斯诺去陕北的任务交给了他。

送别斯诺，董健吾回到上海，却遭遇突变风云，与他单线联系的潘汉年去了香港，使得他与地下党组织失了联系，只得像一只断了线的风筝四处漂泊，历尽磨难。

时隔二十多年，斯诺再次来到中国。当他向毛泽东提出想见一见"王牧师"时，竟无人知晓"王牧师"的行踪。后来通过浦化人，中央才了解到"王牧师"就是董健吾。

1961年早春二月的一天，在上海以推拿行医谋生的董健吾突然接到国防部办公厅的通知，让他到锦江饭店对面那幢神秘的小楼去。一见对方，董健吾才明白，原来是当年出生入死的老上级陈赓将军来看望他了。面对这位老泪横流的几十年前的特科部下，陈赓也是泫然涕下，紧紧抱住，万分歉疚地说："我来晚了！这次是受中央负责同志的委托来看望你的……"根据中央指示，董健吾担任了上海市人民政府参事。这一年，董健吾已经七十岁。

《星火沪西》

旧时代的上海，未有普陀区，苏州河沿岸的工厂区统称为沪西。以纺织为主体的工业、工厂占了上海的大部分，产业工人集中，是共产党开展早期工人运动的重点。2021年建党100周年前夕，上海普陀区作家协会组织20多位作家创作了一部近30万字的纪实文学《星火沪西》，记述发生在沪西地区的红色故事，获各界好评。

在《星火沪西》中，我采写了一篇有关沪西工友俱乐部的文章，起名《灯塔》，主要描述共产党早期工人运动的"三剑客"项英、李立三、邓中夏立足苏州河潭子湾，依托上海工人俱乐部，策划和领导"二月罢工""五卅运动"的事迹。

通过工人俱乐部（开始为工人学校）推进工人运动，是共产党的创新。早在1917年，毛泽东在长沙一师创办了第一所工人夜校，用来提高工人的文化知识和觉悟。1921年，邓中夏从学生运动领袖转身为工运领袖，创办了长辛店劳动补习学校，在此基础上演进为工友俱乐部。1922年5月，李立三从欧洲勤工俭学回国后，受湖南省支部书记毛泽东委派，赴安源煤矿开展工运，成立安源路矿工人俱乐部，自任主任。项英从工人中来，到工人中去，二十四岁就成功领导了汉口扬子江机器厂罢工，一年后又领导了平汉铁路大罢工，深孚众望。

1920年夏天，上海共产党早期组织成立，工作重点就是组织工人，发动工人。但是，当时的产业工人对政治了解肤浅，不知道布尔什维克是什么，误认帝国主义也是有皇帝的封建国家，一线工人文化程度普遍低下，男工一字不识的占五至六成，文盲女工占八至九成。党组织委派李启汉牵头创办工人补习学校，通过提高一线工人的文化层次来提升工人的阶级觉悟。李启汉等人经过比照，将办学点选在槟榔路锦绣里的一座日式两层楼房内。1924年夏天，项英、邓中夏、李立三觉得条件成熟了，遂将工人补习学校升格为工友俱乐部，采取会员制，使组织更为严密，也更接地气，最终将此打造成了引领上海工运的红色灯塔。工友俱乐部主任为项英。

沪西工友俱乐部前后不足一年，却像爆米花一样超级爆发，一个重要原因，是有一支阵容超群的师资队伍。邓中夏、项英、李立三既是工运领袖也是讲师，此外，还有上海大学的进步老师和学生，如瞿秋白、沈雁冰、陈望道、蔡和森等风云人物接连来现场授课。另有两位"女明星"——毛泽东的夫人杨开慧和瞿秋白的夫人杨之华，她们的参与，吸引了大批进步妇女的参与。杨开慧是毛泽东风华正茂时浪漫情感的另一半。1924年，毛泽东夫妇携岳母和孩子来沪，居住在慕尔鸣路（今茂名路）上的甲秀里，杨开慧受湖南同乡邓中夏力邀去俱乐部授课。每当杨开慧去俱乐部讲课，毛泽东就背着大儿子毛岸英坐在台下听课。俱乐部名师云集，听讲者摩肩接踵，挤爆教室。周末或节假日，俱乐部还举行文娱晚会，演出一些工人自编自演、讽刺时弊的节目。在工友俱乐部，传授文化知识的同时，不忘深入浅出地传播党的政治观点和主张，吸引了大量工人。

俱乐部的工作活跃又活泼，请求加入俱乐部的工友与日俱增，不得不劝阻工人分批加入，或者错开时间参加活动。至1924年底，俱乐部成立短短三个月，会员已从二三十名发展到数百名，还不包括由于场地有限被临时劝退的工友。俱乐部以会员工人为骨干，以摊大饼的形式串联起更多的工人群众，先后在沪西日商和华商等19家工厂中建立了"灯塔"照耀下的地下工会组织，总人数达两千余众。

"木秀于林，风必摧之。"沪西工友俱乐部的迅速发展壮大，刺激了公共租界当局与中外资本家的神经。一方面，租界当局和资本家屡次派人混入俱乐部砸场子，另一方面，厂内的监工、工头发出威胁，警告工人别去俱乐部。为减少不必要的麻烦和损失，项英等决定俱乐部于1925年初搬离苏州河南岸的公共租界，迁至苏州河北岸隶属华界的潭子湾三德里。以后，爆发于上海的"二月罢工""五卅运动"，都在潭子湾的俱乐部策划和领导。

沪西工友俱乐部诞生不久，就成立了中共小沙渡党小组，共有党员八名，其中五名为工人党员。俱乐部先后培养出了顾正红、陶静轩、孔燕南、郭尘侠、李振西、王有福等工运的中坚力量。党的组织以小沙渡为起点，如雨后春笋般破土而出，至1925年9月，已发展为23个党支部，后来领导沪西工人先后参加了三次武装起义。

"五卅运动"的导火索可追溯至1925年2月2日。日商内外棉八厂粗纱间一名十二岁的女童工在半夜因疲劳过度打瞌睡，被日本领班当场殴成重伤。激愤的当班男工群起与厂方评理。日方根本不理会工人的说辞，反而蛮横开除粗纱车间夜班全体男工50人，由此引发粗纱间日班全体男工罢工抗议。劳资矛盾激化后，工人积极分子第一时间去工友俱乐部汇报。俱乐部秘书刘华听后，立即请示上级。

项英、李立三等态度坚决，说俱乐部既为工人后盾，当然不会袖手，必以实际行动为大家撑腰，将动员工人大"摇班"

（罢工）。几位工运领导人坐镇俱乐部，为"二月罢工"做出具体部署。俱乐部提出"各厂准备罢工，支援八厂"时，诸厂纷纷响应。为师出有名，党组织以俱乐部的名义与日方交涉，希望厂方悬崖勒马，答应工人提出的"不准打人、不准无故开除工人、增加工资待遇、恢复被开除工人"等四项条件，避免事态进一步升级。倨傲无礼的日本厂方哪把工友俱乐部放在眼里，轻慢地拒绝了中方的交涉。项英、李立三等决定领导工人开始"二月大罢工"。

自那时起，俱乐部成了罢工指挥部，几乎每天举行会议，听取各厂罢工的进展，提出下一步的斗争策略。罢工风潮迅速扩展到全市 22 家日商纱厂，超过四万人参加了大罢工。"二月罢工"从 2 月延续到了 5 月。

5 月 15 日，风云裂变，局势升级，日方突然宣布内外棉七厂关张停工，不准工人进厂。顾正红等骨干率领工人冲进澳门路 300 号的厂区，和日方发生正面冲突。日本大班（工头）下令开枪，打伤十多人。顾正红当场牺牲。

"三剑客"历来敢于亮剑，迎难而上，决定以俱乐部的名义举行隆重的公祭活动，唤醒民众，将斗争步步引向深入。

5 月 24 日下午，顾正红的追悼会暨公祭活动于潭子湾工友俱乐部附近的一块旷地上举行。一万多人参加，包括大量的学生和妇女。会场制作了三百面不同的旗帜和挽联，六种不同内容的传单向到会群众散发。这些传单以顾正红的牺牲为例，强烈谴责了帝国主义、军阀主义和资本家的压迫和暴行。

5月28日晚，中共中央和上海党组织召开紧急会议，陈独秀、瞿秋白、蔡和森、恽代英、李立三等人参加。会议定调以反对帝国主义屠杀中国工人为起点，使斗争表现出明显的反帝性质。会议决定5月30日在租界内举行大规模的反帝示威游行，进一步援助罢工，唤醒民众。

5月30日，上海各大、中学校学生两千余人到公共租界繁华路段进行宣传、讲演和示威，先后有一百多人遭逮捕。这一举动进一步激怒了广大群众，数千工人与学生愤怒涌往巡捕房，要求释放被捕者。全副武装的英国巡捕竟疯狂下令开枪，当场打死十三人，打伤数十人。南京路上枪声乱作，血光遍布……这就是震惊全国的"五卅"惨案。

当天深夜，中共中央再次举行紧急会议，决定由瞿秋白、蔡和森、李立三、刘少奇和刘华组成专项行动委员会，具体领导这次斗争，组织全上海罢工、罢课、罢市，最强烈地抗议帝国主义的血腥和残暴。

中国人民长期郁积的对帝国主义的仇恨，由"五卅"惨案点燃，如同火山般喷发。5月31日，工人、学生不顾南京路戒严，冒雨上街散传单、呼口号。6月1日，全市开始了反帝总罢工、总罢课、总罢市。至6月10日，先后有二十万工人罢工，五万学生罢课，公共租界的商人全体罢市，连租界内当局雇用的中国巡捕也宣布罢岗。

彪炳史册的上海工人的"五卅运动"，被欧洲媒体誉为巴黎公社式的壮举，而沪西工友俱乐部正是"五卅运动"的策源地和战时指挥所。"五卅运动"后，上海市总工会从幕后走至前台，在闸北天通庵路挂牌，李立三任委员长。至此，沪西工友俱乐部完成了她的历史使命，从台前隐居幕后，改名为总工会第四办事处。

沪西工友俱乐部虽然只运作了不到一年，却光芒耀目，党内先驱、工运领袖、学界名流纷纷登台，成就了几件惊天动地的大事。沪西工友俱乐部在工人运动的低潮中诞生，在"五卅运动"的巅峰中隐去，对今后的工人运动、党组织的发展以及中国的大革命起到了先驱者和排头兵的作用，在中国革命史上留下了浓墨重彩的一笔。

"我喜欢红色"

由《星火沪西》诞生了一支"星火朗诵队"。徽标由上海书法家奚松林先生题写。作协多了个朗诵队，纸上的文字变得生动起来。2021 年冬，在疫情防控的紧要关头，朗诵队员冒着被隔离的风险，在普陀区图书馆朗诵了《星火沪西》的相关章节，记得由"星火村"村长朱杰先生以及王宏、司红、朱丽婷三位女士出场。其中我的《灯塔》(节选)由上海群艺馆的朱丽婷小姐朗诵，可惜那次我被隔离在家，无法当场聆听。

星火朗诵队虽然是业余的，其水准却属于半专业或专业，首先有专业的张红玉、石洪等老师的培训与辅导，其次是队员们有文化、会动脑、肯拼，更重要的是朗诵队员有共同的趣味和志向，在朗诵中学习朗诵，在实战中提升自我，几度酷暑，几度严寒，硬是将一支凭业余爱好聚在一起的民间朗诵者队伍打造至惊人的水准。2023 年 5 月 27 日，我应邀参加了他们在上海左联作家联盟会址纪念馆的"东方的微光"朗诵活动，有的节目异常精彩，譬如上海民间文艺家协会副主席张红玉女士自采自编自演的《红色电波》，复旦大学 90 后女老师江珊演绎的《庐山历险记》等。这些充满激情、发自肺腑的诗歌朗诵和故事演讲，实在比有些无病呻吟或干巴巴的表演真诚、真实和有趣得多。

星火朗诵队以昂扬红色文化为主调，传承不凡历史，赓续红色血脉。队员年龄跨度从 40 后、50 后至 90 后、00 后、10 后不等，无意中构成了一幅奇妙的图景。2022 年金秋十月的一天，星火队在位于兰溪路的普陀文化馆五楼礼堂举办了一场朗诵会。当时正处防疫的紧要关头，许多人吓得不敢外出，但"红色梦想·星火永续"朗诵会照常举行。外面风声鹤唳的疫情并没有影响星火队员的发挥，亮点纷呈，气氛爆棚。其中由三对母女同台朗诵的《红色的童话》，精彩迭出，空谷足音，人生几回闻，掌声久久不愿熄灭。这是她们从网络改编的自由诗。

年龄较大的女孩嘉宝十二岁，扎着两根小辫，戴上红领巾，恬静自然，天生有表演才能。妈妈张之愉，就职于上海造币公司，爱好文学和朗诵，是思南读书会的常客。从小的打磨和熏陶，嘉宝对演出习以为常，表情与技能胜于其母。

另两位妈妈都是上海大学的 80 后老师。谢瑾供职于宣传部，女儿暖暖，七岁，穿白色连衣裙，两根粗粗的辫子夸张地向左右两边张开。姜芬芬供职于上海大学外联处，女儿果果，八岁，穿一身玫瑰红的连衣裙，脸上布满登台的喜悦。

上台表演时，自左而右分别为嘉宝母女、果果母女、暖暖母女。三位孩子一亮嗓，三位妈妈的风头就被盖下去了，观众的目光被孩子吸引，暖暖稚气，果果天真，嘉宝成熟。三位孩子的台词全部背诵出来，不打丁点格愣。暖暖和果果才七八岁的孩子，她们的母亲都是大学老师，小孩识字早，但她们的表情、动作、语言无疑是受过半专业或专业训练的。居 C 位的果果吐字清晰，动作浑然天成，可能出于妈妈从小的调教，因为姜芬芬母女开有自己的视频号"缤芬果味"，颇有些影响。嘉宝上小学四年级，参加过小话剧《人间四月天》的演出，自然有些经验，就连七岁的暖暖也小演员味十足，毫不怯场，嗯，小暖暖也有视频号"墨雨雪枫"呢。

我虽然没去过大年三十的春晚现场，但中小场面还是见过一些，当朗诵会结束时，我还在臆想着，倘若这些民间的节目送上春晚，得分会不会比有些装腔作势的节目高些？但他们有这样的机会吗？

红色的童话

朗诵者（以孩子年龄大小排列）

嘉宝和嘉宝妈

果果和果果妈

暖暖和暖暖妈

暖暖：

妈妈，我喜欢红色。

红色是太阳的颜色，

采撷了晚霞最绚丽、最迷人的光芒。

暖暖妈：

孩子，妈妈也喜欢红色。

红色是火的颜色，

蒸腾着熊熊的极温。

红色是热血的颜色，

凝聚了最浓稠、最活跃的成分。

果果：

妈妈，我喜欢红色。

红是那大年夜窗前的剪纸花，

门楹上的红对联，

暖暖地洋溢着喜庆、福禄、平安，

红红地传递出兴旺、和谐、团圆。

果果妈：

孩子，妈妈也喜欢红色。

红是丝丝扣扣的中国结，
氤氲着古色古香的秦汉气息，
承袭着灿烂辉煌的魏晋脉气，
延续着盛世气派的唐宋风遗，
流转着独领风骚的元明清神韵。

嘉宝：
妈妈，我喜欢红色。
中国红瓷是世界上最高贵的红，
以精湛的技术著称于世，
温润沉透像一首高雅的诗。
红红的宫墙、红红的灯笼，
红红的春联、红红的陶瓷，
红红的中国结。

嘉宝妈：
孩子，妈妈也喜欢红色。
红色是党旗的颜色，
沸腾着无数革命烈士的鲜血，
骄傲地向世人展示着，
中国共产党人的信念、决心、精神。

暖暖：
爸爸曾告诉我们，

红色是勇敢者的颜色。

嘉宝：

红是嘉兴南湖的红色航船，

是八一南昌的炮火连天，

是星星之火可以燎原的井冈山。

果果：

风雨后的彩虹啊，

就是我们胸前的一抹红。

我们都喜欢红色。

暖暖：

红色是红领巾的颜色。

嘉宝：

红色接班人在红色的指引下茁壮成长（三娃合音：茁壮成长）。

暖暖：

看哪，

那冉冉升起的五星红旗是最艳丽的红。

红涂抹了我们的微笑，

红温暖了世人的心门。

暖暖和暖暖妈：

红攀越了世界屋脊，

红征服了白色极地。

果果：

看吧，那高高飘扬的五星红旗，

是最骄傲的中国红，

红得艳丽、红得自信。

果果和果果妈：

红得睿智、红得坚强，

红得真诚、红得热烈。

嘉宝：

世界的东方，

飘扬着一抹红。

嘉宝和嘉宝妈：

红红火火大中国。

集体合诵：

红红火火大中国！

母亲工业的挽歌与重生

半壁江山

贾一亮亭亭玉立出现在我面前时，心里还是咯噔一下："馆长怎么是个丫头？还这么年纪轻轻？"

在我的常规印象中，国家级博物馆的馆长应该是位老成持重的长者，或者是胡须花白的学者，可这是位留着短发的纤秀女孩，却又是上海纺织博物馆的馆长，80后的博士，研究方向：染织史论。

近代以降，纺织业逐渐成为上海的"母亲工业"。我来纺织博物馆的意图，无非是想单写一篇上海母亲河畔母亲工业的文字，因为纺织工业在上海的历史钩沉中太过沉重，一路坎坷逶迤，令人恻隐。而为了《苏州河的早晨》，我先后拜访了八九个博物馆，也结识了不少馆长，贾一亮就是其中之一。

当这位笑眯眯的女子出现时，我随口问："上海人吧？"

"不是。"她仍旧笑眯眯地说。

"苏州人？杭州人？"

"不是。"

两个"不是"的否决，使我不便再问她的出生地，而从她一脸的秀色估猜着大概率是江南人氏无疑。她也许看出了我的尴尬，抿嘴说："我是北方人，来自大西北，甘肃兰州。"

"真看走眼了。"

"是不是长得白一点？"

"倒是秀。"

"我爷爷的爷爷就生在兰州，地地道道的黄土高坡人。"她的一双俏目凝望着远方。

几句调侃，拉近了彼此的距离，对话也就显得随意。是的，早在十几年前的萧瑟秋风中，贾一亮已从干冷的黄河边来到温暖的苏州河畔，但我还是觉得她不像喝黄河水长大的，也无法将一名靓丽的轻盈美女和冷冰冰的纺织史料联系在一起，而洋溢在她脸上的笑容分明告诉我，她面对发黄的古籍并不感到枯燥，反而心怀激情，这些年颇有斩获，陆续研究、出版了《世界纺织题材邮票赏析（中英）》《枕·梦：中国传统枕具赏析》《四任传人》等专著。

她的双眸闪动着灵慧的光泽，如滚滚洪流中的一叶扁舟，徜徉在自己的艺术世界里。

这位东华大学（原中国纺织大学）硕、博毕业的馆长告诉我，九层大楼的纺织博物馆属于企业办馆，由上海纺织集团投资建设、管理并使用，属于国家三级馆。位于澳门路150号的纺博馆就建在上海首屈一指的原申新九厂地基上，隔壁的月星家居、

"红子鸡"酒楼均由老厂房改建。她说要进入国家级别的场馆序列并非易事，上海有一百多家博物馆，但评上等级的才区区十多家，因为评入国家级博物馆除了场馆占地、学术地位，还有馆藏数量、质地等硬性要求，另需配备一定面积的餐饮、售品，评价体系复杂繁琐。听得出，纺博正在去往再升级的路上。

在她一番简要回顾后，我赶忙抛出了准备好的几个问题，怕她随时被不知从哪儿冒出来的临时会议或接待叫走。她的回答不徐不疾，当谈到发源于苏州河边的纺织业在上海乃至全国的地位时，用了四个字概括：半壁江山。"不停歇的压锭声曾经见证了上海纺织业的起伏与跌宕，等您看完整展的内容时，一定会感到此言无虚，也许会像我一样对过去的沪纺怀有敬仰、敬慕和敬畏之心。"她说。

纺博馆一楼进门大厅，有一条宽 2.5 米、长 20 米的老旧却品相良好的原木地板。负责馆内档案历史的小伙子薛彬说，这是来自原纺织车间地板的旧材——柚木地板。说起专业，这位 90 后的小伙一口内行话："纺织车间噪声巨大，如果水泥铺面，容易将工人的耳膜震裂；采用柚木铺地，具有降噪隔音的效果，即使成本高企，家家工厂也愿采用。"薛彬的手头正张罗着"一家厂与一座城"的布展，开展日就在 2023 年 5 月 18 日（后天），耳边电话不断，但他还是耐心陪我将展看毕，还一起接受了四位东华大学学生的五分钟现场采访。而我心中一直琢磨着贾一亮"半壁江山"的描述，终于在二楼展厅的一个醒目处，觅见了我要的数据，上面清晰地写着："……1930 年，上海产业工人 28.5 万人，其中纺织行业 20 万。至 1949 年上海解放，共有纺织企业 4554 家，生产棉纺锭 243.5 万余枚，占全国棉纺锭总数的 47.23%，号称'半壁江山'。"另有文字记载："新中国成立后，上海纺织业在相当长的一个时期内是支柱产业、利税大户，1949 年至 1993 年，累计生产总值 6320 亿元，实现利税 806 亿元，出口创汇 289 亿元。巅峰时员工总数 55 万人，对上海的经济发展和社会稳定起着举足轻重的作用。"

博物馆的数字经过了反复比对，权威性无可置疑。当观展收尾时，薛彬挠了挠头皮，忽然想起了什么，又将我拽回。两人在一幅苏州河的示意图前立住，他指着图中一块被红色标识包围的地域说："这是我俩现在的位置，荣家的申新九厂，全国最大的纺织厂。"

是的，上海纺织博物馆所在地原是"申新纺织九厂"，前身即为中国第一家机器棉纺织工厂——上海机器织布局，基地在杨树浦路 87 号。1893 年，上海机器织布局失火，工厂烧毁，损失惨重。1894 年，盛宣怀在原址筹建华盛纺织总局。1931 年，几经易名的厂房被荣宗敬、荣德生兄弟收购，并于 1933 年从杨树浦搬到了澳门路，定名为申新纺织第九厂。申新纺织九厂作为近代中国规模最大的纺织企业，曾经放射出无数璀璨，从 1889 年建成开工到 1998 年的率先压锭，演变成为近代民族工业的一个缩影，全程见证了近现代纺织工业的兴衰起伏。

薛彬洪亮的声音将我从过往的回忆中牵回。"荣氏兄弟选在日本棉纺厂环绕的苏州河边设厂，用心良苦，就是要在日企的中心打入一个大大的楔子，拉开中资企业发展的大幕。果然，荣氏企业不负众望，带着中资企业成功破圈，并渐渐掏空了日商的家底，光大了民族品牌。"

贾一亮麾下的薛彬无可挑剔，回答了我所有近乎刁钻的提问。

与 80 后贾一亮的理论研究相比，60 后朱勇无疑具有更深邃丰厚的感性说服力。后者在纺织行业摸爬滚打数十年，从普通干部升任集团总裁，成为掌管五十多万人的"方面军"舵手，见识了太多的风云跌宕。说起纺织业曾经的辉煌，朱勇至今仍充满着自豪的口吻："二十世纪八十年代末，纺织业达到巅峰，员工总人数达到 55 万，家家户户有纺织人（有的是亲戚），行业就业率高，工人收入也不低，说是'半壁江山'并非夸张。"

我和朱勇相识多年，知他所言无虚。短短几句话，浓缩了精要。

"那个时候，纺织业属于吸金行业、摇钱树，工人分三班甚至四班运转，换人不换机器，人歇机不歇，纺织机就是印钞机。"朱勇说。

上海纺织业数十万之众，人才荟萃，旗下诞生了龙头、申达、三毛等众多上市公司。不是所有的中层都能担当一把手，朱勇能从中脱颖而出，自有他的独到之处。在经历了纺织业从云端滑落、阵痛过后，他和团队顺应时代变迁，服从和服务于产业调整、城市升级，并通过自身的艰难转型，重新整合国内、国际资源，让母亲工业重获新生。

砸碎第一锭

宋琴芳又比朱勇年长十多岁，出生在苏州河畔，喝苏河水长大后顺便进了河边的申新九厂做挡车工。她天资聪慧，工作忘我，外加风云际会，从一名一线纺织女工步步升至七八千人大厂的厂长、党委书记，对申新九厂甚至上海纺织业的兴衰有着刻骨铭心的记忆。

当贾一亮将她介绍给我做访谈时，这位过去的厂长问："你写这些过往的陈年旧事，会有人感兴趣吗？"

"苏州河不会忘记纺织人，普罗大众的历史也是历史，而历史永远不该被遗忘。"我说。

"反者道之动。"寒往则暑来，暑往则寒来。改革开放的深入和上海城市升级的推进，占据大片市区优越地段的纺织企业将被迫"撤出"，让渡出自身利益。而在宋琴芳看来，纺织业的转入低潮自有它的内在走势——开始是温和的，温水煮青蛙似的，到了后期，风云突变，转入"暴力"改革。

原先，由国家计划主导的纺织业上游供给棉花，生产出的产品由国家承销，出口部分也有相应的外贸公司统销，生产厂家躺赢。二十世纪九十年代初，国家和社会在经历了无比扭曲和痛苦的"双轨制"后，计划经济模式已难以继续，市场化渐渐占主导地位——原材料供给减少，需要自己采购；下游的产品也无人包销，卖给谁？怎么卖？得自己想办法。在外部世界，棉花产地人思维豁然洞开：既然市场化了，不如自己生产自己卖。外地成本低的商品开始蚕食上海纺织业的规模和利润，上海厂方的利润越来越薄，到后来是边做边亏。

在宋琴芳的记忆中，那时的申新九厂就是一个小社会——其他企业也大抵类似，啥都有，幼儿园、小学、初中，还有一所中专，厂属医院还设有病床。一家七八千人的厂，退休人员八千多，工资由厂方发放，另有残疾人一百多名，包括聋哑人及精神病人，都是国家分过来的安置人员，全由企业负担。现在，时代巨变，原本被人仰慕的从摇篮到墓地的保姆式福利成了套在企业脖子上的枷锁；相反，周边的乡办企业机制灵活，无退休人员等社会包袱，轻装上阵，效益奇佳，过年过节发鸡、发鸭、发蹄髈，让过渡时期的上海纺织人眼红不已。

"上海纺织的日子一天天难过，一方面产品积压，另一方面原材料不足；几十年前的旧机器没钱更新，老牛拉破车，越拉越吃力，到了1992年，上海汽车行业的生产规模超越纺织业，纺织龙头老大的地位戛然而止。"朱勇说。

宋琴芳尽管没有朱勇那样的硕士文凭，更难望贾一亮博士学位之项背，而她对本行业撤出市中心的理解一点也不输后辈们。"为城市的升级转型腾空间、腾时间。"她无奈地说，"上海纺织企业几千家，大多集中在苏州河沿岸及市区优良地段，这些劳动密集型工厂占地广、污染大，不让出来，上海怎么发展？"

宋琴芳和她的名字一样，打着时代的烙印，当然不希望自己苦心经营的工厂泯灭在苏州河边，而当这一天真正来临时，她选择了包容和淡定。

1998年1月，宋琴芳所在的申新九厂抡起全国"第一锤"，痛苦而猛力地砸向了用于生产的"锭"。这一天，全国纺织压锭第一锤在这儿敲响，一排排纺锭被砸成碎片，投入熔炉，如凤凰涅槃般凄惨而壮烈。在纺织博物馆的二楼，有一座高大的雕塑，一名头戴鸭舌帽的工人，抡起大锤砸碎了自己赖以生产的锭子！放下重锤的工人右手掩面，垂头沉思，双目含泪——他分明深知，他敲下的这一锤，不光砸碎了织机，也砸碎了自己的饭碗。《解放日报》《文汇报》以及《人民日报》先后书写了"砸锭"的故事，史称"第一锭"或"第一锤"。

锤落玉碎，苏州河流水呜咽，数十万上海纺织人分流、下岗的故事耳熟能详。浦东开发倒逼的改革浪潮中，百年建筑訇然倾圮在美丽的苏州河畔，洁白的玉兰花凋零在残垣断壁中。转岗、下岗，四十五岁提前退休，尽管政府花了巨力推动再就业，但还是有相当一部分人经历了苦难和心碎。

如果说驾驭数十万人的朱勇善于从宏观看问题，那么纺织女工出身的宋琴芳善于从细微处挖掘。转岗分流工作延续了很长时间，作为分管劳动人事的副厂长、厂长，宋琴芳经常走家串户，不仅拜访接纳下岗工人的"客户"——那些收留下岗人士的衣食父母，也走进暂时没找到工作或提前退休人员的家中……

宋琴芳带着潮湿的记忆说："他们中的大多数从苏州河边离

开后再也没有回来，河边盖起的层层高楼与他们无关，有福分住进去的屈指可数。"她沉重地说，"一代纺织人为城市的大腾挪付出太多，很多人早退休，收入低，希望以后加养老金时能适当倾斜。"

当然，政府没有在改革的大潮中画饼，而是祭出了实实在在的解决路数。时任上海市委书记黄菊亲自挂帅，实施"4050工程"，举全市之力消化分流下岗职工，举全民之智帮助纺织、仪表等行业，而纺织又是重中之重。上海在改革中求变，在发展中求新，政府在合理安置下岗分流职工的同时，开启体制机制创新，成立了社会保障局（1999年），将企业养老、扶弱等功能剥离，纳入社会统筹，减轻了企业负担。

"纺织企业退休、提前退休（买断）人员多，推向社会后，交不起社保怎么办？只要肯动脑，办法总归有。"纺织控股集团总裁朱勇说，"纺织企业手中握有土地，可以将一些厂房和地块抵押给社保，由社保局负责发退休金。社保局获得了土地，五年十年后，土地升值动迁，开建商品房，抵押时五千万的地块，升到了五个亿，社保局也乐开了花。"

"许多看似无解的难题，利用改革的手段实现了共赢。社保局就是在纺织企业带头改革的时机成立起来的。"

和宋琴芳厂长的身份不同，朱勇经历了整个集团的痛苦低谷，每一名职工的安稳都和各级领导相关，他们也就和各区、各条块合作，寻求支持，安顿富余分流人员。原则只有一个：万不可使几十万为这座城市腾地方、腾方便者倒毙于风雨，断不可将改革大潮的牺牲者成为时代弃子！

从市委书记、市长到朱勇、宋琴芳这些企业负责人，在落实关停并转时"简单粗暴"，不乏雷霆手段，而在安置下岗分流人员时又显菩萨心肠，落子多方，尽量让受伤者的痛苦降到最小。在经过了无数次的惊恐、惊梦和惊愕后，集团负责人朱勇长长舒了口气："职工们就是时代最可爱的人，讲大局、讲奉献，配合企业和政府完成了平稳过渡。"于是，上海出现了由纺织工人转岗而来的"嫂"字辈人群，地（铁）嫂、巴（士）嫂、空嫂、月嫂、清（洁）嫂、房（中介）嫂、银（超市收银）嫂、保（安）嫂。

朱勇的工作笔记本上清晰地记着，当时，地铁招工，纺织转岗人占了大头，年轻的上列车，年龄稍大的当站台服务员。那些年，新开了形形色色超市，联华、华联、农工商，吸收了大量纺织系统再就业人员。有部分党员和基层干部被充实到居委会工作，将居委干部的平均年龄往下拉了一大截。也有的年轻人选择了再学习，参加高考、考研或成人高考、就读夜大学，学成后自谋出路。

宋琴芳不会忘记，三百六十行，行行有转岗的纺织人。那时候开出租收入高，从申新九厂分流开出租的至少一个连。有脑子灵活的年轻人，开始进房产中介当跑腿，看见好房自己筹钱买下，再卖出，几次倒腾下来，发了小财。也有的自己开店当老板。1993年，上航在纺织系统选拔空嫂——当时年龄超过二十八岁的被称为"空嫂"，吴尔愉等18人首次入选，申新九厂也有一员入列。

2018 年秋，我在东航城专程采访过吴尔愉。经过交谈发现，这位纺织工人出身的乘务教员无论举止、谈话逻辑及语言表达，远胜大学校园出来的空乘。她一手创立的"微笑服务法"已上升为上航的服务品牌，她本人也于 2000 年当选全国劳模。

腾出了空间和时间

二十世纪九十年代，浦东的开发如火如荼，成为上海和全国发展的重点。在这个热点的背后，还有一个当时少为人知的秘密——"指东打西，东西联动。"浦东果然要大变，那是在一张白纸上画饼儿，而浦西才是上海的主体和精华所在，居住着绝大部分上海人。浦西太拥挤，浦西人民住得太苦了，滚地笼、鸽子笼、阁楼、棚户区比比皆是，三代同室、上下铺不足为奇。此时的上海，房地产已列为六大支柱产业之一，呈井喷式发展，新世纪前后，上海人的居住条件开始迭代式改善。

纺织人的离开恰逢其时。苏州河两岸腾出的大量土地上升腾起了幢幢大厦高楼，商品房、商务楼鳞次栉比，两岸面貌日新月异，百姓生活品质跃升。宋琴芳所在的申新九厂周边，崛起的都是清一色的新楼盘。纺博馆的东侧，千辛万苦留存着 1947 年建造的一幢四五层的女工宿舍（原申新九厂），这在当时属于时髦大楼，纺织女工们以住进此楼为荣耀。可在隔壁新崛起的"圣骊澳门苑"楼盘比照下，显得那么渺不足道，那么的可以忽略。宋琴芳举目四望，苏州河南北齐刷刷升起的全是崭新的楼宇，纺博馆的南面是"秋水云庐"，西面为"河滨围城""音乐广场"，在河对面的不远处，则竖起了超级大盘"中远两湾城"，入住居民超过五万。她有时甚至怀疑，这个社会咋啦，跟做梦似的突然变得这么有钱，楼盘噌噌噌地往上蹿，排队买房的队伍越拉越长……

总裁朱勇的视野刷地穿越苏州河，抵达黄浦江的对岸。纺织业的大撤退为浦东的开发赢得了时间，为上海全域的升级改造赢得了先机，奉献了宝贵的土地资源。朱勇谈道，2010年世博会浦东布展区，纺织企业搬空了一长串，像标志性的中国馆，原来是第三印染厂的地盘，而坐落在内环线附近的中组部直属浦东干部学院，原是著名的国棉二十八厂和第十二化纤厂的厂区。

东方明珠电视塔是小陆家嘴最早建成的地标建筑。曾记得，在明珠塔的收官阶段，我还带队登上最上层的"小球"，义务参加了铺设电缆工作，汗流浃背大干一天。平心而论，我的仅此一天的参与，作秀成分大于实际意义，而纺织人付出的是不断升值的大好土地，两者好比沙丘之于泰岳。朱勇先生对我说，东方明珠落地有"三只脚"，其中两只"脚"踩在曾经属于纺织的土地上——第十棉纺厂和联合毛纺厂。

申新九厂关闭后，宋琴芳厂长舍不得离去，一度留在工厂原址上建立的纺博工作，担任博物馆的副馆长，直至2016年"退休"。1998年以来，她眼巴巴瞅着老厂房一幢幢倒下，新大厦一栋栋拔起，城市越长越高，苏州河越变越细，恍如梦寐一般。"一河一江"静静流淌其中的这座中华最大名城，以纺织人和其他人群的时间让渡、利益让渡为代价，迎来了旧貌换新颜。

回首往事是痛苦的，也是幸福的。对于老纺织人宋琴芳来说，就长期处在这种幸福和痛苦的循环往复中。苏州河犹在，再无织机声；涛声依旧，斯人已远去。

申新九厂砸下压锭第一锤，企业关停、人员分流平稳过渡，宋琴芳所在的党组织受到中组部表彰。面对红得发亮的奖状，集党委书记、厂长于一身的宋琴芳却没有预想中的亢奋，心头平添了几抹失落。捧着红艳艳的奖状，她蓦然想起历历往事，想起那些离开了永远没有再回来的昔日同事，一部分人沦为事实上的弱势群体，不禁潸然泪下。

"科技、时尚加贸易"的突围与重生

冬寒不冬眠，浪来立潮头。上海纺织工业"壮士断臂"，被迫迁徙出黄金地段后，再就业工程是一茬，集团本身的生存、升级同样迫在眉睫。身为行业魁首的朱勇显然无法作壁上观，在一路"长征"转移中，不得不向外攻城略地。开始是委派工程师和技术人员去上海郊区和浙江、苏皖等地，最远的到新疆开建"根据地"，以技术援助、合伙的形式开办联营厂，后来是股份制合伙办企业。然而，看似稳扎稳打的架式，也有踩雷的，也有陷入劫难的，一些乡镇企业趁机撬走了援建的工程师，自立门户，成了老东家的对手。

在朱勇眼里，难题有难题的解法，难题有难题的价值。纺织业的改革和其他改革相同又不同，有一个化危为机的过程，独特地打通了许多"肠梗塞"，在痛苦与煎熬中破围而出，在郊区和外地生根开花结果，打出了一片片江山。上海纺织旗下的"三枪"从市区搬往浦东康桥后，扩地228亩，成了大企业大品牌。以汽车地毯为主的车饰工厂迁到了松江，产品和销量成了亚洲老大。上市公司申达和龙头的外贸生意也越做越火。

"现在的纺织工业已经不是传统意义上的纺纱织布了，高性能纤维、新面料带来的变化天翻地覆，可以上天也能入地。"60后朱勇和80后贾一亮、90后薛彬几乎说出了同一句话。

进入新时代，上海纺织旗帜鲜明地提出了"科技与时尚"战略，坚持走高端、科技、时尚与对外贸易的发展道路。纺织集团成立了专注基础研发的上海纺织科学研究院，集团中产生的郁铭芳、孙晋良院士在碳纤维材料的研发上获得多项专利。在新产业环境下，上海纺织人群桨共舟，劈浪扬帆，不断向科技的深水区掘进。在解决百姓的穿衣问题后，在新纤维、新面料的研发上屡获殊荣：先后开发完成世博会场馆、高铁、轻轨站等顶棚免打扫面膜（具自净功能）的研制生产；超耐高温、防火芳砜纶 C919 大飞机门帘、座椅等面料的开发；国产航母舰载机降落阻拦绳的试制并使用，质量超过国外同类产品；神舟航天器返回舱引导伞和主降落伞面料；火箭点火口电圈（碳纤维）隔热材料、人造血管等高科技产品。

而我最感兴趣的还是上海母亲工业的"五个第一"，它们代表了行业转型升级的后现代意义：纺织品服装出口全国第一；时尚创意园区建设和体量全国第一；民族品牌"三枪"内衣市场占有率连续 21 年全国第一；汽车内饰纺织品亚洲第一、世界第二；上海时装周引领同行，影响力亚洲第一，仅次于巴黎、纽约、米兰。另外，时尚包包的产量全球第二。

总裁朱勇的双脚仿佛站在东方明珠之巅，底气十足地说："上海的母亲工业虽然离开了苏州河，离开了黄浦江，但没有走远，也没有离去，而是更高意义上的存续。全国庞大的纺织业更加庞大，更不会衰落，而是在升级后牢牢把控了全球一哥的位置，生产量占世界的半壁江山，部分细分行业占 70% 以上，良好诠释了工业大国和制造强国的时代意义。"

百年未有之大变局，上海纺织的含金量不减。2017 年 8 月 31 日，主导生产的上海纺织集团和负责纺织外贸的东方国际集团合并，因"东方国际"的名字更为亮眼，合并后的名称就改成了东方国际集团。2018 年，集团产值突破 1115 亿元，净利 24 亿元，已是一个千亿级的企业实体。时下，上海纺织拥有员工 8.6 万名，其中海外工作人员 6 万名，辖有东南亚、非洲、欧美等海外工厂 50 家。生产和贸易的组合，加持了上海母亲工业的对外出口，使纺织品的出口外贸稳居全国龙头地位，也着力推动了上海贸易中心的生成。

集团一直是中国国际进口博览会的重要参与方之一。首届进博会，许多外商还在犹豫观望时，集团率先走出去招商揽客，进来的外商见有利可图，越来越踊跃。现在，集团不但做进出口纺织品，也涉及酒类、食品、大健康产品的贸易，成为上海对外贸易的中坚力量。

名动海内外的M50创意园、上海国际时尚中心是两个起步最早、规模最大、最为成功的创意经济发展园区，由此带动了一大批由纺织老厂房、旧厂区升格改造而成的创意园，融艺术、商业、休闲于一体，吃喝玩乐样样齐全，为上海滩一大奇观。

贾一亮难以想见，二十年前开启的"上海时装周"竟演化为一项全球标志性事件，从当时赠票、送票（没人看）到当下一票难得，黑市被炒至三四千元，将久负盛名的伦敦时装周挤下神坛。

时尚指数一流的上海时装周并非一周，而是春秋各秀一周，在上海国际时尚中心或新天地璀璨呈现，以中外时装品牌发布、明星走秀代言等形式举办上百场活动。时装周以时装发布为核心，联动纺织服装产业链上下游，带动汽车、珠宝、化妆品等大时尚范畴的产品跨界合作，促进消费品行业推出更多新品，推动开设更多买手店、品牌旗舰店，也激励着更多本土品牌通过时装周秀台奔向国际。

贾一亮不算个弄潮儿，但每年都会抽时间去观看时装周。玄幻的灯光和魔幻的裙摆带给她的不仅是感官的愉悦，还有不断刷新的时代审美。在她看来，通过服饰这一最为直观生动的载体，张扬前卫设计师的个性，传播新环保理念，呈现时代发展最尖锐和先锋的表达，也是最亲民和直接落地转化的渠道，满足人们对美好生活的心愿奔赴。

行事低调的刘福根做梦也没有想到，自己忽然间就成了行业巨人，成了"汽车地毯大王"，成了全国劳模。

时代选中了刘福根。二十世纪八十年代成立的上海丙纶厂于 1988 年转产汽车内饰配套，1992 年更名为上海汽车地毯总厂。这个厂的发展轨迹，也成了刘福根本人的成长轨道。

1947 年出生的刘福根，从十六岁进厂当工人的第一天起，就在梦中擘画一幅蓝图：以最短的时间、最快的速度，精心设计和打造一条从小作坊生产迈向汽车地毯配套的巨人之路。正是由于他的不安于现状的坚定，从生产民用产品转向工业配套的探索，最终把企业的发展牢牢嵌定在汽车工业配套上，杀出了一条血路。

刘福根从普通工人摸爬滚打成总经理，显然比那些毫无一线工作经验的海归博士更理解行业的个性。他把创业画成了三个"大饼"：第一个六年，实现从一般纺织产品向车用地毯产品的转变，成为上海化纤行业的"巨人"；第二个六年，从一个厂发展到拥有三个合资厂、一个全资收购厂、两个股份制企业的汽车地毯总厂，成为上海纺织行业的"巨人"；第三个六年，将汽车地毯配套的触角伸向全国，车毯国内市场占有率超过一半，成为国内外汽车配套行业的"巨人"。

工人出身的刘福根比大学堂出来的营销人员更懂市场，他心底记着一本账：汽车业已确定为我国的支柱产业，中国人口多市场大，今后必将成为全球数一数二的工业门类，地毯总厂务必与时俱进，顺势作为。时势造英雄，他雄心勃勃的"大饼"很快铺开，从大众桑塔纳轿车地毯起步，掀起了一股又一股冲击波，在较短时间内形成了一个稳固的市场配套链——以上海的大众、通用为中心，南连广州本田、风神，北接天津夏利、沈阳金杯，西通安徽奇瑞、武汉神龙、富康，外出国门承揽奔驰、宝马……形成了和国内外著名汽车制造巨头配套车毯的生产能力，实现了巨人梦。经过近四十年从小到大、由弱到强的累积，上海汽车地毯总厂已成为全国同业中规模最大、科技含量最高、市场占有率最多、经济效益最佳的大型企业。

河水流出金和银

时光拨回到 1920 年，上海金融图腾的元年。这一年，苏州河岸边发生了两件大事：北洋政府正式同意在上海设立造币厂；商界期盼已久的证券交易所开业。

河边的造币厂和印钞厂

其实，上海并不是最早的制币城市。民国初期，实行"银本位制"的中国，币制的混乱如同军阀的混战，全国共有 18 个省设立了 20 多家造币厂，枝权葳蕤，各省自行铸币，各式银币的成色和重量也不统一，使用时折算、携带、找零颇为困难。身处全国金融高地的上海，虽然中外资银行林立，但国产的银币、外国银元相互撕打，使偌大中国无法在国际上建立货币信用。焦头烂额的上海银行公会提议筹建上海造币厂，铸造新币，统一币制，最后终止各省自由设厂、自行铸币。这回，北洋政府扛把子徐世昌听进去了，批准开建上海造币厂，设计能力为日产银币 40 万枚。

1920 年 2 月 24 日，上海造币厂筹备组正式办公。首任厂长钟文耀才华横溢，为我国第一批留美幼童，耶鲁大学毕业后先后在华盛顿、马德里和马尼拉做外交官，回国后步入铁路界，担任第一任沪宁、沪杭甬铁路管理局局长。钟文耀家族钟情耶鲁，上下四代皆毕业于耶鲁大学。为纪念老钟家和耶鲁的特殊关系，他们在耶鲁设立了钟文耀纪念奖学金，奖励那些致力于中美文化交流的学者。

　　钟文耀任上海造币厂筹备主任后，聘张德薰为首任会办（相当于副厂长）。后者也是位专才，早在 1914 年 3 月就担任财政部印刷局（今北京印钞有限公司）局长。

　　租界横立的上海不同于外埠，钟文耀想干就干到最好，要干就对标国际。可当时不但上海人没干过铸币，连钟文耀也没干过。既然自己不行，那就借用"洋脑"。于是乎，钟文耀聘美国人赫威特为造币厂总技师。国内没有设备，按赫威特的建议，从美国订购全套新式机器，并效仿费城造币厂模式生产。

　　北洋政府钱袋子干瘪，只给政策不给钱，使得上海造币厂建厂经费的筹集颇费周折。开始是钟文耀出面向美国友华银行借款，由于双方对合同条款分歧巨大，中途散伙。上海银行公会认为造币厂如求助于外债，币制难免受到"外人"干涉，决定公开发行债券募集经费。考虑到军阀政府信用不佳，由上海银行公会发起组建银团，合力借款反哺政府作为开办经费。这样的方式，既筹到了经费，银团还能在投资库券中获利，且可以以投资人的身份，监督造币厂的筹设与开办，推动废两改元，推进国币改革。实力雄厚的上海银行公会决定委托在北京的中国银行副总裁张嘉璈与财政部磋商造币厂借款事宜，而北洋政府亦想通过这一举措免受外方干涉币政。两方在筹备问题上达成默契，借款谈判如期完成，上海造币厂筹得现金232.5万元。

购地时，钟文耀等筹备组成员勘察实地七处，有的太靠近兵营，有的地势太低，有的交通不便，最后相中并购进公共租界戈登路（现江宁路）苏州河北岸"朱家湾"地块建厂。地契上表明103亩，为慎重起见，筹备委员会与总商会及会丈局再次测量，核实发现由于河岸坍塌，实有土地98.25亩。经公开招标，在十三家建筑行中择定后来承揽南京中山陵工程的姚新记营造厂承包全厂建筑。

1922年，当欧洲新古典主义风格的上海造币厂主体建筑完成时，250万元也花得差不多了，工厂只得停工待料。1924年，罗鸿年任造币厂第三任厂长。罗鸿年毕业于英国伯明翰大学，回国后历任中国银行总司库、北洋政府财政部次长、教育部次长。面对后续资金不足、陷于停顿的工厂，罗鸿年空有一身学问，也只能仰天长叹。同年，赫威特合同到期回国，但工厂造币所需机器已运抵上海，晾在一旁。

1927年，北京北洋军阀倒台，南京国民政府财政部核准恢复上海造币厂建设。以江浙财团为背景的国民政府收购了造币厂，并乐意追加资金，于是，"江苏造币厂"（当时上海属于江苏省辖）还没有投产就易名为"中央造币厂"（1928年），直属财政部管辖。聘任上海永安公司负责人之一的郭标为厂长，复请美国工程师赫威特回厂主持技术。

郭标筹到款项，相继建造了水塔、造币厂桥及驳岸、码头工程。同年，国民政府向全世界发出邀约，征集银元模具。有奥地利、日本、意大利、美国、英国五国根据统一的设计稿制作了模具，并由杭州造币厂生产出少量样币。1930年，中央造币厂的厂房建造、设备安装到位，并生产了竣工纪念章。1932年，财政部派赫威特与温宗禹、钟望荣、黄福祥赴美国费城造币厂考察。后来，国民政府根据美国人的建议，将金本位作为国家货币政策的选择之一，中央造币厂试铸了金本位币壹圆、半圆等。

1933年，曾任交通银行董事长的卢学溥任上海中央造币厂厂长，他是左翼作家茅盾的表叔。根据财政部的废两改元政策和银本位条例，中央造币厂开始铸造民国二十一年银本位币壹圆（三鸟币）。由于三鸟币背面上方的三鸟形似轰炸机，而右下方的太阳图案形似日本国旗，被紧急叫停，后将三鸟与太阳图案删去，再印民国二十二年壹圆银币。

1935年，陈行出任上海造币厂厂长。此公曾任上海中央银行行长、中央银行副总裁、财政部金融监理局局长等职。可见，凡担任造币厂长的，个个都是厉害角色。由于当时美国大幅提高了白银的收购价格，中国白银大量外流，经与美国协商无果，国民政府宣布实施法币政策，停铸银圆。1936年1月，国民政府颁布辅币条例，中央造币厂改铸廿分、拾分、伍分镍币，壹分半分铜币，同时还试铸了极少量的银圆样币。

1937年，席家花园的老板席德柄继任厂长。很快，"八一三"抗战爆发，中央造币厂一路西迁，关山万里，壑水迢迢，先后在武昌、成都、桂林、兰州、昆明建立分厂，在香港、汉口、重庆、昆明设立办事处。1944年7月，财长孔祥熙的秘书乔晋梁任中央造币厂厂长。

抗战胜利后，中央造币厂从日本海军司令部收回原厂房，设备也从大西南回迁。走马灯似的厂长人选再次更迭，由毕业于上海圣约翰大学、美国宾夕法尼亚大学的韦宪章任厂长。韦宪章既会读书又能钻营，曾拜青帮大字辈张仁奎为师，与黄金荣均列通字辈。1948年8月，国民政府改革币制，发行金圆券，中央造币厂开始生产含银量80%的五角银辅币和一分铜币。不久，金圆券政策破产。当年11月，中央造币厂开始生产金条（半两、一两、二两、三两、五两、十两）以及民国廿三年版的壹圆银本位币。1949年，中央造币厂部分人员与设备随败退的国民党迁往台湾，留下了搬不走的厂房和地皮。

1949年5月28日，解放军上海市军事管制委员会金融处接管中央造币厂，改名为人民造币厂。上海刚解放那会，被国民党法币、金圆券坑苦了的市民，同样怀疑共产党政府发行纸币的诚信。6月7日，造币厂紧迫复工生产袁世凯像壹圆银币（袁大头），稳定解放初上海金融市场的同时，也用来支援解放大西南的战争。但这"急救般"的历史只存续了短短十一天就宣告结束。

全国解放后，金融形势渐趋稳定，纸币成为人们手中的主要流通币，金属硬币退为次要位置。造币厂一度成为印钞厂的一个分厂。1955年，工厂恢复造币，生产第二套人民币壹分、贰分、伍分硬币。一直以来，造币厂的机械和机修能力为行业绝活，也正是这个原因，1958年，上级将造币厂的铸工车间连地皮一起划给了隔壁的大隆机器厂；将机械车间的主要设备与人员划出组建了上海人民机器厂。

1980年，上币厂推出第三套人民币壹角、贰角、伍角和壹圆硬币。1978年，试制新中国第一套金质纪念章——"北京风景名胜"纪念金章。1979年生产第一套纪念金币——"中华人民共和国成立三十周年"纪念金币。1984年，生产第一套普通纪念币——"中华人民共和国成立三十五周年"流通纪念币。1985年4月，在美国《世界硬币新闻》杂志和克劳斯出版公司联合举办的"年度世界硬币大奖"评比中，上海造币厂设计制作的1983年版熊猫金币、熊猫银币分获年度世界最佳金币奖、最佳银币奖……2013年，上币公司已建成国内唯一、世界最大、技术最先进的钢芯镀镍坯饼生产基地。2003年被国家工商行政管理总局授予"重合同、守信用"证书，是上海市合同信用等级"AAA"级企业；"上币"商标被认定为上海市著名商标；2006年企业荣获全国"五一劳动奖状"；2007年被上海科学技术委员会授予"上海市高新技术企业"认定证书。

上币厂的每一枚硬币，都镌刻着一段历史，诉说着一个故事。设计的灵感和高超的技艺熔铸于钱币的方寸之间。

"上海造币厂已进入国家级工业遗产名录，了不起。"我说。

这是我第二次进入光复西路 15 号的造币厂，全程由市场部负责档案与博物馆的柴剑光先生接待与陪同。诚然，"金钱制造单位"不是随意就能进出的，除了预约、证件抵押、车辆检查以及专人带路等规定流程，进入厂区会发现，有些生产和储存单元，还有身姿笔挺的武警站岗。

柴剑光先生毕业于上海科大（后并入上海大学）机械制造与设计专业，长得黑眉大眼，身着雪白衬衫，谈吐彰显职业素养。耐心解答我的问题后，还提供给我他对造币厂的研究资料，彰显大气与自信。

"江宁路建桥占地，现造币厂区实际面积 70 亩。"他指了指头顶五米的层高，"厂区留下来的老物事建筑还有四件：标志性的当然是我们驻足的主楼，它是影视和图片里的明星，5000 平方米，现一楼为展厅（博物馆），二三楼为办公室；原民国财政部的库房；高高的水塔；不矮的石块砌成的门卫室。"

"还新建了十几层的新大楼？工作人员还不少呢。"我说。

他说不是这样的，造币厂目前还有 700 来人，但规模化的自动流水生产线都搬往了嘉定封浜，那边有 180 亩的生产厂区，这里仅存的一个模具车间说不定也会转移，以后这里的定位就是货币文化园区。柴剑光朝我凝视一眼，说造币公司（厂）主要业务有两大类：一是国家指令性产品，譬如人民银行要求的流通币一元、五角、一角，普通纪念币十元、五元，贵金属金银纪念币等，2020 年以前 90% 的利润来源于此。二是市场性业务，有的是国家或企业定制，如亚运会奖牌、纪念章；有的是国际业务，像斯里兰卡、古巴等小国家无造币或不需要这个能力，采用国际采购的代工方式；也有的商品是自主开发，市场零售。

聊着的时候，我就问到了一个敏感的问题："印钱单位，从来令人眼馋，光办公楼和工厂建筑就气度不凡，威风八面，你们待遇一定不错吧？"

他苦笑一声："此一时彼一时也，时过境迁了。"他原本中年的脸上表情显得苍老起来，"移动支付带来的冲击太大，老百姓不需要用硬币了……"

"那印钞厂也一样，他们同样受到重锤的。"我忽然联想到了离家门不远的上海印钞厂。

"虽然受影响，但他们没滑至谷底，有些人还是需要实物币，譬如压岁包、婚丧随礼钱，还是需要的。"他骨碌碌转动了一下黑眼睛，"他们还能印制税票、护照、银行票据等，日子相对好过些。"

造币厂往西不远，苏州河北岸的光复西路 10 号（曹杨路桥北堍），坐落着上海印钞厂，同样生产着上海和全国的金钱。

我经常从印钞厂的大门前过，甚至我家的阳台上都能望见印钞厂大楼的圆弧形曲线，但从没进去过，总是看见厚重的大门神秘紧闭着，院内不见人影，院中央一棵移栽的樟树又高又大；只是在脑海里想象着，里面戒备森严，人人表情冷肃，机器呼呼地转，成捆成叠的百元大钞刷刷地出，流金的建筑，富贵的幻梦……

柴剑光将我从不着调的遐想中唤回。"印钞厂和造币厂为兄弟单位，归北京直管，同属中国印钞造币集团。"他也在快速打开他的脑海，"上海印钞厂的历史相对简短，原本是汪伪政权于1938年建的纸币工厂，抗战结束后，工厂收归国民党中央银行领导，改名中央印制厂，也从重庆搬回一些机器设备。为扩大生产规模，在原址上扩建了新厂。"

柴剑光介绍，1949年5月27日，上海解放，在厂内中共地下党的配合下，上海军管会金融处接管组军代表冯锦章、张腊良等接管厂区，改名上海人民印制一厂，第二天即恢复部分生产，印制第一套人民币（印版从解放区带来）。新中国政权稳定后，钱币的配比重心由硬币向携带方便的纸币转移。1950年6月，中国人民银行华东区行发行分行与所属上海人民印制一、三、四、五厂合并，成立中国人民银行上海人民印刷厂。1955年1月，改名为国营五四二厂。1987年10月29日，启用上海印钞厂为第二厂名。1988年，国家对上海印钞厂进行了两次上规模的升级改造，新中国成立前的旧工房被完全拆除，厂区面貌一新。

我的思绪重新回到了造币厂的展览室，在那里，我仔细瞅了又瞅玻璃柜里的"大黄鱼"和"小黄鱼"，扁扁的长方形，也不见得多有感觉，跟影视片里又厚又长的金条根本是两码事，但下方的文字分明写着"金条（Gold Bar），一两、二两、五两、十两"的注释。我怎么也不信下方那扁平的一块样品竟有"十两"之重。柴剑光说："这是本厂民国年间生产的金条原物，如假包换。"他睨了我一眼，笑道："您一定是被电视片里的道具金条忽悠多了，那些又长又厚的'金条'至少有五斤十斤，掂在手里哪会这么轻巧？"他再补充一句，"那是外行人写、外行人拍的，也是当下烂剧成堆、佳作绝迹的原因。"

我的心头一阵轻松，他说出了我的心底话。

浦江饭店内的证券交易所

旖旎的苏州河汇入黄浦江的端口，有一座曾风靡一时的西商酒店——浦江饭店。英国新古典主义的建筑外表，主楼孔雀大厅高高的穹顶和罗马柱，宽大的拱形彩色玻璃窗，豪华的弹簧跳舞厅，无不炫耀着一百多年前的摩登与富丽，成为多少达官贵人向往的圣地。

浦江饭店原名礼查饭店，坐落于苏州河北岸毗邻外白渡桥的黄浦路15号，与俄罗斯领事馆对街相望。当时，德国、美国、日本领事馆沿苏州河边的黄浦路相继排开。礼查饭店最早可溯源到1857年，英国人查尔斯·威尔斯看上了这块一江一河交汇处的风水宝地，在此开建旅馆。晚清年间，礼查饭店几度易主，历经多次改建、翻新，目前的南侧主楼建于1908年至1911年，由新瑞和洋行设计监造，周瑞记营造厂承建，高五层，钢筋混凝土和砖木结构，南面大门前装有铁架大雨棚，三至四层部分装饰着爱奥尼柱头。富有维多利亚风情的礼查饭店建成后，成为远东第一家现代化旅馆，也称华夏第一店，中国第一盏电灯（1882 年）在此亮起，第一部电话在此接通（1901 年，号码 200），第一部半有声电影（1908 年）在此亮相，中国最早的交谊舞会（1897 年 11 月 5 日，恭贺慈禧太后六十寿辰）在此开办……

礼查饭店妥妥坐落于苏州河尽处，独领风骚数十年，几无对手，贵为中西文化交流的一扇窗户，无数仁人志士到访交谊，萧伯纳、卓别林以及宋庆龄、鲁迅等人在此下榻或会客。又说爱因斯坦曾在此住宿并在外白渡桥上散步（我暂时无法考证）。1920 年 11 月，周恩来等年轻学子就是从礼查饭店出发，在附近的公平路码头登上"波尔多号"邮轮，去法国勤工俭学。时隔七年，周恩来和邓颖超夫妇为躲避白色恐怖，再次入住礼查饭店。三楼的展厅里，陈列着周恩来在此生活的图文资料。直到沙逊大厦（现和平饭店，建于 1929 年）和隔壁的百老汇大厦（现上海大厦，建于 1934 年）落成，礼查饭店才渐渐失去它的炫目光晕。

时光跨越了一个多世纪，1990 年 11 月 26 日，上海证券交易所在此开业，首批上市交易的品种 39 只，其中股票 8 只（飞乐音响、延中实业等"老八股"），债券 31 只，这所古老的饭店再次回到大众视野，楼前屋后车水马龙，门里门外人海翻腾。

而今，浦江饭店变身为中国证券博物馆，隶属于国家证监会，虽然归于寂寞，却也对得起它深沉的历史和无从替代的身份。2023 年 6 月的一天，我双脚迈进浦江饭店的一楼大厅，即被它百年未变的恢宏穹顶和脚下曲线优雅如大提琴形条状镶嵌的柚木地板所吸引，为这所古老的建筑不计代价地转身为一个高端的文化场所而欣慰。

博物馆总经理张卫东先生指了指脚下黑黝黝的细长地板说，这是一个多世纪前留下来的，看不出陈旧的痕迹吧？我说连过道里的水磨石地面都是有"包浆"的古董。

张卫东先生今年五十五岁，寸头短发，说话干练，下午专门抽时间接待。陪同的还有中国银行上海凉城支行行长朱静及殷红两位女士，作为引荐红娘，她们专程从浦东赶过来。

张卫东瞧我注视百年地板的狐疑，不禁说："上交所挂牌前，尉文渊等人去香港踩点，回来后觉得上海是证券交易的元老城市，1920年就开始证券买卖，虽然开业时间在汉口（1916年）、北京（1918年）交易所之后，却是后来居上，交易品种和交易量远远高于前两者，初步打下了远东金融中心的基石。时过半个世纪，重启证券交易，最好是找一幢有年代感的优秀老建筑，东寻西觅，终于找到了浦江饭店，花大价钱租下营业。时至今日，交易所改成了博物馆，还是证监会给上海地方付租金。"

"证监会家大业大，付笔租金不在话下。"我说，"一楼孔雀大舞厅做交易场所挺合适。"

"这个舞厅开张时，百乐门还没出世，来此跳舞的都是外国富商和上等华人。"张卫东对着大厅四周说，"1990年改成交易所后，四面都是交易柜台，万国、申银、海通等券商的交易员（红马甲）忙个不停，中间是交易所的监管人员，穿的是黄马甲。二楼也是一个大厅，起名礼查厅，面积 500 平方米，高四米，地板同样是细长的大提琴式样，但颜色从黑色换成了浅黄，交易所的开业大典就在二楼举行，朱镕基、黄菊、汪道涵等参加。后来，券商越来越多，交易业务越来越繁忙，交易柜台从一楼扩展到了二楼，直到实在装不下券商和人流，不得已才搬到浦东。"

"可这里是新中国证券交易的起点，起点往往容易被牢记。"

"连当事人也想不到，今天的上交所已经在全球五名之内，品种有证券（股票和债券）、基金和期货（金融期货和商品期货），其中证券市值排世界前三位，高峰时第二。"张卫东博士说。

他四点钟还有个会，我抓紧问出一个问题："上海全球金融中心的地位能实现吗？"

"已经是了。"他十分肯定地说，"去年就宣布了，过几天'陆家嘴论坛'还应该会提及。"

我的心头重重一震。我从张卫东嘴里听见上海金融中心的位置已经确立，但不知金融中心的硬指标有哪些。一会，另一位姓张的小伙带我们来到老上海无比熟悉的"老八股"前，说："这是当年的股票，纸质的，长方形状，花花绿绿的图案，还有公司的图章——听了是不是跟讲故事似的？现在连纸币都用得少了，基本是微信和支付宝，数额大的银行转账，股票更是在手机和电脑里的数字代码，哪还有纸上的模样？当时不知股票长啥样，就把旧上海股票的样本拿来做参考，采用自右向左的竖排样式，留有抹不去的民国风。深圳是特区，股票的样式拿香港做参考，也是沪深的区别。"

飞乐音响等"老八股"静静地躺在玻璃橱窗内，供现代的少男少女猎奇，也供上世纪的老人回味当年在交易场上的热血青春。小张继续他的解说："国家步入改革开放进程后，企业开始发股票募资，国家发国库券向社会和个人借钱，但发出去的股票和债券锁在抽屉里，1984年才开始私下交易，有人愿卖，有人愿买，双方成交。显然，这样的交易既不规范，规模又小，但为国家正式成立交易所探了路，也累积了底气。到了八十年代末九十年代初，内外呼应，证交所的大幕拉开才算瓜熟蒂落。"

证券业一发不可收，成为企业融资、国家经济崛起的另一个引擎。

金融中心的上海不缺金银，超越华尔街也不再遥远，但庞大金融洪流的源头不正是发源于看似比黄浦江渺小的细细的苏州河涓流吗？

银行先生

作协"星火朗诵队"随着《星火沪西》的出世而诞生，有一群从40后、50后到90后、00后、10后的半专业及专业的朗诵队员，在屡次表演上斩获殊荣。"星火村"掌门人朱杰先生听说我在写一篇金融方面的文字，并且已经写了造币、印钞和证券，不禁有些沮丧，说怎么能忘了银行？那可是金融的重角色，怎么能缺席？我说主要是写和苏州河相关的金融，银行固然重要，但地理位置上和苏州河隔得远。他也不多解释，只是让我忖一下就晓得了。我显得迷茫，这么多银行，写哪家不写哪家都摆不平。

朱杰年方五十，生得浓眉大眼，发型挺括，交游甚广，似有无穷精力。说话间，已拨通了上海银行博物馆黄沂海馆长的电话，三下五除二，帮咱俩约好了见面的时间。挂下电话，他说："不用去哪家银行，银行博物馆包含了银行的集合。黄馆长说了，银行咋跟苏州河无关？太有关了——银行不能放款给背空麻袋的人，必须有抵押物，除了不动产，就是动产，各公司的抵押物（如棉纱、布匹）需要放进仓库，而毗邻苏州河运输方便，各大银行建起了大批仓库，专门存放抵给银行的物资。"

几句话，使我从错榫中回过路数，恍然大悟地说："不错，银行跟苏州河太紧密了，像著名的四行仓库。"

"可不是么？百年老店交通银行的仓库在苏州河边，大陆、金城、盐业银行的仓库也在那头。包括红顶商人胡雪岩的堆药材、置成品的库房也在河北一线，看似只隔一条河，南北的地价却差了老鼻子，库区建河北，省下了太多经营成本。"

"看来我得尽快去银博馆。"

银行博物馆的馆员并非都是银行先生，助理许斌先生就没干过银行，却对银行和上海金融的历史烂熟于胸，反比银行出身的职员少了份晦涩，多了些通俗。当我拧开笔帽、铺开笔记本的时候，这位出生于浙江余姚的80后大小伙说自己不是学的金融，是博物馆专业。我忽然想到复旦大学博物馆系主任陆建松是我校友，他竟然说正是毕业于复旦，班主任正是陆先生。哇，蓝星渺小，出门便遇巧事。

银行博物馆于2016年从浦东搬至复兴中路301号，这里原为1926年建造的旧上海律师公会的房子，五层大楼，古色古香，地段优越，符合金融博物馆的身份，二、三、四层辟为展区。银行博物馆隶属工商银行资产，一应投入背靠娘家，工行也不计较，独家投资，干着全银行业的事，彰显国有银行一哥的实力。

我真心佩服许斌先生的高度概括能力，25分钟的解说词已将银行这局棋说得清楚，让我这个银行门外汉也对近代金融滥觞之地上海的银行界有了理解的重点。

汇通天下，西行东进。中国传统金融业发源于明代中期的北方，称为钱庄、银号或票号，是现代金融业的本土雏形。"五口通商"后，外资丽如、汇隆、阿加剌等银行随风东渐，争相落户上海，接着，中外合资银行、华人独资银行相继兴起，繁盛于沪上。外滩十里，银市林立，见证了中国金融业的潮涨潮落。在相当长的时期内，中国传统金融工具钱庄、票号等在华洋的夹缝中生存，和西方银行、华资银行三足鼎立，共荣共生。自晚清即进入中国的外国银行随苏州河、黄浦江的波涛起伏不定，时有新生，时有灭亡，至今仍幸存的只有汇丰、花旗、渣打等几家而已。

　　岁月流金，蜿蜒而行。1897 年 5 月 27 日成立的中国通商银行是国人自办的第一家银行，创建时额定资本银 500 万两，先收半数，设总行于上海，并在北京、天津、汉口、重庆、广州、香港、宁波等地设立分行。通商银行成立之初，国家即授予纸币发行权。海上闻人杜月笙曾任通商银行董事长。一时华资银行、私人银行如雨后春笋迸发。1927 年 4 月，南京国民政府着手控制金融，次年 11 月在上海建立中央银行；1928 年和 1935 年，分别对中国银行和交通银行实行改组，两度增加官资，中、交两行完全被政府控制；1930 年，在上海成立邮政储金汇业局；1935 年，由豫鄂皖赣四省农民银行改组成立了中国农民银行；同年在上海成立中央信托局。孔祥熙、宋子文、陈果夫等国民党大佬先后在几大行控盘。国民政府成立中央银行后，将位于外滩 23 号的中国银行地下金库充为国库，存放大量政府储备的黄金。金库面积足有三个篮球场大，号称"远东第一金库"，金库门从美国定制，极为厚重坚固，大门四周装饰中国历代古钱币，至今仍在使用。

　　二十世纪三十年代以来，以上海为中心的商业银行井喷般爆发，其中最具代表性的华资商业银行被称为"南三行"和"北四行"。"南三行"指的是浙江兴业银行、上海商业储蓄银行、浙江银行；"北四行"指盐业银行、金城银行、中南银行、大陆银行。川帮和广帮银行在中国华资商业银行中也占有相当地位。此外，金融要素市场黄金、同业拆借、信托、汇兑市场形成规模。

借助租界，二十年代至抗战前夕，华资金融业蓬勃兴起，奠定了上海金融的龙头地位：金融首脑机构集聚上海；全国现银大量集中上海，流动资金占全国一半；金融资力雄厚，1936年上海金融总资力占全国的47.8%，为32.72亿元。

自从"威尔斯桥"改成了外白渡桥，南北过往不再收费（称为白渡），苏州河水目睹了国民党政府治下畸形的恶性通胀，包括臭名昭著的金圆券改革，直至金融崩盘、政权崩溃。展区里有一张纸币的面值为60亿元，在市场上只能购买70粒大米。

新中国成立后，银行业一波三折，经历了接管官僚资本、公私合营、计划经济体制到市场行为的转变。解放后被接管的官僚资本机构大体上分为四类："国家银行"（四行二局一库），即中央银行、中国银行、交通银行、中国农民银行、中央信托局、邮政储金汇业局及中央合作金库；"省、市级银行"；其他官僚资本金融机构；官商合办银行中的官僚资本。1948年12月成立的中国人民银行分别在上海、北平、天津三大城市共接管了官僚资本银行机构128个，接受银行工作人员上万人。除去1908年建立的交通银行、1912年成立的中国银行两家百年"老字号"，所有银行公私合营，连名称都成了历史名词。

曾经在三十多年时间里，中国人民银行一家独大，成为集中统一的国家银行，既是吹哨发令人，又是运动员，既制定政策和管理（下属行），也干着储蓄与信贷业务。1984年，一个标志性事件是工商银行从人民银行分离出来，自立门户，紧接着是农、中、建、交行的"集体出走"，人民银行方回到真正的

"央行"。开始，"工农中建交"还是国有专业银行，各管一摊，工行做工商，农行做农业，交行做交通，中行做外汇，随着改革的深入，业务打散，公平竞争，譬如房贷大家都能做，再后来，股份制改革，地方银行纷纷涌入、上市。

外滩金融街早已超越了昔日的荣光，各大行竞相回归大块巨石和钢骨水泥垒就的古老经典建筑，而在它的对岸，浦东陆家嘴地区拔地而起的摩天大厦直插云霄，承载着国际国内的银行、保险、证券、黄金等庞大机构和天量业务，撑起的是新时代大金融的星辰大海。

许斌仿佛掐好了时间，领我从二楼至四楼观览一遍再次回到一楼小会议室时，馆长黄沂海先生也结束了会议，跟我做了简要晤谈。黄沂海中等个子，一袭黑衣，架副黑框圆形眼镜，头发寸许却坚硬，一律往上冲长，难见白丝，乍看像一名民国时期的知识分子，年龄估计四十出头，却听他说1967年出生——实际外表和日历年龄差别甚大。

黄沂海倒是实打实的银行先生，从基层干起，五十岁后专注银行文化研究，出版了《上海滩金融传奇》《笑看金融》《笑问财缘》等书。

谈到当前上海金融中心的地位时，这位从实践一线成长起来的学者还是有不同的看法：金融中心的标准还有些虚幻，全球有影响力、卓越的金融中心到底是什么？有多少具体指标？没有。现在，北京、深圳以及内地的一些城市都在喊着建设金融中心，显得混沌。在他看来，上海在上世纪已成为远东金融中心，地位是确定的，但当下必须对标全球，甚至应局部超越。

一楼进入的整面大墙，悬念似的装嵌着两扇厚重无比的金库大门，环抱着中央金属幕墙，上面镌刻着凸起的文字，有钱、币、银、圆、钞、储、押、当、揭等简体或繁体的单字，也有本金、存折、汇率、票据、投保、融资、付清、结算、赢利等大小不等的词汇，字和词涵盖了楷、行、碑等不同书体，包裹的正中是一个方方正正的隶体"信"字。我理解金融的涵义，已经或者应该攀越契约和法律的藩篱，升华到"信誉为本"的道德文化层面。

为有苏河清水来

"1978 年，上海境内 53.1 公里苏州河全线黑臭，住上海大厦的宾客吓得不敢开窗。"

我从梦清园负责外宣的宣忞伊口中再一次听到了这样的话。

梦清园

梦清园是位于苏州河南岸江宁路和昌化路之间的一个半岛，足有 12 个足球场那么大，三面临水，绿树成荫，芦苇摇曳，四条小溪流经的泉水形似蝴蝶。西来的苏河水从前方浸入，经折水涧，流向芦苇湿地，横穿梦清半岛，从星月湾流出归入下端的苏州河。现为市民观光休闲的好去处。

"梦清园"全称为苏州河环保主题公园，分室内展区和室外展区，室内展区叫做梦清馆，为苏州河水环境治理的展示中心，室外展区主要指整个公园。

听说我书写苏州河治理变清的相关文章，已经退休的上海市水务局汪松年副局长说，苏州河的水治理太值得一写了！由于当时集中整治的专业机构已解散，人员各奔东西，他自己就不接受采访了，但利索地提供了《上海水务志》上第七、八篇共20多页的材料，时间和数据富有权威性。他还动情地通过另一名水务局老干部陈柳娟女士发过来一个纪录片《回到苏州河》。可见苏州河治理在几代人心中的分量。而现任水务局宣传（也称科信处）处长叶晓峰先生极力推荐我先去一下梦清馆，对苏州河水治理有个系统的理论了解，并且当场联系好了馆区办公室主任宣忎伊作为接待人。叶晓峰说："梦清，呼唤出上海人民做梦都想河水变清的精神期盼。"

90后的宣忎伊是上海人，她出生时苏州河还没开始治理，但她对苏州河的描述对应了史志的记载。《上海水务志》第七篇第三章第一节载道："1978年，苏州河在上海境内全部遭受污染，市区河段终年黑臭，鱼虾绝迹，在外滩苏州河与黄浦江交界处形成明显的黑黄颜色分界线。"

梦清园，我是熟悉的，2005年开园后，住在附近的同学余春华夫妇三天两头打电话，邀我们去散步，我们也就反复地去，觉得水域开阔，花树遍地，为市中心难得的闲步佳地。却不知它是苏州河综合治理的成果，是市政府花了大成本拼下来的一个生态系统。

余春华夫妻俩都在纺织局工作，住所毗邻苏州河，新世纪前后，目睹了家门口亚洲最大的印染厂（上海第一印染厂）动迁，变成了"半岛花园"住宅区。而我在老家一位二十几年的挚友汤中海先生（浙江萧山人），从小富有商业头脑，心胸旷达，志存高远，俟上海八九十年代纺织业外移，承接了纺织印染厂，在邻近萧山的绍兴地面上开了好几家工厂，在九十年代已有几个亿的产值，成为当地有名的企业家。后来深感印染行业对环境污染的负面性，果断关闭了工厂，从事天使投资。那些年汤中海先生经常来上海，和我及余春华等人喝酒至微醺，常常谈起环境污染问题，也谈及苏州河的治理刻不容缓。由此可见，苏州河治水不但包含了政府，也包含了本地百姓和外埠精英的共识。

宣忞伊说："开建梦清园，市府花了老鼻子劲，拆迁十八家工厂，第十九家拆了一半——上海啤酒厂是当年邬达克设计的唯一优秀工厂建筑，应保护的文物，啤酒厂当年的主楼酿造楼总高九层，从上而下拆到第五层时被紧急叫停；五层的灌装车间成了今天的展示中心，展厅面积超过 32000 平方米。对面的大白楼就是酿造车间。另动迁住户 724 户。"她以为企业分忧的口吻说，"梦清园由政府全额投资，但梦清馆属于企业办馆（上海城投环境属下），靠留存部分建筑的出租来养活工作人员和展馆的日常运维，以园养园。"

梦清馆的展出资料无可挑剔，我是经过了比对后定的性。

历史上的吴淞江（苏州河）碧波荡漾，景色宜人，盛产鱼虾，宋代时江面最宽处九里，在太湖流域和长三角的地位远非今日黄浦江可及。吴淞江自长江入海，肩负太湖泄洪和对外交通航道的重担，根本没黄浦江啥事。那时的黄浦只是吴淞江的一条支流，宽度不足 70 米，注入吴淞江处，称"黄浦口"。后来由于长江倒潮带进大量泥沙，吴淞江河道淤塞变窄，元代狭缩至 500 米，导致太湖泄水不畅，洪涝灾害频发。明永乐年间，工部尚书夏元吉治理吴淞江，引太湖水入刘家港、白茅港，分流吴淞江水势，开阔拓深范家浜，沟通黄浦江和泖湖水道，自今天的外白渡桥至复兴岛东的古南跄口入吴淞口，使黄浦江从复兴岛向西北流至吴淞口入注长江，史称"黄浦夺淞"。明嘉靖末年，吴淞江下游又遭淤塞，海瑞主持疏浚自黄渡至宋家桥七八十里下游河段，确立"由黄浦入海"的方针，自此，黄浦江成功上位，吴淞江蜕变成了它的支流。

正如欧洲的泰晤士河、塞纳河、莱茵河当年的臭不可闻，来自"人祸一把刀"深深扎进了苏州河，使它遭受致命重伤。

潮起潮落，云卷云舒。一战前后，西方国家疯狂厮杀，上海民族工业订单大增，获得海啸般发展，苏州河因一头连着腹地，一头通江达海，如福星附体，两岸迅速聚起了纺织、印染、面粉、榨油、烟草、橡胶、化工、机械制造等数十家工厂。随着沪宁铁路的开通，苏州河边诞生了麦根路铁路货运站，水路衔接通达全国。苏州河水运因成本之廉、货载之巨、铁路之近，成为上海及江浙地区人口、物资进出的一大动脉，各种木船、机动货轮、拖驳船川流不息。和航运相伴相生的，是各种货运、客运码头密布沿岸，其中还掺杂着大量垃圾和粪便码头。

二十世纪三十年代，上海有大型纺织厂 72 家，其中 38 家集聚在苏州河两侧，还有大隆机器厂、中央造币厂、中华印刷厂等著名工厂。1949 年，沪西工业区各类工厂企业达到 1941 家，其中纺织企业 766 家，集聚了全国五分之一的纺织产能。另有机械和金属制品企业 296 家。直至改革开放前，沪西工业区依然是上海重要的老工业基地。

大量污水的直排入河，令"母亲河"不堪负担，戾气大增，河水逐年黑臭。新中国成立后，苏州河畔及其支流上又兴建了北新泾、彭浦、桃浦、安亭等工业区，化工、印染、棉纺、造纸、制革、食品和制药等工业兴起，苏州河流域集中了上海近千家企业，居民增至 300 万，工业废水和生活污水直泄苏州河。"寒蝉效应"下，苏州河水质加剧恶化，污染范围也逐渐上溯：1956 年污染带漂移到北新泾，1964 年上溯到华漕，1978 年抵达青浦的白鹤、赵屯。呜呼，苏州河重踩了别人踩过的坑，上海境内已全程"沦陷"。

"那时的苏州河太'出名'了，不但乌黑，臭气能传出好几条马路。"宣忢伊妙目流转。

"黑如墨、臭如粪！马路不能过，门窗不能开。"相对于来自别人嘴里的 90 后宣忢伊的说辞，苏州河综合治理办公室常务副主任朱石清的感受出自他的亲历，"闸北、普陀、长宁等苏州河沿岸，多为污染工厂和棚户区，居民平时不开门，因为味道实在太难闻了。"回忆起八十年代往事，朱石清长叹一口气，"八十年代至九十年代初，上海大厦每年接待外宾时有一档观看苏州河、黄浦江的节目，由于苏州河的黑水和臭气熏天，后来不得不取消了事。"

尽管苏州河沉疴难起，但改革开放之初的上海百废待兴，还没有精力和金钱治理臭水，这一等就等了二十年。直到以浦东开发为标志的发展熬过了所谓的"旧三年"和"新三年"，才将苏州河治理正式提上日程。而梦清园就是这部大剧中的一曲动人咏叹调。

梦清园占地139亩，大绿量、大水性，本身也是个奇葩。人们只看到它"水清岸绿"的景观表象，却不知它也是留给世人的一部河流治理的活教材：地下有上海最大的雨水调节池；苏州河上仅有的两座人工岛；融治理、稳定、观赏为一体的水景观。

"梦清园"利用地下空间建设的雨水调蓄池，总体积三万立方米，服务面积7.2平方公里，是苏州河整治规划中首批沿岸建造的五个雨水调蓄池之一，能大幅提高区域污水系统的输送能力，减少雨天泵站的排江量，削减苏州河遭受的初期雨水的冲击污染负荷。

历史上的苏州河全流域并无岛的存在，而苏州河不会认命，智慧的建设者们利用自然地势在此填挖出两座人工岛，命名为大鱼岛和小鱼岛。其中700平方米左右的大鱼岛上还有一座形似白玉兰的观景阁，游客可通过小桥登阁一览美景。更有趣的是这座玉兰阁已成为往来船只的一个标识。小鱼岛目前需摆渡登岛，少了人为痕迹，多了自然野趣。

梦清园作为上海首个活水公园，其水系由水质处理和水质稳定部分构成，迎来了园内水体的正本清源。

水质处理部分由折水涧、芦苇湿地、氧屏障、中湖和下湖、清洁能源曝气复氧五个部分组成。首先是苏州河水经提升进入折水涧，折水涧布有多级阶梯式跌水曝气，提高了水中的溶解氧。其次是折水涧流下的水经过由茂密芦苇和厚厚的底泥组成的芦苇湿地，悬浮在水里的小污染物会被生长茂盛的芦苇拦截下来；湿地的水体和底泥中生活的微生物和螺蛳、贝壳等小动物会吞食被拦截下来的颗粒中的有机物，使这些颗粒慢慢减少。氧屏障由砾石和人工曝气系统组成，经芦苇湿地流出的水中的一些易挥发、易氧化的污染物质，很难越过此屏障。

中湖和下湖由两个相连的池塘组成，湖底分别种植了沉水植物苦草及美丽的挺水植物荷花等，这些分层植物通过光合作用产生氧气，使得经氧屏障过来的水中的氧气充足。经水体、微生物和小动物的共同作用，从两个湖中流出的河水就会变得越来越干净。

梦清园水质的稳定部分则由上湖、空中水渠、蝴蝶泉、虎爪溪、清漪湖和星月港湾等景观组成。水质的治理和稳定兼顾了水处理技术、自然生态和人文观赏性，而整套水系统的动力来自太阳能和风能等清洁能源的支撑。

我不是在忆苦思甜，梦清园也许是个值得一去再去的地方，也是一道水治理的法门。

河口水闸

外滩最北端靠近外白渡桥的所在，有个奇特的门牌号——中山东一路497号（外滩），需要往下走16级台阶才能发觉，有点像下沉式广场。一扇厚重的不锈钢大门紧紧闭住，游人以为里面是一间堆放杂物的库房。

　　陪同我的欧洋先生打了个电话，便有人从里面将门启开。我们轻轻迈入。迎面突显七个绿色大字"苏州河河口水闸"，上方还有个类似于长城的标识，下面是小号字的英文翻译。进门向右穿过十米深的甬道，豁然开朗，出现一个几十平方米的"洞天"。我骇然的当儿，感觉像进入了一个地下指挥所。大厅内的长条桌上排着一溜电脑，正中的主屏上显示着按秒变化的数字。内容：苏州河河口水闸；时间，2023/7/13　13：40：43；闸门开度：3.18；内河水位1.90，外河水位1.87，水位差0.02。不用主人介绍，我已大概瞧出了端倪，这里是苏州河水闸的控制室，电脑监控显示水闸处打开状态（卧倒在水里），闸内水位比闸外高出0.02米。

　　我瞅了又瞅控制室的四周，全封闭，没有窗户，一天二十四小时靠灯光照明。穿着蓝色工作服的几个小伙子在此枯燥的"地堡"中值班，见到欧洋所长和我到来，高兴地说这说那。

　　欧洋是市水务局属下苏州河泵闸管理所的所长，今年四十六岁，上海人，长相魁梧，一双黑眉微微上翘，学的计算机专业，现负责苏州河七个水闸的日常运行，但长风、嘉定的几个都是小水闸，我们所在的苏州河河口（和黄浦江的交汇处）水闸才是重中之重，也是苏州河综合治理二期的标志性工程。刚才在吴淞路80号的欧洋所长办公室，他已经将河口水闸的功

能作了专业的阐述：一是防洪。黄浦江汛墙标高 6.9 米，苏州河
5.2 米，遇暴雨台风等极端天气，万一苏州河潮水达 5.2 米，就
要关闸，阻止洪水淹进市区。二是活水流畅。通过开、关闸的
排水和引水，加快河水自净，改善苏州河主流及支流水质。

　　苏州河水闸学问大着呢。自古"流水不腐，户枢不蠹"，苏
州河的水虽然流着，但流得不快活。水务局曾做过试验，从北
新泾（外环线内）放浮标入河，总共 17 公里的水程，需要整整
14 至 20 天到外白渡桥！可见苏州河已成"腐水"，流速过慢，
自净力丧失，主要原因是"河水去了又回"——看着自西向东
流，不料黄浦江是潮汐河流，苏河水流到一半，黄浦江的潮水
上涨，又将河水倒卷了回去，如此来回往复，苏河水成了肠梗
塞。但苏州河"闻过必改"，自从大脚一跺，在江河汇合处装上
了百米宽的大水闸，情势大变：当黄浦江涨潮时将闸门关上，
阻止潮水倒灌进河；退潮时，打开河闸，放苏河水（包括污水）
经黄浦江排泄出去。

　　如果我的理解稍显肤浅和颟顸，那么欧洋的解读更为专业
和宽泛。"河口水闸 2003 年开建，采用国内首创、技术先进的
水下液压卧侧闸门，2006 年 8 月投入使用。加装河口双向挡水
闸门后，苏州河水有了两种灵活流向，一是排出去，二是引进
来。大多数时间为开闸排水，让苏河水从以往的往复流向变为
单一流向；每天两次关闸，每次最短一至两小时，最长五至六
小时，阻止潮水倒灌；关闸时间难定，主要根据涨落潮时间，
早、中、晚、凌晨都有可能，具体时段要看潮水的趋势，还要

凭经验。向里引水的时间为每月的初一、十五，将黄浦江的活水引入苏州河及支流，进行换水，利用潮流改善内河尤其是部分支流的水质。宽一百米的水闸平时静静地卧倒水底，行闸调水升起或下降时会在闸上形成人工瀑布，和陆上的外白渡桥构成奇特的河流景观。"欧洋的脑海中不乏数据，"水文站随时有水位记录，值班人员根据河口内外的水位差进行开关闸，引水最高不超过 4.2 米（河口外侧），排水最低不低于 1.7 米。苏州河正常水位 2 至 3 米，标准水位 3.6 米，生态水位不得低于 1.7 米（最低水位在河口），否则要关闸蓄水了。"

欧洋还谈到了淤泥问题。2010 年世博会前，对苏州河的市区段淤泥彻底清理一遍，但河口必须每两年清淤一次，否则闸门无法归位到零。他指了指电脑屏上的数字说："现在内河水位 1.90 米，到 1.78 米时就要关闸（升闸门）了，不让里面的水位低于生态水位。估计还得等一个半小时。"

我蓦地回过神来，瞧着四面无窗的半地下空间说："我们现在的高度和外面的河水差不多？"

一位值班的小伙子笑着说："涨潮时人会在水下，退潮时又'浮'了上来。"

我不安分地瞅了瞅值班室背后的半间暗室，好奇地问："一百米宽的大闸，重量非同一般，扳动的液压手柄在后面吗？"

欧洋哈哈笑了起来："哪来手柄？又不是开拖拉机。"他右手的食指指了指电脑前的键盘，"值班员只需动动鼠标，就可以指挥庞大闸门的开启和关闭了。"

"嗯，正好和你的计算机控制专业相搭。这样看来，河口水闸的江湖地位不可撼动了。"

我为自己的孤陋寡闻而汗颜。由于那天身患感冒，伴有发烧，当天室外的气温达到 37 ℃，我也就没能等到一小时后大闸升起瀑布淌流的那一刻。当我离开值班室，走向上海市人民英雄纪念塔的时候，内心却在臆想着，如果大潮来临，河口水闸工作室就像一艘潜水艇，在一江一河的巨浪下稳稳地潜伏着，按时启动关乎苏州河防涝和调节水质的闸门，保着一方安康。

局　长

为了写这篇文字，已经惊动了市水务局的好几位局长，也要感谢原水务局的老干部陈柳娟女士，认定水务局对于苏州河是不能缺席的角色，千方百计联系这个局长那个处长，将访谈的事办妥。因为那天宣传处长叶晓峰跟我聊完，强烈建议我去采访水务局一位原副局长、现在生态环境局当领导的朱石清先生，他当年被抽调出去担任位高权重的苏州河综合治理办公室（简称"苏办"）常务副主任，代表市府专管苏州河治理，他的话最具权威。但叶晓峰为难地说，朱局长早已离开水务局，后又从"苏办"去市生态环境局当领导，自己联系不到，能不能采访只靠您自己的运道了。后来，陈柳娟女士通过水务局前副局长卫洪达找上了朱石清，并将两位局长一起请来接受访谈。

"苏州河六十年污染，二十年治理。"朱石清说这句话时，表情庄严，心底翻江倒海。

朱石清出生于上海，同济大学给排水专业毕业后进入上海城建设计院，技术精湛，工作忘我，短短十几年间由技术员做到副院长兼总工程师。他自1998年城建院总工任上就深度参与苏州河治理。后来调任水务局、海洋局副局长，"苏办"常务副主任，和苏州河治理结下二十年情缘。

我先后采访过各界人士，包括官员、技术精英、普通职员，也算"阅人无数"，见到朱石清的第一眼就断定他是一位业务型干部。略微瘦削的身材，头发不短不长，架着副黑框眼镜，说话直奔主题，能半句话说完的绝不说一句。

虽然他自己没有明说，但我能感觉到，他2001年从年薪百万的城建设计院领军人物去干公务员，收入减去三分之二，心里难免迟疑，但为了市里"治水大业"，还是决然而往。市府也是看中了他在专业和协调方面的才干，才让他从设计院到水务局，再担任协调全市各委办局的"苏办"常务副主任。尽管带了个"副"字，由于"正"职由市政府相关领导兼任，他这个"朱常务"实际上负全责。

朱石清去了苏办，越来越清晰地觉得，这哪是"权重"职位，恰恰是一个坐在火山口的角色。他甚至后悔：自己是干专业的料，来到苏办，除了专业——编规划、做计划，还要协调各方，永远有忙不完的"内卷事"。好在自己的遗传基因强悍，如此没日没夜干，头上的白发没增加多少，只是将身板又压得瘦下去几圈，系皮带的扣洞缩进去了一个，后来又扣进去一个。

此前，我浏览了水务局提供的关于苏州河治理的材料，正对大量枯燥的数字和污水截流、建闸调水、曝气复氧、陆域整治等一堆名词头大无比，看到两位局长坐在对面，忙不迭地抛出一个化繁为简的问题："如果扼要梳理一下，苏州河治理一至三期工程主要干什么？"

"一期立足干流消除黑臭，解决'江河黑带'；二期稳定达标；三期干流、支流同步改善。"朱石清不假思索地回答，短短三句话，将"纲"举了起来。

"朱局当了'苏办'常务副主任后，代表市里行职，将综合整治抽丝剥茧，破译水密码，涉及市发改委、建交委、水务局、规划局、绿化市容局、农委等，市政府大部分委办局都在里面，一干就干了十八年的大事。"一旁的卫洪达副局长说。

卫洪达部队出身，从陆军干到空军的飞行大队政委，后在干部处长任上转业进水务局，干的还是干部人事，从人事处长升至副局长，属于优秀军转干部。他即使不分管业务，二十一年耳濡目染，对基本情况也是熟悉的。

1998年8月17日，上海市政府发布《上海市苏州河环境综合整治管理办法》，明确苏州河环境综合整治领导小组负责苏州河环境综合整治工作。市长徐匡迪任领导小组组长，后由韩正继任。领导小组下设办公室，对苏州河环境综合整治工作进行组织、协调、督促、检查并实施专项管理。这就是朱石清的工作。

"苏州河沿河的区、县政府也有专门机构对接苏州河整治，这些机构业务上受市'苏办'领导，几乎将规划、环保、水利、市政、环卫、园林、公安、建设、交通、农林、计划、经济、商业等部门统统拢了进来，按照各自职责，协同'苏办'。"前副局长卫洪达扳着手指说。

"朱常务放弃设计院的高薪，'下河'救急，甘为市民做嫁衣，终于成就一番大事。"我说。

"石清是苏州河水治理的总导演。"卫洪达说。

"不，总设计和总导演是市委市府，我不过是个跑腿的。"朱石清摇头道，"苏州河是上海水治理的样板。的确，综治工程一期、二期、三期的规划都是我编的，总投资 140 亿元。现在回过头来看，也有缺陷：一期为了干流消除黑臭，将支流建闸截污，等于将支流的污水（有的比干流还脏）留在原地，沿途百姓叫苦不迭。这是临时的治表，实在是不得已而为之。后来条件上来了，支流干流一块治。"

朱石清两道黑眉凝聚在一起，很快将话题拉回具体。回想当年苏州河"窘态"，不堪回首。华东政法大学现在破墙开放步道，历史建筑熠熠生辉，但当时沿河到处是违章搭建，棚户搭在河边；附近的三官堂桥（现曹杨路桥两旁）是一个活鸡自由市场，鸡毛遍地，鸡屎半尺厚直接入河；河上全是船，拉建材的、运粪便的，船挨着船，吃喝拉撒睡全在船上。一场场动迁，一个个工程的推进，每一步都在翻火焰山。

"作为综合水治理的前奏，从 1988 年 8 月至 1993 年 12 月，市政府就开建了合流污水治理工程，拦截市区排入苏州河的旱流污水和部分初期雨水，经预处理后汇入长江，为消除苏州河黑臭迈出了第一步。"朱石清的思维回到更远。

"苏州河治理正式开场后，听说先后动迁了巨量的工厂和居民，难度不是一般的大？"我说。

"居民的分歧主要在拆迁的补偿方面，但大部分老百姓发自肺腑地支持，因为得益最大的也是他们。"朱石清说，"拆迁由'苏办'统一规划，具体下给了属地（各区），有的工程市里下拨资金，但动迁责任在区一级，也减轻了我们的负担。"

围绕苏州河治理的庞大工程一个接一个，据《上海市水务志》第七篇第三章记载："苏州河环境综合整治分三期实施。一期工程 1999 年 12 月 25 日开工，2003 年 1 月 8 日完工，主要实施以消除苏州河干流黑臭以及与黄浦江交汇处的黑带为目标的十项工程，包括苏州河六支流污水截流、石洞口城市污水处理厂建设、综合调水工程、支流建闸控制工程、苏州河底泥疏浚处置工程、河道曝气复氧工程、环卫码头搬迁和水面保洁工程、防汛墙改造工程、虹口港及杨浦港地区旱流污水截流工程、虹口港水系整治等。二期工程 2003 年 4 月 11 日开工，2005 年完工。主要实施以稳定水质、环境绿化建设为目标的八项工程，包括苏州河沿岸市政泵站雨天排江量削减工程、苏州河中下游水系截污工程、苏州河上游至黄渡地区污水收集系统工程、苏州河河口水闸建设工程、苏州河两岸绿化建设工程、苏州河梦清园二期工程、市容环卫建设工程、西藏路桥改建工程。三期工程 2007 年 11 月 7 日开工，2011 年完工，主要实施以改善水质、恢复水生态系统为目标的四项工程，包括苏州河市区段底泥疏浚和防汛墙改建工程、苏州河水系截污治污工程、苏州河青浦地区污水处理厂配套管网工程、苏州河长宁区环卫码头搬迁工程。"

"苏州河三期完工，水治理的'任督两脉'基本打通。"卫洪达说。

朱石清说："四期工程的摊子铺得更宽了，在855平方公里的领域内展开，将污染治理、防汛安全、提升生态景观紧密结合，尤其是沿岸生态环境的改善与提升，譬如闵行、嘉定建了大型生态廊道，流水幽幽，草木蓊蓊，沿途百姓多了好去处。"

"你们犹如在冰封中凿出了春天，让百姓切实感受到综合治理带来的实惠。"我放下手中笔，突然问，"十八年，十八年中有几件印象深刻的事吧？"

朱石清沉吟半晌，拿起手机划拉几下，亮出了一幅照片。图片上的朱石清身着西装领带，笑逐颜开，从一个外国人手中接过古铜色的"2004年奥地利'全球能源奖'水资源组第一名"奖品。这是2005年日本爱知世博会期间，朱石清代表上海在世博会的"奥地利日"当天，从奥地利总理手上接过这个奖品。他也是接到领奖通知才知道有此事。

"原来，苏州河整治一二期工程完工后，一家法国电视台的记者采访沿河两岸，也不要中国人陪，他们自己随机采访走过或住在河边的百姓，完成了一个纪录片。这部片子在欧洲播放，反响强烈，认为中国人在苏州河上做成了欧洲人在塞纳河、莱茵河上做过的事，也因此给了上海这个全球性的水资源保护和利用大奖。"朱石清说。

后来，这个奖具被"放大"成了三米高，矗立在梦清园一块醒目的空地处。奖品维持了原有的古铜色彩，底座之上，一只肌肉强健的右手托举起了一个地球。这是向世人警示，人类只有一个地球，要爱护一切自然资源。

"石清笑起来很好看。"卫洪达凑着眼睛上前说。

朱石清也跟着笑了。这是我看到他进门后第一次露出爽心的笑脸。

"我从资料上看到，苏州河整治先后几次清淤？"

"规模较大的有两次。"朱石清又进入回忆模式，"为提效率，开始时使用绞吸机，吸着吸着发觉不对劲，河底不光有淤泥，还有门板、浴缸、机器等大物件，更为揪心的是清出来的还有当年日本人投下的没爆炸的炸弹，以及步枪、机枪……啥东西都有。"

"苏州河好脾气，能宽容一切。"卫洪达哈哈一笑，"听说还捞出来不少金子，还有几把勃朗宁手枪。"

"想想也是，毕竟几十、上百年没清淤了。后来改用挖掘机，一勺一勺将底泥挖出来。"朱石清说。

"苏州河剥开了千年岁月的侵蚀与尘光。综合四期工程完成后，水质和两岸环境的蝶变有目共睹，这个，我还希望朱局再说一件值得一笑的事，因为你的笑脸俊美。"我逗趣地说。

"嗯哼。"他吸了吸鼻翼，"现在两岸42公里步道全线贯通，乍浦路桥上拍婚纱的不少，但我最想说的还是治河人和河的牵手——有人看着河边的棚户区拆掉，看着商品房造起，十多年和河打交道，打出了感情，最后将住所也买在了河边，便于亲近苏河新样态，就近观察水治理成果，今天水质咋样？有没有漂浮物？哈哈。"

这是我看到他第二次发出朗笑。

河　长

刘晓涛，现任上海市水务局、海洋局副局长，分管水利行业管理、安全生产、水利专项项目管理、防汛抗旱、河长制等工作。

刘晓涛1965年出生，毕业于武汉水利学院，学的水利，干的水利，和"水"结下三十多年不解之缘。接受采访时，在回顾了苏州河前后四期的整治情况，列举了铺天盖地的名称和数字后，他铭感五内地说："治水之路远没有想象中那么简单，需要一以贯之的'殉道精神'。苏州河综合整治从1998年至2009年完成了基础性的一至三期工程，使河水水质和两岸环境明显改善。同时，全市的污水处理能力也有了量与质的飞跃：2009年，上海的排水管道总长已超过1.1万公里，建成公共排水泵站765座，是改革开放初期的六倍，全市污水处理厂增加到52座，污水设计处理能力扩大到每天的686.5万立方米，78.9%的城镇污水得到了处理。"他的声音似乎夹带着遥远的时空，"然而，这只是万里长征走了小半的路程，深化阶段的水环境问题更加复杂，任务更为艰巨。当时上海地区有三万多条（段）、2.5万公里的河道，我们从2000年开始投资接近300亿元，历时18年，开展了三轮黑臭河道整治。第一轮自2000年至2005年，实施中心城区黑臭河道攻坚战，整治黑臭河道201条（段）336公里；第二轮从2006年至2010年，实施郊区城镇化地区黑臭河道整治，治理黑臭河道662条（段）近1000公里；第三轮从2016年至2017年，实施全市黑臭河道治理1864条（段）1756公里，使全市中小河道基本消灭了黑臭。"

刘晓涛绵延着他的记忆："我们从2006年到2008年，花了三年时间对全市的2.3万条（段）、1.7万公里的中小河道又进行了全面的治理，并把这个阶段的整治称为'万河整治行动'。在此基础上，我们对农村宅前屋后的小沟小河进行了整治，拆除了一些阻水的建筑物，沟通水系，置闸建桥。为此投资3.6亿元，'收拾'了2000公里的村沟宅河，拆除了二百多处阻水建筑物，建了五百多处桥梁，沟通了郊区的河道水系，修复了生态，也保证了百姓周边地区的排水安全。

"我们还不失时机地开展了界河的整治。随着这些年水环境治理力度不断加大，河道治理环境的改善，社会对水环境治理的要求不断加码。我们在前几年黑臭河道、万河整治、村沟宅河整治基础上，重点关注区与区之间的一些'老大难'界河。地处宝山、静安交界的夏长浦就是一个典型，本世纪初，有来自夏长浦沿岸的居民给市水务局写请愿书，一开头居然粘着居民采集的蚊虫，甚至还带着血迹。长年黑臭的夏长浦，成了蚊蝇孳生的温床。其实，近十年来，当地监管部门多次对其整治，但总是反复治治反复，究其原因，就是夏长浦横跨两区，治水涉及上下游协调。经过协商，宝山区下定决心对夏长浦沿线直排口进行'外科手术'，在雨水管道上架设雨污分流装置，雨水仍排入夏长浦，污水则引入到附近的市政排污总管内；而静安区则对河道做进一步生态修复，并对两岸风貌进行彻底改造。"

现实世界到处是摩擦力和阻力，道合者不以山海为远。回望"万河整治行动"，刘晓涛觉得也有漏洞，一些治后的河道，存在反复；还有些问题河道"藏着掖着"，尚未完全暴露。这就有了从 2016 年开始的这波城乡中小河道综合整治的动因。根据市委、市政府印发的《关于加快本市城乡中小河道综合整治的工作方案》，全市列入整治的黑臭河道总计 471 条（段）631 公里。后来又追加两次彻底排摸，累计排查出黑臭河道 1864 条（段）、1756 公里，基本摸清了"家底"。

刘晓涛回忆道："最新的这一轮中小河道治理，有一个明显的亮点——河长制。河长制是完善水治理系统，保障水安全的制度创新，是从未出现过的机制。从'九龙治水'到'一体化治水'，再到'河长制'，体现了上海治水管水体制的创新与飞跃。2000 年 5 月上海市水务局成立，由'九龙治水'转变为'一龙管水'，一竿子到底，这是第一次飞跃；2017 年 1 月，上海市委、市政府出台了《关于本市全面推行河长制的实施方案》，又是一次飞跃；2017 年 11 月上海市人大通过《上海市水资源管理若干规定》，使河长制工作入法；2018 年 2 月上海市水务局正式挂牌'上海市河长制办公室'。由此，借助河长制治水的责任得到了彻彻底底的明确和落地。"

治水不是斑斓童话。刘晓涛感慨地说："河长制去中心化、去行政化，以'河'为界，一长安天下，职责和每条流动的河绑定。从辖区管理角度，设立总河长、副总河长，主要负责辖区内河长制的组织领导、决策部署、考核监督，解决河长制推行过程中的重大问题；从具体河道管理的角度，对每条河道设立河长，河长对其所承担的河道、湖泊治理和保护工作进行指导、协调、推进监督，并按照'分级分段、属地管理'原则落实一级河长、二级河长，上级河长领导下一级河长，下一级河长对上一级河长负责。"

按照"分级管理、属地负责"的原则建立起市、区、街镇三级河长体系。市级河长，主要担任跨省市、跨地区等重要河流（湖泊）的河长；区级河长，主要担任部分市管、辖区内的区管以及水环境治理难度较大的镇村管河道的河长；街镇河长，主要为镇村管河道的河长。河长的配套制度有制定河长会议制度、信息报送和共享制度、工作督察制度和考核问责制度。河长机制不是花架子，赋予具体工作目标：2017 年底全市河湖河长制全覆盖，全市中小河道基本消除黑臭；2020 年底基本消除劣于 V 类的水体、重要水功能区水质达标率提升到 78%。在河长制主要任务的设置上，突出了党政同责、水源地安全保障、河湖水面率控制、中小河道水环境治理等制度，设定了加强水污染防治和水环境治理、河湖水域岸线管理保护、水生态修复、执法监管等六大方面21项任务。

分管副局长刘晓涛对河长制的理解鞭辟入里，他概括为三个"全覆盖"：一是河湖本底全覆盖。摸清了全市河湖家底，形成了全覆盖、无重复、无遗漏的河湖本底数据。全市共有河道48594条（段），湖泊40个，河湖面积共计616.52平方公里。另有小微水体55864个（面积小于667平方米的坑塘水体和面宽小于3米的灌排沟渠），面积70.61平方公里。二是河湖河长全覆盖。以河湖本底为基础，所有河道和小微水体都落实了河长。三是河湖整治与管理全覆盖。运用卫星照片、遥感等技术，结合现场排查复核，摸清全市黑臭河道分布，全部列入河道整治计划。同时，将制度建设贯穿始终，维持河道管理长治久安。

苏州河的脚步影响着上海和长三角。写到这儿，我不禁汗颜自己认知的粗粝与窄化，越发感到"为有苏河清水来"这个题目过宽过深，足够单写一部书的。

M50 创意园的笑脸

M50 的建筑群最早建成于二十世纪三十年代，保留了民国以来的 Art Deco 风格以及解放初期苏联风。里面的厂房不事装修，地面水泥斑驳，厂房与厂房之间连有狭窄、幽暗的通道，类似于老上海的弄堂。

河边的 M50 创意园

2023 年 5 月 23 日上午，饱满和煦的阳光倾泻在苏州河上，满地的光辉让河边的树木和建筑蒙上了一层迷人的色彩。临河的小竹林刚吐出新绿，一排绽放的月季花在温暖的阳光下灿笑，绿叶青翠欲滴，花蕊艳红摇曳，像在迎迓各方的客人。

自西向东的苏州河流过昌化路桥，想歇歇脚，在此由北向南拐了个九十度的大弯，河水突然就缓了下来，静止似的停下休息，顺便切割出了一片方方正正的半岛。这便是著名的 M50 创意园区的所在地。而它的背后，高山似的耸峙着另一座地标建筑——天安千树，像大哥一般呵护着这片静谧的艺术天地。

"北有 798，南有 M50。"这是业界的谚语。北京的 798 艺术区原身为苏联援建、东德设计建造的联合工厂，九十年代衰落后利用其保留完整的工业遗存，逐步形成了画廊、设计室、艺术展示空间、艺术家工作室、时尚店铺、餐饮酒吧以及影视传媒等一体的文化创意产业园。与总面积 60 多万平方米的 798 艺术区相比，占地 36 亩的 M50 创意园显得地窄，但比前者的起步还早了两年。

　　M50 创意园位于上海莫干山路 50 号，起名"莫"字的第一个字母加路牌数字，园区的建筑也正好是大小 50 幢（依据产证）。这里的前身为纺织系统的上海春明粗纺厂，占据着临河的一块风水宝地。因为离约定的时间还早，我趁便装作早客的模样，独自在外墙灰白、道路狭小但整洁的园区溜达。

　　这是座充分开放的园区，正门、边门、苏河步道皆可连通。大多数画廊、艺术工作室的大门尚未开放，只有少量的保安和个别的游客漫步其中，用两个字可以形容：静、香。这里早已告别了当年喧嚣的机器声，原址上躺着毫无声息的厂舍，留下的只有安宁和静谧，犹如嶙峋高山中的一块坦地，四周丛林深处的那处桃花源。二是香。不知是从花间草间弥漫出的清香，从建筑的窗缝里挤出的艺香，还是空气中飘着的春茶、咖啡香，渗透到每条路上、每个拐角、每处屋檐，浸润在每个人的鼻翼。

　　几十幢高矮不一的建筑原貌呈现，甚至外墙都是不同时代的印痕，有红砖青砖，也有水泥和马赛克抹面，只是对极个别遭岁月磨损的外立面进行了修葺，也是还原当年的老模样。沿主道小径一楼的对外门面，挂着各家艺术工作室的名称——这类跨界渗透的艺术氛围，连时装店、餐馆、咖啡店都令人心动，像"唐家私房菜""浮生时"茶馆，"河畔隐庭"应该是间餐馆。就在我东游西晃时，发觉已到了九点，和这里的"主人"约定的时间。

园区负责人赵欢欢和她的名字一样，长着一张欢快的脸，白皙的脸庞上覆盖着一头半卷的中长黑发。她自称是浦东人，1983 年出生，华东理工大学社会工作与管理专业毕业。有博物馆经历，先在鲁迅博物馆工作多年，后任离此不远的纺织博物馆副馆长，和贾一亮同过事，2019 年调来苏州河边的创意园，担纲 "M50 文化创意产业发展有限公司" 党支部书记兼副总、工会主席，除了抓党建，还负责对外公共关系。公司的上级单位为上海纺织时尚产业发展公司，属于东方国际（原纺织集团）的下属公司，也是纺织业转型升级的产物。赵欢欢所在的公司是这里的房东或者叫"地主"，负责园区的运营、招商和管理，有点像店小二的角色。

赵欢欢脸上挂着的笑容喻示着园区运行良好，持续盈利至今。园区入驻单位 160 家，疫情期间有进出，但始终维持在 95% 以上的入驻率，主业为画廊、艺术家工作室，另有摄影、时装设计、平面设计、广告设计、品牌设计等，都跟创意艺术有关，搭配一定比例的轻餐饮，满足内部客户和观光游客的需求。

博物馆出身的赵欢欢说话善于抓要点，也可能因为 M50

就是一个创意博物馆。她说园区艺术生态的特点是"当代艺术"。在那个特殊困扰的九十年代，纺织系统的海量工厂面临关停、拆迁、土地变卖懵懂转型，园区的前身春明粗纺厂工人下岗三四千，却没有简单地选择卖地求生，而是独辟蹊径地走了另一条生存之路——都市工业园，当时并不叫艺术园，前后两者的转换是一个跌跌撞撞的过程，也是道法自然的转身。

"M50 是在原址、原厂基础上演绎出来的一条回血复活的成功之路。"

赵欢欢开始讲故事，我乐得不用提问，只埋头做记录。"2000 年，一位上海戏剧学院毕业的画家薛松'抢鲜'入驻园区，开辟了当代艺术的第一家工作坊。"

说起领头大哥薛松，赵欢欢的脸上洋溢着赞许又艳羡的神态。我不太懂当代艺术画，却当作对薛松有所了解的样子，竖直耳朵，听她说下去。

薛松的工作室原来在地段优越的常熟路上，一场意外的大火将他的作品付之一炬。令人意想不到的是，这把火烧掉了书画和资料，也烧出了他的妙想：当他收拾焚后的残遗时，发现火灾现场留下的烧黄烧焦画本、乐谱、报纸的边边角角很有艺术感。他灵光一闪，将这些残件拼贴起来，再涂上线条与色彩，就成了一幅《火的乐章》艺术品。他脑洞大开，这不就是他想追求的超级当代艺术？

这把火也烧出了他奔向河边的决心。

薛松在实地丈量了开园不久的 M50 的地理和联通交错的怀旧厂房后，毅然搬进了莫干山路 50 号，开启了园区第一家艺术工作室。相比于常熟路的喧闹聒噪，似乎这个园区是专门为他准备的，这片静雅、自由、带有沧桑感的天地正是他灵感的迸发地。有了 M50 的神助，从此一发不可收。

破坏，重构，以火焰和灰烬为媒介，用拼贴的手法进行创作，这是薛松的艺术语言。在别人看来的三分醉意，便是他心中的锦绣松峦、壮阔山河。

在这里，薛松请朋友们帮他收集旧书、旧报纸。如果有旧书店、图书馆清理库存，朋友们都会提醒他快去收集。在收集材料的过程中，不同的书籍带给他不同启发。他将形形色色的印刷品残片组合成全新的形象世界，在画面上不断地制造出疏离和变异的戏剧效果，最终形成对绘画本体的解构和再造。他的作品中，那些西方古典油画、中国水墨山水，老上海月份牌、宣传画、广告招贴，甚至是乐谱、字帖、刺绣、年画、照片……都经过焚烧、重组、重构，创作出不同主题的作品。

在这里，薛松成长、成功了，气势如虹，被誉为中国波普艺术最重要的艺术家。薛松的新的艺术创作风格，因为流行图像与拼贴手法的运用，被看作全球化波普艺术运动的地方回应；他的作品富有中国文化气息，是中国当代艺术对波普艺术国际潮流的贡献与推动。他的包罗万象的图像生产是一个时代的民族文化"浴火重生"的象征与记忆。随着世纪之交的城市化进程加剧，中国经济步入高速赛道，消费主义、都市潮流、青年人的飘荡不安也成了作品的内容。这些繁杂的主题时常处于并行轨道上，薛松在过去、当下甚至对未来的彷徨和想象中跳跃，留下层层涟漪，他"诠释着新时代全球文化身份的冲突和融合，展现了当代中国人精神世界中的多重变化"。

个人之后，便是团队。2002年，经薛松引荐，香格纳画廊的主人劳伦斯·何浦林（瑞士人）走进园区，马上对11.5米层高、16米跨度的锅炉房一见钟情。劳伦斯很快将占地500多平方米的厂区锅炉房改造为半开放式的艺术品库展区。香格纳画廊鼎鼎大名，1996年成立于上海波特曼宾馆，成为当时中国成立最早的当代艺术画廊之一，2000年曾作为中国唯一受邀参加瑞士巴塞尔艺术博览会的单位，也是国内唯一一家选入《国际画廊：从战后到新千年后》一书的画廊。创始人劳伦斯在谈到中国的当代艺术时指出："应该反过来说，当代艺术在中国，中国和世界紧紧相连；M50是当代艺术的好温床。"

独吟远没有合唱来得热闹与带劲。带头哥和领头团的入驻，悄然带动了一大批艺术家和机构的加盟。香格纳画廊入园不久，丁乙、张恩利、严培民、周铁海等一大批中国当代艺术家陆续来到这里，并一下子带进来十多家艺术企业。艺术家们无拘无束地在这片自由空间里涂鸦、想象、徜徉，捕捉艺术的美妙瞬间。园区在无声无息中完成了从都市工业园、M50创意园到M50艺术产业园的华丽转身。

保地义举

躲藏在苏河湾的 M50 仍然没逃过某些地产商贪婪的目光，艺术在资本面前往往吃败仗，甚至消亡。2003 年，地产业洪波涵澹，疯狂乍现，逐利的商人们对这片净土觊觎不止。在资本的暴利面前，有人红着眼睛动心了，考虑将这块地盘出去用于房产开发。由此爆发了园区管理者和艺术家联合起来的"保地运动"。

园区首任总经理赵长征身先士卒，带头扛起义旗；入驻园区刚扎稳营盘的艺术家和机构老板纷纷声援，双方结成同盟，怒怼开发商的抢地行为。

赵长征奔走各方，冒着摘乌纱的风险去各处做工作，苦苦哀求留下这块艺术净土。艺术家联名写信，呼吁政府阻止这种只顾眼前利益、忽视文化软实力的短视做法。

赵长征和租户们有理、有节的诉求和抗议来自有理、有由。M50 转型艺术园区后，没有拆除一幢老建筑，包括厂房、办公室、食堂，成为难得的城市风貌保护区，和隔壁的商品房、后来的天安千树形成强烈而鲜明的反差。形成气候后，园区内没有一家画廊具重复性——都是当代艺术，显示的方式很不同，有的是艺术＋多媒体、艺术＋数字，有的为艺术＋潮流、艺术＋元宇宙，也有的是西藏画家等表现的少数民族当代艺术，还有的展示国外的艺术品。经过运营者和入驻者的携手，园区异彩中外皆知，年轻人喜欢，小孩和老人也喜欢，中国人进来，老外也来观光。一个这么成功的园区，怎能庸俗地换成一般的商业用房呢？

M50 已名声在"外"。2004 年，一篇《中国最值得去的文化地标》发表在美国《时代周刊》（TIME）上，列出的地方就包含了上海东方明珠和苏州河边的 M50 创意园区。在那个崇洋无比时髦的年代，《时代周刊》的列举对时人无疑是一种重重的吓阻。得到消息，赵长征如获至宝，从图书馆借，从大学校园寻，找到了好几本《时代》，作为回击卖地派的舆论武器。园区的艺术人士中也有人将此事悄悄捅给了媒体，求得新闻记者用笔墨给开发商曝个光。

赵长征还联想到了园区工厂的首创人，徽商爱国资本家周志俊。1937 年全面抗战前夕，周志俊为保存民族工业血脉，将青岛华新纱厂的设备南迁上海，并相中了这块苏州河边水岸线长、水陆路（河东就是铁路线）运输便当的土地。日军占领上海后，野蛮掠夺信和纱厂。1944 年下半年，周志俊斥巨资赎回工厂并于抗战胜利后复工。新中国成立后，信和纱厂先后更名信和棉纺厂、信和毛纺织厂、上海第十二毛纺织厂、上海春明粗纺厂。周志俊是一位爱国实业家，1950 年朝鲜战争爆发，他第一时间向朝鲜前线英勇抗敌的志愿军捐献一架飞机。1954 年，周志俊将自己名下的主要企业（包括信和纱厂）全部实行公私合营。1956 年，周志俊主动提出放弃上百万定息支援国家建设。

赵长征实不愿将这块富有爱国基因的厂区、众多艺术家的

"涂鸦大本营"交给唯利是图的商人，那样做也对不起九泉之下的"周老东家"。

这使我想起了著名海派画家汪家芳说过的一件事。汪先生一生对苏州河情有独钟，几次搬家不弃苏州河，成名后仍住苏州河沿岸。他对 M50 青睐有加，对保存两岸百年工业遗存十分热心，曾多次呼吁"拆"下留情，保持苏州河的气韵血脉；对于天安千树附近一个免于訇然倒下的大烟囱高高耸立，颇感欣慰。他表示，等啥时候空闲一些，准备画一组系统的苏州河国画。

无独有偶。当年，位于虹口区的"1933 老场坊"（原工部局宰牲场，规模和先进性亚洲第一）面临推倒，让位于商品房开发，包括上海民间文艺家协会副主席张红玉女士在内的市民奋起反抗，暗中将消息"漏"给媒体。媒体记者多人赶去现场采访，保安紧闭大门不让进，记者们爬上附近九龙宾馆屋顶，往下拍照，将消息发布到报纸上。在保护历史建筑的舆论压迫下，开发商被迫撤出。现"1933"已发展成一个冷静而热闹的创意园，打卡者络绎不绝在来回的路上。

没有一个寒冬不可逾越，万物皆有裂痕。赵长征领衔的抗争没有白费力气，纺织控股集团及时出手，几方合力，终于让地产商缩回了头，也让他们明白了一个道理：资本不是什么时候都是事物的主人。

如今，M50 创意园已下成了多个眼的活棋，让世人侧目。

谈到 M50 创意园区的未来，赵欢欢的内心也是有痛点的。

人们喜欢历史感，又不能否认历史感的脆弱。园区的建筑都是老货真货，连窨井盖都是原来的，沧桑味十足，如果换成新的，感觉就两样了，但价值所在的另一面也是双刃：年代久远的园区，部分硬件就难以达到 AAA 级景区的要求，譬如有些建筑是有设计寿命的，需要修缮；上个世纪的园区，停车等配套服务跟不上，给来客带来不便等。艺术的生命力脆弱，毕竟艺术不是百姓的刚需，为维护与完善良好的艺术生态，园区已设计了五轮改造方案，但考量到各种复杂因素，还是没能启动，期盼得到政府、上级及驻户的支持。

当代艺术

苏州河在时空交错的长河中新生向前。M50 园区催生的当代艺术充满着自由、奔放、无羁和异想天开。

在和赵欢欢海阔天空地大谈了一番当代艺术后，我抬脚从她的办公室迈出。见我还是一知半解的样子，她打开"百度"和"360 搜索"关于"当代艺术"的记载，让我自己瞧。只见上面写着：当代艺术既指"当代时期"的艺术，即现代主义时期结束以后，出现于二十世纪下半叶至今的艺术，包括绘画、雕塑、摄影、装置、行为表演和录像等门类；又可以指具有"当代意识"或"当代形式"的艺术，通过各种各样的艺术实验和形式表达，艺术家传递观念，表达看法，而不再仅仅局限于审美的考虑，相关的艺术运动和流派包括波普艺术、观念艺术、大地艺术、贫穷艺术等。当代艺术具有全球性、文化多样性、社会介入性和技术相关性等特点。

360百科上则用五段文字来表达，主要有：当代艺术在时间上指今天的艺术，在内涵上也主要指具有现代精神和具备现代语言的艺术。当代艺术体现的不仅有"现代性"，还有艺术家基于今日社会生活感受的"当代性"，艺术家置身的是今天的文化环境，面对的是今天的现实，他们的作品就必然反映出今天的时代特征。

我读了两遍，还是没能从字面通俗地理解当代艺术的涵义。这使我想起有一次碰到位百度工作人员，我说你们百度给大众带来了很大方便，但林子大了难免有"瑕"，你们的数据库又大又杂，有些甚至连人名和标点都出错；另外，对一些名词的解释过于学术化，老百姓难懂。他们说也不是百度的问题，都是上传者提供的资料。是的，一部分所谓学人，故意将简单的问题复杂化，用学术的语言解释学术，一句话能说完的非要写成五句。想到这儿，我还是多去现场看看吧。

离开赵欢欢的办公室，下到一楼的空地上，就碰见了一群（二十几位）小姑娘小伙子，大部分戴着眼镜。他们交头接耳地走着，就近跨入了一家"明镜艺术空间"。我也就顺便跟了进去。工作室不大不小，四五十平方米，四周深蓝的墙体上，张挂着一幅幅1.5米见方的"画"，一个额头滴着汗珠的小伙子（应该是工作坊的主人）在大声讲解着墙上画作的意思。那群年轻人嘻嘻哈哈，听讲的听讲，拍照的拍照。在我眼中，墙上挂着的不能算画，算装饰品还差不多：一个画框中装着一整块的"板子"，上面是清一色的绿或一色的红、黄，也有红蓝两色交替，只有一幅是不同色彩拼贴成的，上面有色块和色块之间的线条，但看不出任何能传递人或物或风景的元素。

主人小伙不高不矮，没能阻止住涌进门的这群年轻人的照相，反倒说着"我这里能照"的话。我趁机曳步上前，跟他发生了一段对话。

"这是画？"

"当然，这是抽象画。"

"就像一块色板，看不懂。"

"看懂就不好了，看不懂才对。"

"看上去什么也没有，只是一片颜色？"我喘了口气说。

"什么也没有，就是什么都有，当代艺术，靠的是悟，全凭想象。"他指了指自己的脑袋说，"相比传统的油画、水彩画、国画，抽象画等当代艺术品卖的价格最贵。"

我不再说什么，似懂非懂地跟在一群年轻人后步出工作室。不料这位主人大步追上，呼我留步，在作了自己姓潘、重庆人之类的一番自我介绍后，问我是不是记者，能不能加个微信，便于联系？我想了想，不能拂了潘先生一番善意。

出得门来，我出于好奇，快步赶上了刚才那群年轻人，向着前面的几位问："你们是美院的学生？是上海本地的吗？"

不料上来一个十分苗条清丽的小姑娘，先是从头到脚端倪了我一遍，当发觉我不像骗子或者坏人时，终于端下笑脸，说：

"我们来自河北工程大学，学的工业设计。"

"工业设计、平面设计跟当代艺术有关？"

"设计和艺术当然是相通的，我们这次就是专门来 M50 园区学习的。"她说。

我不想再做他们的跟班，转身走进一家叫"宝胜画廊"的工作坊。比"明镜艺术空间"大多了，墙上也张挂着十几幅大小不一的作品，不过，这里的艺术让我一眼就看出是画，有兔子、猫，也有人，也有海水，尽管是扭曲和变了形的。但这里的主人显得警觉，张着"四只眼睛"盯着进门的每一位，连声说："可以看，不能拍，不能照相。"我估摸着他怕有人抄袭他画上的创意。有了前回的经验，我定了定神，顺着他的不知是福建还是广东口音说："老板，这是抽象画？"不料他使劲摇了摇头，说："不是抽象，是意象画。""嗯，我又错了。这里的画能看出东西，人、动物、山河，但跟传统画还是大相径庭，还是要靠想象。""对了，所以叫意象么。"见这会客人不多，他跟我多掰扯了一句，"用的画材也叫丙纶，从石油中提炼出来的化纤。"

我晃荡着出门的时候，又走马观花地瞅了几家画廊。经过几位画坊主人的提点和实物领略，对所谓的当代艺术有了那么九牛一毛的理解。

园区的正北，紧挨着一座"高山"——天安千树二期工程正在收尾，吊车在脚手架上穿梭往返，薄薄的尘灰弥漫；部分对外屏蔽棚已经拆除，一棵棵升在半空的树木也已成活，悠闲地俯视着面前的 M50 园区。天高月小，两者的时空代沟过于明显。

天安千树以山体形的造型和一千棵树已成为苏州河边的地标。它的整体建筑构型，400 级台阶、1000 根结构柱形成的山峰树状露台是否从 M50 获取了创意灵感？对此，没有答案。天安千树一期为商业综合体，共引进逾 160 个横跨潮流、美食、生活以及文化艺术等领域品牌，并在品牌的引进方面注重定制化和稀缺性，"首发经济"唱起主角，多个上海、中国乃至亚洲首店入驻。天安二期为酒店，面积远超一期，但两者保持了在筑造风格上的统一。开始以为"千棵树"是个虚词，类似"一万年太久"，顶多几百棵树充充数，装点门面，细细一打听，才知无虚。这座独特的山状建筑种植了上千棵绿植，如果算上商场前方步道上的树木，足有两万多棵。由此，这一被誉为"魔都古巴比伦"的新商业体，可谓坐拥"千树万树梨花开"，也真是厉害了。

历史的长河中，许多事情很快消弭无形，但总有一些造型，注定成为永恒。如今的苏州河两岸，以往的工业锈带化为生活秀带和休闲绣带，河水渐清，鱼虾成群。"半马苏河"的赛道，就从这天安千树开始，经过 M50 创意园、造币博物馆、上钞大厦、环球港等地标，到达终点半马苏河公园。

八号桥艺术空间

沿 M50 往西不远，位于新闸路桥和乌镇路桥之间的南苏州河路 1247 号，有一幢建于 1908 年的多层建筑，歇山形屋顶，红砖清水墙，加以青砖嵌饰，偶有斑驳的裸砖，无不提示着这是旧时代的痕迹。在苏州河边行走或骑车，远远就能看到暗红墙体上一排大大的竖字：八号桥艺术空间。晚上，临河的"啤酒阿姨"光影迷人，诱惑着路人想进去探个究竟。

"八号桥"没被拆去，当然不是因为这里曾是杜月笙私家的仓库，主要是只有一栋房子，占地不大，拆掉了也派不了大用场。扫了地产商的兴，却多了个工业遗存。几年前，"八号桥艺术空间——1908 粮仓"全新开启，成为 M50 创意园的一个自然伸展。

"八号桥"虽然没能像 M50 那样，获评国家"优秀工业遗产保护利用示范案例——工业文化地标建设领域"那样的荣誉，却也别有洞天。在改造后的艺术空间里，仍能看到仓库原有的木质地板和立柱、白色墙砖，地板和立柱裸露着粗糙的木纹，墙面上陈年的白灰遮不住砖缝的裂痕，古朴又前卫。楼梯拐角处、黑铁库门入口处和仓库内部的墙壁上，尚有残存的红色油漆。建筑内隐隐有各种颜色的警示标语，提醒着人们这里曾经通江达海，是一个繁忙的仓库。精美的后期细部处理，尽可能地保留了仓库古旧的历史样貌。

"八号桥"原为中国通商银行第二仓库，后为杜月笙私家粮库，历经百余年而屹立，迎来今日新生。

八号桥空间汇集了"仓、河、桥、砖、木"等元素，涵盖了历史与现代美学，是展览展示、文化交流、艺术活动、影视摄制、话剧演出、时尚发布等精巧而时尚的场所。在这里阅读建筑、品味艺术。这里有上海旧梦，也有人文新篇；这里曾有风花雪月、爱恨情仇，也是时代兴衰的见证；这里曾经船来船往，现在是人来人往。苏州河的忧伤也是浩爽的。

和二楼三楼的艺术空间不同，一楼的"啤酒阿姨"店，拥有上海最全的进口啤酒，进门便是整墙的样啤，价格从十元到万元，像不像一家啤酒博物馆？

四行仓库的抗争与屈辱

四行仓库的扬名不知是出于抗争，还是怜悯弱者。

"八百壮士"

然而，四行仓库表达了中国军人血性的一面，而这种血性的传播，得益于同一内容不同时期的三部片子的光影。

《八百壮士》将苏州河边并不耀眼的四行仓库装点成了巨擘高山，让人难以逾越。同题的电影，几十年间拍了三部，也算旷古少见了。

四行仓库由大陆、金城、盐业、中南四大银行投资兴建，占地 4.5 亩，宽 64 米，长 54 米，高 25 米，钢筋混凝土结构，墙体厚达半米，堪比城墙，天然的军事堡垒。

1937 年爆发的淞沪会战，国民党军队七十万精锐与侵华日军激战三月。面对海空占绝对优势的日军，国军日趋艰难，败象已露。10 月 26 日，蒋介石命令大部队西撤，留下孙元良部 88 师孤军坚守，一是政治作秀，以一点之光为一域添彩；二是以少数人的牺牲博取国际社会的同情和声援，因为"九国公约"（所谓的维护和平国家）的签字国将于11月6日在布鲁塞尔开会，讨论日本侵华问题。师长孙元良思虑良久，对上司顾祝同建议：既然为政治目的，留守部队实力强是牺牲，实力弱也是牺牲，守多个据点是守，守单个据点也是守，不如留下少数部队牵制日军，师主力保存实力，以图后举。顾祝同同意留下一个团的兵力，坚守地点自行选定。孙元良决定，以坚固的四行仓库为支点固守，因为这里原是88师的指挥部，储备了大量弹药和食物，不用补给也能长期坚持。命令的固守时限为七天。但在最后关头，孙元良只留下了88师524团第一营（加强营），营长为陆军少校杨瑞符，并委派该团中校副团长谢晋元为战地最高指挥官。

杨瑞符接到命令，从闸北前沿阵地跟跟跄跄撤退到四行仓库，清点人头，包括刚补充的兵员在内，共420多人（来自湖北保安团的新兵占了大头）。为壮大声势，迷惑敌军，对外号称一个团、八百壮士。此时，四周枪炮声响个不停，国军边战边撤，局势一片混乱。现场最高长官谢晋元见到杨瑞符，也不言语，当即递给他一张纸条：师长令第一营死守四行仓库，战至最后一人！杨瑞符面如土色，不知说什么好。少数新兵开始哭泣，但只一会，哭声不见了。

此时的四行仓库已成为一座孤岛，里面的士兵沦为孤军，仓库的北边与西面已被日军占领，东面紧靠英美公共租界，南面是苏州河；与外部唯一的一个联络出口，是东南角的一扇窗户，但谢晋元来到仓库的第一时间就下令封死了这个窗口，同时将所有门窗全部堵死。他的行为告诉大家：这里没有退路，唯与仓库共存亡。

谢晋元察看了仓库和周边的态势后，下令将仓库内的电灯全部熄灭，晚上也不开，为的是怕暴露己方人员的具体位置，也让新兵尽快适应夜间作战环境。熄灯战术的运用，成功地送一个小队的日寇去了阴曹地府，从此不敢夜袭。

以新兵为主的孤军营算不上国军精锐，但在谢晋元的战场调教下，不畏牺牲，各自为战，挫败了日军贴近爆破、摸墙根、挖洞、架云梯等各种方式的进攻。六层楼高的四行仓库巍如泰山般屹立于苏州河畔。日军久攻不下，恼羞成怒地将加农炮搬上了仓库北面的交通银行大楼，对着四行仓库疯狂轰击，但四行仓库的建筑厚度（半米）实在太争气了，似乎早就预料会有这一天，日军密密麻麻的炮弹顶多在墙上轰出了许多小洞，大楼岿如磐石，而这些小孔正好作为守军对外射击的枪眼。

四行仓库成了淞沪战役留下的最后一个阵地，这就形成了一个怪诞的现象：谢晋元在自己的领土上反而成了一支孤军，一支永远也不会有援军的孤军，而中国尚有两百万以上的正规军。这支新兵为主力的孤军写下了298封遗书，表达了死战、战死的决心。谢晋元告诫部下："本部所奉的命令就是死守四行，最后与阵地共存亡。四行仓库就是我们四百多人的坟墓，我们全都要战死在这里，只要还有一个人在，就要坚守阵地，和敌人拼死到底！"这就是当时面临的现实。

孤军营的四百壮士成了上海抗战最后的精神堡垒。苏州河南岸，每天有成千上万市民"隔岸观火"。"凡行经该地者，纷纷脱帽鞠躬，向忠勇将士致敬。"《申报》还把相关报道放在临时夕刊的首版。

女童子军里有一位叫杨惠敏的小姑娘（当时在上海童子军总会战时服务团工作，实际年龄应该二十岁出头），在新垃圾桥附近看到有英国人从窗口向四行仓库里送香烟，问中国军队还没走？英国人说有一股军队进了仓库，一直在抵抗，准备死战到底。杨惠敏深受感动，又一看，周围楼顶都是日本爪牙旗，兼有少量英国国旗，唯独没有中国旗，心中愤愤不平，她发誓要"替国行道"，送一面青天白日旗上前线。这和谢晋元的想法不谋而合，四行仓库也需要一面国旗扬威。28日深夜，杨惠敏将一面国旗裹紧了藏在上身所穿的童子军军服下，摸黑向仓库方向行去。当走到垃圾桥时，遭到英军士兵阻拦，经多番辩解获得放行。她小心翼翼地爬过战场和租界隔离的铁丝网，匍匐在地不敢起身，爬过了无数沙包堆，用了一个多小时，终于爬进了四行仓库，将国旗献了上去。

然而，这支"炮灰部队"没有成为炮灰，以伤亡三十多人的代价使两百多鬼子成了骨灰。

日军啃不下四行这块硬骨头，只得玩起阴谋，去找公共租界的西方人交涉，希望租界方作保，劝说这批"亡命之徒"退出战斗。迫于日军压力，西方人成功劝服国民政府，下令四行守军往租界方向撤出。10月31日深夜，由英国人担保，谢晋元带领部队退出四行据点，进入上海公共租界。撤退过程，毫无信誉的日本狙击手仍不罢休，对准撤退官兵不停射击，至少十人中枪，包括营长杨瑞符。

没被日军消灭的守军，一进入租界，却被私下和日军达成肮脏交易的英军缴了械，并将蒙在鼓里的他们押往西部意大利防区内的胶州路集中隔离，从此失去人身自由。

1938 年，抗战初期，也是最困难最受人怀疑战争前途的时期，国民政府出于激励斗志的精神传播的需要，将淞沪战役的尾声"四行事迹"搬上银幕。

三部电影的荣耀

八百壮士坚守四行仓库的事迹广为传扬后，激发了文艺界的创作热情。1937 年 11 月，剧作家田汉、陈白尘创作的舞台剧《八百壮士》在上海租界区公演，受到爱国人士的极大欢迎。

1938 年 7 月，中国电影制片厂拍摄黑白片《八百壮士》，由阳翰笙编剧、应云卫导演，袁牧之、陈波儿主演，片长 53 分钟，是抗战时期"大后方电影"中较为著名的一部。据当时媒体报道，影片在武汉上映时，"观众拥塞于途，购票不可得"。看过这部电影者"莫不兴奋异常"，纷纷表示："我们今天看了八百壮士，敬仰他们的气节，崇拜他们的勇敢，要以他们的精神保卫大武汉！"

敬仰有之，乱哄哄的国民党军却没有止住西去的步伐，丢了上海，扔下南京，一路败北，愣是连大武汉也没保住。倒是悍而不骄的 11 师师长胡琏（曾参与淞沪会战）撤出宜昌后不愿再退，在长江石牌要塞焚香沐浴，昭告天下：必死以守河川。胡琏率 11 师官兵苦战一月有余，在周边部队合力下，以伤亡一万人的较小代价，歼顽敌两万余，击沉击落日舰（飞机）两百余艘（架），从此让日军却步，不再觊觎重庆。此役成为抗战的重大军事转折点之一。

《八百壮士》上演后，《新华日报》也对影片做出评价："气壮山河，节风千秋，悲壮激昂，可歌可颂！"该片除了在大后方引起轰动外，输出香港、菲律宾、缅甸等地放映，也引起热烈反响。影片还不远万里来到欧洲，在法国、瑞士召开国际反侵略大会时进行了放映，一定程度上渲染了中华民族不屈的抗战精神。

今在上海四行仓库抗战纪念馆内展示着一座奖杯："《八百壮士》——中国反法西斯战争优秀影片奖"奖杯。

1975 年，蒋介石去世前后，台湾"中影"公司拍摄了彩色电影《八百壮士》。1975 年夏季开拍，1976 年上映，丁善玺导演兼编剧，男一号柯俊雄（饰演谢晋元），港台影视界新星林青霞担当女一号，饰演泅河献旗少女杨惠敏。开机之前，在影视界初露头角的林青霞特地拜访了年过五旬的杨惠敏本人。当年，林青霞二十一岁，跟当年杨惠敏冒死渡河送旗的年龄差不多。林青霞头顶亚洲第一美女光环，清纯靓丽的造型惊艳银幕。另有女二号徐枫饰演谢晋元夫人。《八百壮士》片长 112 分钟，基本还原了四行仓库保卫战这一历史事件的始末。影片获得第 22 届亚太电影节最佳影片、最佳女主角两项大奖，斩获第 13 届金马奖最佳发扬民族精神特别奖。

事隔四十多年，在卷得不行的影视圈，华谊兄弟不介意再卷一次，重拍发生在四行仓库的抗日"景观战"，起名《八佰》。管虎执导，黄志忠、欧豪、王千源、姜武、张译、杜淳、魏晨、李晨、俞灏明等参演。影片再次回到 1937 年的淞沪会战，描述了生死之地的晦与明，存亡之秋的眠与醒，再一次复述了被称作"八百壮士"的国军第 88 师 524 团第一营，固守苏州河畔的四行仓库阻击日军的故事。拍出的电影是故事片，不是纪录片，有些细节难免来自虚构，杨惠敏的年龄是十多岁还是二十多岁？是夜间泅渡过河还是从新垃圾桥爬过去？这些已不再重要，关键是她将国旗卷在身上冒着弹雨送进了仓库。影片于 2020 年 8 月 21 日在中国内地上映，在疫情防控期间仍引发观影热潮，票房收入超过 31 亿元，创造了一个不小的奇迹。

电影《八佰》中的"四行仓库"是搭建的实景，但电影片尾从一座斑驳的弹孔墙远望至今日上海的长镜头，确为实地拍摄，这座斑驳的弹孔墙就是现实中保留的四行仓库西墙（又称弹孔墙）。

抗战结束后，四行仓库回归本行，长期作为仓库使用。新中国成立后一度改为上海最大的文具批发市场。今天，四行仓库一部分成了抗战纪念馆，2015 年正式对公众开放。

仓库不是金库

马幼炯馆长以疑虑的眼光睨了我一眼，说："写苏河建筑、写四行的文字已经很多了……"

这位上大历史系出身的四行博物馆长没有将话说完，而我已深刻理解他的言外之意：这么多人写，许多还是先人的陈年往事，有人看吗？当然是有的，我写四行、写过去不是为了怀旧，而是通过回望向前看。况且，人和人不同，文和文也不一样，会写出"独性"的。

"谢晋元率四百'死士'苦战七日，不惜战至最后一人，为的是洗濯国军败退的耻辱，博取九国公约会议的同情。请问布鲁塞尔国际会议主持公道了吗？"

"没有。"马馆长回答干脆，"九国公约会议作出决议：口头谴责日本侵华行径，但没有对日本实行经济制裁，相当于吐了口唾沫，啥事也没干。也宣告了蒋介石政府'以夷制夷'梦想的挫败。"

"一些西方人在历史深处种下了狡诈与自私，怎会替天行道？那是蒋某人想多了。"我又问，"英国人担保谢晋元他们撤出四行，到头来四百勇士的归宿如何？"

"英雄常和悲情同在，黑暗中撤退的数百子弟没有预知到天堂的光明。"他又摇头，表情万分严峻，"遗憾得很，西方人没守信用，进入租界就将他们缴械关押。在被软禁的集中营中，谢晋元遭到四名被汪伪收买的叛徒杀害，年仅三十七岁。太平洋战争爆发后，日军占领公共租界，捕获了这批手无寸铁的抗日志士，强迫他们给日本兵做苦力，又分批押往杭州、南京等地的战俘营关押。后来，一营官兵有相当一部分越狱逃走，有的去了重庆，有的回了家乡，有的参加了当地游击队；也有几十名官兵被押往新几内亚，继续为日军当牛马做苦力。"他说。

"墨菲定律和吸引力法则存在相互排斥成分，往往墨菲定律的赢面较大。即使在当今世界，文明常常输给野蛮，有理难敌无理，不是吗？当时租界的英国人信奉强盗为王道，从来说一套做一套，这个毛病也许永远不会改。"我吸了口气说，"战争不是童话，所有历史都是后人描述的。全面抗战时期，大仗小仗无数，不说台儿庄、平型关之类的大捷，单说八路军百团战役中的无数战例，规模和战绩超越四行仓库的比比皆是，而后者广为人知，彪炳青史，这得益于四行仓库身在上海，地处闻名遐迩的苏州河边，也得益于坐了江山的共产党人心底无私，不计前嫌、不计党争，将一场小小的战斗场所辟为一个堂堂纪念馆，供后人景仰。"

"2014年9月，谢晋元被列入中华人民共和国民政部公布的第一批300名著名抗日英雄和英雄群体名录。"他说。

互联网和自媒体有一个好处，使得许多人当记者、作家、画家、书法家的梦想得以实现，但问题来了，眼花缭乱的不真实、铺天盖地的信息让人疲惫疲劳而又疲沓的同时，分不清哪些是真，哪些是假。时日越久，越觉得回归传统阅读的愉悦与可贵。

当我再次见到静安区文物保护中心主任兼上海四行仓库纪念馆馆长马幼炯先生时，这种感觉越发明显。

"我想瞧瞧四大银行的地下金库模样。"我第一句话就这么开场，"这里或许有历史的暗角。"

"哈哈，哪有什么金库银库，不过是一座仓库。"他指了指窗外的苏州河，"河边运输方便，各大银行便将仓库建在河边。除了银行，以前许多大公司也将仓库建在苏州河两岸。"

"既然是银行的库房，存放的必是金子银子票子，网上说得有鼻子有眼儿，说四行的地下曾经置放了几十吨金银，上千万的纸币。"

"这里根本就没有地下库！"马幼炯气呼呼地说，"电影更是夸张，将四行仓库的地下打通得像地道战的坑道，四通八达，深不可测。那是虚构的艺术。"

马幼炯说，2023 年 4 月 6 日，国民党前主席马英九率台湾青年代表来纪念馆缅怀先烈。马英九对馆内史料非常熟悉，却在四行仓库西墙的弹孔下伫立良久，表情复杂，久久不愿离去。

"国民党和那场八十多年前的战斗那样，已经老去，但我更关注发生在四行仓库的另一次战斗，一次兵不血刃的经典。"

"你说的是迟浩田智取四行。日军七天攻不下的堡垒，迟浩田带了两个人一夜拿下，俘敌千余，也成就了他'孤胆将军'的名号，那时的迟浩田才二十岁。"马幼炯如数家珍。

"听说纪念馆落成后，你接待过国防部前部长迟浩田将军？"马幼炯和我是同龄人，说话随意。

"七八年前的事了。"马幼炯拉出回忆模式，"2016 年 3 月，迟浩田将军重回故地，忆起六十七年前的往事，感慨万千……"

1949 年 5 月，在解放军的强大攻势下，国民党军上海外围阵地土崩瓦解，退入市内，企图凭借市区高楼大厦负隅顽抗。盘踞在四行仓库的青年军 204 师，都有中学以上学历，清一色三青团员，是蒋介石在抗战时期招募的御林军，号称"党国中坚、从不投降"。他们占据着苏州河北岸的有利地形，试图重复当年"四行仓库八百勇士"一幕。

解放军 27 军 235 团 3 营 7 连指导员迟浩田带着连队被对岸强大火力压制，迟滞在苏州河南岸。眼看着不断有战友被四行仓库飞来的子弹击倒，迟浩田心急如焚，焦躁地踱着步。忽然，他的右脚踩到一个圆圆的盖子，嵌在地面。他的双眼一亮：这应该是人们说的窨井盖，下面就是洪沟洞，地下是连通的，说不定也通苏州河？他借着月光瞅了又瞅，又找附近人家确认下面就是下水道时，和通讯员张瑞林一块起开了窨井盖。好家伙，果然能过人！迟浩田来不及请示，带着通讯员张瑞林和后面跟上来的排长王其鹏一起跳入臭气熏天的洪沟洞，沿着发出亮光的地方，摸进了苏州河。当时苏州河水浅，在常人的脖子处。三人在河中观察了北岸的情况后，踮起脚悄悄地游到对岸，并弓腰顺着河岸的斜坡爬到了四行仓库的楼下。

这一次，迟浩田等三位孤胆英雄，凭着大智大勇，不费一枪一弹占领了四行仓库，活捉敌第 204 师上校副师长，迫使其师部及三个营放下武器。

我们从七十四年前的往事中回到现实。"战争是以牺牲无数人的生命为代价的，'攻心为上，攻城为下；心战为上，兵战为下'，不战而屈人之兵才是上策。当年迟浩田的战法举重若轻，是文明之战，成功之战。"我说。

"历史在这里相遇，但结果不同。"马幼炯说。

苏河贯通新时代

半岛破围

2023年春天，大疫退去，万物复苏，城市重新满血流动。华东政法大学规划处杨忠孝处长站在苏河半岛开阔的人行步道上，面对柔和转向的水波涟漪，心潮激荡，百味杂陈。

这里原本是中国第一所教会大学——圣约翰大学的主校区，至今留存了上海百年高校中最耀眼的国宝级建筑群。这所曾经名重一时的大学分为两个校区，河东为主校区（长宁区），河西为校舍及运动场（普陀区），一桥横架东西。随着晚清和民国时期27幢亮眼无比的近代建筑（全国重点文物保护单位）的峥嵘全显，世人对这一楔形半岛有了一个全新的面向。

然而，凿开一所著名高校的厚重围墙，并非想象中的那么轻易。

"我有幸参与和见证了这一历程。"杨忠孝说。

杨忠孝1966年出生于浙江富阳，1983年考入华东政法大学，从本硕、博士到教授、博导，从研究生院院长到学校党委常委兼规划处长，已和这个三面环水的校园相伴四十年，是个地地道道的"半岛老人"。当我征询想采访岸线步道贯通事宜时，他欣然应允，感慨地说："这是郭为禄书记、叶青校长的一把手工程，周立志副校长专班督导，我作为规划部门负责人，直接参与了全过程。"

杨忠孝和我是同乡，都从浙江老家高考出来，不过所学有别。见到他一副乐呵呵的表情，我也舒心。因为是乡友，话匣子很快打开。"与沿河的工厂与居民用地不同，学校为教育用地，开墙让地牵涉面更大，步道贯通前后经历了两个阶段。"杨忠孝撇了撇嘴说，"十三五规划期间，上海谋篇布局'一江一河'，打造城市项链。当黄浦江步道和自行车道获得成功后，苏州河步道的打通自然提上了操作议程，而位于中山公园后门华政园内的百年雅香和幽静成为人们心中迷人的想象，也成为全市贯通工程的一个焦点和重点。"

"贵校是苏州河贴岸的唯一高校，又珍藏着一大堆国宝级名建筑，遭人眼馋哪。"我由衷地说。

"苏河十八湾，湾湾是风景，唯独这儿的人文价值最大。作为国内最早的近现代高等学府，体现了海派城市发展的文明成分，受保护的意义也大。"说起自己的学习和工作地，杨忠孝露出骄傲的口吻。

"可以想见，反对的声音一定也大。"我说。

"学生吵，老师呼，连有些退了休的教授们也不理解。"想起那些艰难的日日夜夜，杨忠孝的眉头升起了愁云，"'学校是求学的地方，走路跑步哪儿不能去？'围墙一破，有人在教室外张望怎么办？不影响上课吗？'看见校区里草坪这么大，开了修葺一新的法广场，大妈们跑进来跳广场舞咋办？'各种争议特别雷人。"

"有人甚至说，要开墙，让某某路先开。"我补充道。

"实际困难的确存在，譬如，沿河边某幢楼的一楼是研究生院女生宿舍，如果墙门洞开，步行者能看见宿舍内女生的日常，十分不便。受此影响，会有800多名学生面临'搬家'。"他往上推了推眼镜框说。

"但你们还是义无反顾地拆围开路了。"

"有政府背书，为人师表的高校，当为典范，可千万不能扯市里和市民的后腿。"杨忠孝喟叹一声，"也不知开了多少次党委会、校长办公会、协调会，做了多少回的解疑释惑。为统一思想，校长书记带队，去浦东滨江、杨浦滨江开现场会，去外滩源看老房子的修复，为的是改造大家的思想，也解决相关的技术难题。"

如杨忠孝所言，华政不愿也不会成为"一江一河"的拖累，反而呈现了一所重点高校的气魄和气度。"坚持校园全面开放，融入城市滨河空间，是我校对上海这座大都市的应有担当和社会责任。同时，长宁校园的改造提升关系到广大师生重大利益，我们会以开放心态来充分展示一流政法大学的风采。"宣传部长出身的郭为禄书记说。

根据市区两级"不占用水面、共享滨水岸线"的统筹思路，华政责无旁贷地打穿校园围墙，拆除历史遗留搭建十余处，退让环河滨水空间，铺设市民步道，并对两栋临河宿舍做出功能性调整，实现滨水公共空间的环岛连通。

2019 年 8 月，苏州河华政半岛湾实现第一次步道通连。

"半岛步道离我家不远，我几乎是看着它变化的。开通不久，我就过来体会，散步时还碰见过熟人。"我感慨地说，"不过，当时贯通的步道，显得比较苗条。"

杨忠孝为人豁达，正如他一贯笑眯眯的表情。"可不是吗？华政半岛段步道，总长 935 米，当时设计宽度为 2 米，扣除 50 厘米绿篱隔断，实际人行道宽度 1.5 米，两人并排散步勉强能行，对面来人非得避让；要是对向跑步，怕要撞个满怀。"

"这是美中欠缺，有点不伦不类，仿佛一场好事做了个半吊子。"

不过，华政没让人们揪心太久，2.0 升级版的改造马上来临。这首先归功于市府的顶层推动。

2.0 全新版

2020 年 1 月 2 日，上海市领导实地调研"一江一河"两岸公共空间贯通提升工作。

来到华政半岛段岸线，市领导指出，苏州河岸线贯通是第一步，要着力做深做透公共空间开放、建设这篇大文章。坚持以人为本，因地制宜、想方设法拓展优化空间布局，更好展示沿线优秀历史建筑风貌，真正让城市历史文脉与河滨风光相得益彰，为市民提供更多可游憩可观赏的高品质公共空间。

市领导的调研讲话无疑为半岛步道的 2.0 版吹响了冲锋号角。华政班子成员一致认为，要以更大的魄力、更开放的姿态来推进公共空间的升级改造。校长叶青操着并不明显的无锡口音说："身为唯一一所被母亲河拥抱的高校校园，华政可以不搞隔离，要开放就开放个彻底，连花架组成的软隔离也一并取消，只将校园安保维持在楼宇里，将校区最美好的宝藏内涵和河滨自然生态奉献给市民和社会，重塑高等学府新形象。"

郭为禄则带着点福建口音说："我们要正确处理好建筑与人文的关系，在做好历史印记保存的同时，充分展现华政独特的历史风貌和文化魅力，力求做到具有现代气息而不失历史厚重、开拓创新而不失文化传承。"

最新规划的方案几经反复，终于敲定，包括让出校园空间拓宽步道、增设植物绿化景观、历史建筑修缮、完善公共服务设施等。全新的方案，直到施工开始还在有所调整、有所优化，体现的是静与动的组合：在沿岸的步道上可以快走也可以小跑，但进入校园需要慢下来，慢慢地欣赏校内的景观与人文。

"为增加每一寸空间而努力。"杨忠孝似乎又回到了那个繁忙的时光，"学校聚焦快、美、好，以更高标准、更宽视野、更大格局实施滨水空间的升级、文保建筑修缮、绿化改造升级、校园区域功能调整以及文脉传承创新，将上海最早的高校校园打造成最开放最美妙的示范。"

倘若不是突如其来的全球疫情的裹卷，半岛岸线的升级改造还能提前。防疫抗疫耽搁的时间，加上设计、方案修改、招投标、历史建筑施工专业人员的招聘，正式开工已是次年的初夏。

2022年的台风尤其多，"烟花""灿都"等重量级风暴来势汹汹，一副直扑魔都的样子。就在中央气象台和上海气象台争议"灿都"会不会正面攻击上海时，半岛河岸的施工不但没有停歇，反而风雨兼程地向前大赶工期。

杨忠孝清楚地记得，二十多幢历史建筑的修缮、沿岸路面的艺术性铺垫匠心独具，无法运用机械施工，全靠数千名建设者手工完成。上海的手工匠人有限，就从浙江、江苏的能工巧匠中遴选人才，他们在台风的缝隙中和时间赛跑，早一日是一日，赶前一周是一周，争取在当年国庆节前将面目一新的岸线还给市民。杨忠孝不知开了多少次会，大会、小会、现场会、协调会至少开了几十次，学校专班天天有人蹲现场。市里四套班子也不时过来"调研"，市属专班每周有人前来督导，上自分管副市长，下到职能部委工作人员，有时通知，有时不通知，悄悄地来，悄悄地回，人走了校方才晓得。

没有空间的腾挪，是无法完成升级改造的。华政舍得付出，舍得"后退"，舍得大刀阔斧，先后拆除学生公共浴室、冷库、车库、洗衣房、印刷房、水泵房、木工房、仓库等建筑18处，共8000多平方米；采用绿植挪位调整、绿篱后退等手段，将最好的岸线资源让渡给市民。

围墙重新打开的瞬间，附近的市民在第一时间撩起岸线尘封不久的面纱，一睹"半岛十景"的典雅、多元与活力。

"优化升级后的滨河公共空间成果斐然，最窄处 4.5 米、最宽处 98 米（桃李园）！总面积达 2.1 万平方米，较原有空间增加 1.86 万平方米。半岛景观岸线为上海呈现了最生动、最开放的文脉。"杨忠孝说。

"市民们笑得合不拢嘴。在公共利益上，学校选择了后退。"我忽然话锋一转，"现在，半岛步道成了网红打卡高地，什么思孟园、格致园、倚竹苑、獬豸园、桃李园、东风角、法剧场……被媒体捣鼓成了'半岛十景'，是不是想跟人家西湖别苗头？里面会不会有吹牛的成分？"

"是不是吹牛，一看便知。"他毫不生气，还是乐呵呵地说，"这里的近代建筑真不是吹的，无论是清水砖墙、长檐翘角的中式风韵，还是红砖绿瓦、文艺复古的欧式庄园，那是实打实的有料。"

"听你这么说，我突然起了个过分的念头：你是不是准备带我实地兜一圈？"

他又是哇哈一笑，说："嗯，我发现被你带了节奏。"他带我边走边说，"既来了，咱俩不妨从头走起，权当散步。"

很快，我们在一座绿植缠绕的鲜花廊架前停住脚步。中等身材的杨忠孝笑口又开："这是进门第一景，思孟园，位于校园和周边居民区的交界。思孟堂的典故网上能查到，我就不多说了。"

拱形廊架前是一幢三层砖木结构楼宇，名曰"思孟堂"，建于 1909 年，楼顶四周呈曲线形，东南两侧以阳台护栏，这里曾作为学生宿舍，也是这次开门搬迁学生的重点。对于这座灰色楼宇的悲情故事，我没有时间赘述，因为第二景——一幢橙红色调的格致楼已在眼前。明星般的格致楼已经 125 岁了，是此建筑群中的瑰宝，中西结合的结构十分经典：外观屋角飞檐高飘，好似中式寺庙屋脊；草坪庭院、弧形拱窗又是典型的西式元素，还加外廊木门、圆柱形塔楼、超大落地玻璃窗……

倚竹苑，是紧靠另一栋知名建筑"韬奋楼"（原名怀施堂）的江南园林。草坪、小桥、凉亭、石桌石凳、百年绿植。虽然面积不大，却一步一景自成园林，他拍、自拍出片率不低。

"第四景，獬豸园，就在倚竹苑的边上，位于体育室与树人堂的中央，整体风格延续了倚竹苑的清雅自然，景中带景。园中有獬豸模样的假山石一尊，它在中国古代神话传说中能辨是非曲直、能识善恶忠奸。"他说。

"嗯，獬豸园内红墙黛瓦，曲水流觞，一亭一榭，初看像苏州园林的移植，却显得更加小巧玲珑。"我说。

两人相偕往前，不知不觉已来到半岛的弯头。这里可以观赏到左右两岸的景致。轻轻坐在异形木质的长条椅上，忽然就听见了白鹭的欢快鸣叫，和建于 1894 年的韬奋楼上传来的嗡嗡钟声。

"这就是桃李园，八幢古建筑环绕，妥妥的十景中的 C 位，U 形弯的核心——"杨忠孝说。

"这是第五景，可惜不见桃李花。"我趁机打断他说，"也别管第几景了，说多了记不住，反正处处是仙景，只顾向前走。"

……穿过带下沉式广场的法剧场，闻见了幽香阵阵的咖啡味，这又是一处网红咖啡——鼎鼎大名的"馆下 1575 咖啡厅"。杨忠孝对此不作解读，却在步道的防洪堤边立住身子。瞧他乐呵呵的脸面变得严肃，我估计他想发表点什么，也就立住脚步，等着他的开嗓。

果然，他干咳一声，扬了扬头说："别看这堵防汛墙，也是黑科技，它采用了历史保护建筑修缮时才用的水磨石工艺，专门从浙江请来一位老法师把关。"他指着水磨石的细处说，"前期由一般工匠初步打磨，最后一道工序由老法师一人手工完成，保证了前后弧度的一致。"

杨忠孝又指着地面说："这是弹格路，采用的是厚度十厘米的大理石贴面砖，每一片扇形石头的纹路由工匠们逐一打磨，手工拼贴，总共八万多块大理石先后由两千多人次最终完成拼图。"

"听说校方做了重大牺牲，搬迁的校舍建在河对面，至今尚未建成？"

他心中一凛，并没有正面回答，却谈起了体育。"原来的圣约翰大学，有一个强项是体育。当年，中华体育协进会（中国奥委会的前身）就在这儿成立，担当日常工作的秘书处也在校内，我国以协进会的名义加入国际奥委会，后来改成中华奥委会。这里是中西体育文化的汇点，既有西式的，也有中式的，既有西方教师，也有中方教师，而受教育的是中国人，约大校园的继承人将学校的体育精神传承到了新时代。"

杨忠孝微微停顿了一下说："这次步道改扩建，学生宿舍搬到河对岸的西校区，按最初的设计方案，将大操场裁掉造房子，我表示反对，许多领导和老师也不同意，最后保留了操场，并有创新——在房子上面形成了一条400米的空中跑道。"

"西区校舍建成后，一定很有特色。"我幽然地说，"步道开通前后四年，算长不长，算短不短，华政人从最初的担心最终走向了放心和暖心。"

我不想再多说什么，没等告辞出来，已对这里肃然起敬。

校史馆馆长

拜华政宣传部李馥华副部长所赐，还安排了校史馆（档案馆）馆长朱敏女士接受访谈。

与杨忠孝的魁梧与随意相比，社会学毕业的朱女士显得瘦削与严谨，面颊上没有架一副老师们常见的近视镜，看来她的视力不错。当我俩在"1575咖啡厅"面对面坐定时，她以职业的眼光警觉地端倪我一眼，轻轻地打开了手上电脑。我微微一笑，深度理解她的顾虑——保证说的每一句话有根有据。

晓得我先前跟知情的规划处长聊过，她的话语显得简洁，不纠缠在步道开发的全过程，更多的是做些概要补充。

"学校提出的要求是四个尽量：能搬尽搬、能让尽让、能拆尽拆、能开尽开，关键词是为市民让路、对社会开放。改造思路出台后，理所当然地遭到了包括部分退休老教师在内的师生们的吐槽，一度反对比例超过支持的，各种议论充斥校园——阿姨们晚上进来跳广场舞咋办？教室里考试大妈们在窗口窥视咋办？发生治安问题咋办？说得都有道理。对此，领导层没有采取简单粗暴的方式，而是因势利导，分层、分类召开各种座谈会，让不同的思想火花充分爆发、碰撞，坚持全过程民主，坚持将解决师生的思想问题和解决实际问题结合起来，加上市委、市府的大力加持，最终的结果是师生们并不是不讲道理，大妈们的素质并不是想象中的那么不堪，学校越改越美，半岛的名片越揩越亮。"

"听说'苏河明珠'是你提出来的？"我突然问了一句。

"是我和宣传部虞潇浩部长共同琢磨的。"说到这儿，朱敏原本严肃的脸上莞尔一笑，"前年，考虑到前约大存续了七十多年，华政也已建校七十年，百年校园双'七十'，学校准备做一个历史文化展。一天，虞部长和我站在修旧如旧的格致楼前，他若有所思地说，苏州河叫'苏河'岂不是更简洁更有韵味？我也灵光一闪，说咱们的展就叫'苏河明珠——华东政法大学长宁校区历史文化展'？'苏河明珠'就这样叫出来了，叫响了。"

接着，她纤细的手指在电脑上迅速滑行。她正了正身板说："2021年9月，文化展和步道开放、校园开放同步推出。一方面是校园物理上的破墙开放，另一方面是半岛的历史风貌向全社会的文化呈现。华政成为沪上最开放的美丽校园。"

她回顾道，2021年旅游节期间，上海"建筑可阅读"联盟采取线上投票方式，总计收到4065万票，结合网络及专家评审，评出上海最受关注的二十大优秀建筑。在上海繁星般的新旧建筑中，华政园内的历史建筑高票入列，成为当选者中唯一一所高校。

基层居委会

我跟居委会没有太多的交集，当我选定苏州河步道开通最难啃的骨头——中远两湾城采访时，忽然就冒出了一个怪诞的想法：为什么不往居委会的层面走一走呢？"一江一河"为市里挂号的重点工程，相关市、区、街道级的文字已然不少，想下潜就潜深一点，将笔尖落在最基层、最一线、最贴民的居委会。有了这个念头，就请平时熟稔的万里街道的罗艳主任出面，联系了宜川街道负责文化工作的干部，宜川街道为民服务办公室王主任迅速联系了两湾城所属几家居委会，并安排得力小伙高鹏飞陪同前往两湾片区的办公室采访。

出于对陌生参访者的尊重，这天下午我早早来到街道位于香溢花城二楼紧靠中山北路的办公室。趁着同样没见过面的高鹏飞尚未出现，我在二楼回廊曼转的楼道里晃来晃去，随意浏览着墙上的宣传画廊，发现有街道引以为傲的飞人刘翔、水电工劳模徐虎等人的介绍。思忖着新中国成立后始有宜川村，新世纪前才有街道的宜川自然比不上苏州河内城区的历史沉积，完全是在农田和老厂区的土壤上生长起来的，海派、江南、红色文化资源天生匮乏。就在我东张西望的当儿，一位身材匀称的小伙子出现了，当他确认面前的我就是他今天的客人时，微笑着在我对面的小沙发上坐了下来。这位叫高鹏飞的年轻人不经意地看了下手机上的时间显示，说接受采访的三居委总支书记稍晚点到，我能不能先说几句社区的"三驾马车"？我说太有必要了。

高鹏飞大学学的日语，毕业后进街道，现供职于"为民服务办公室"，做着为民服务的事。高鹏飞的语速快，估计想在被采访者出现之前尽可能将话说完。"头驾马车居委会，它不是街道派出机构，也不是事业单位，属于基层群众自治组织，相当于农村的村民委员会，为本区居民办理相关公共事务，维护社会治安，化解矛盾——譬如吵架、修漏水等。中远两湾城有一万多户、五万居民，属于特大型小区，共划分四个居委会。第二驾马车是小区物业，它是小区的管家，是市场化的机构，由居民出钱请来管理小区的设施设备、消防、绿化、卫生等，也进行一些增值性服务，譬如电梯广告、收停车费等。第三驾马车是业委会，这是小区业主选出来的代表机构，代表业主发声，如维修基金如何使用，收入的停车费和广告费怎么使用等，由业委会裁定。两湾城住户众多，广告费和停车费收入不菲，其中70%可以充值维修基金。"高鹏飞喘了口气说，"一般来说，三个组织相互合作补位才有理想的结果。特别想说的是，居委会有党的基层组织，和街道的联系相对紧密……"

高鹏飞匆匆将话说完，塞给我三本厚厚的资料，有图片集，也有文字集。他的眨巴的眼神告诉我，在访谈之前最好浏览一下这些资料。我欠身接过，当场翻阅，粗略一看，脸上已微微变色，又喜又惊。喜的是我找对了地方，两湾城就是步道贯通过程最难啃的那块骨头，市、区、街道花了大力气才打通这最后的"关卡"，宜川街道专门为此汇编了几本册子，足见重视程度和花费的心血。遥想当年（1998 年），时任市长徐匡迪、副市长韩正一度率领有关部门来"两湾一宅"现场办公，督导这场超大棚户区改造的"淮海战役"，此役最终动迁居民 8672 户，迁移单位 147 家，创造了上海动迁史上面积最大、速度最快、人口稠度最高、动迁资金最巨等多项历史纪录。2000 年起始，在"两湾一宅"旧址上分四期建成中远两湾城。小区分东西区域，总建筑面积 153.4 万平方米，96 个高层楼栋，住户 11599户，非居住房屋 155 户，常住人口超过 5 万，为环线内最大的商品房住宅小区。

历史有太多的相似处，经历过大役的地方，再次发生大役的可能性也大。

使我恐惊的是，艰难的步道贯通后，宜川街道已组织了媒体集体采访，从《人民日报》、中新社到《文汇报》、话匣子，先后有 18 家中央及上海媒体报道了打通苏州河岸线最后"断点"的台前幕后故事，其中多名记者还是我熟悉的。如果我再来接两湾城这个话茬，显然是浅薄与智障的选择，似乎钻进了某个套子，但懊悔已晚，既然来了，在困局面前退出，托词可找，却会被人耻笑，只得打起精神，硬着头皮坚持下去。

当我在后悔的漩涡中徜徉时，一位身材瘦削、脸型清秀的中年女子已到了我跟前，并冲我笑笑。高鹏飞介绍道："这位是三居委的恽梅书记，今天的采访对象。"

一位居委会书记

面前的她中等身高，有着和年龄不成比例的苗条，留着假小子般的短发，一双眼睛亮晶晶。初次见面，我照例在本上记着：恽梅，1977 年出生，上海人，计算机专业毕业，中远两湾城三居委党总支书记，事业编制；所在居委会配有主任一名、社工十位，管理着 3324 户住户，一万余人口。

"今天上午，舟山市普陀区人大参观团考察两湾城，行走步道，体现全过程民主。"她瞅了一眼旁边的高鹏飞，将头转向我说，"我 2017 年开始从街道下到居委会工作，前后轮岗了三个居委会，最后来到两湾城。"

"具体哪一年过来的？"

"2020 年 8 月，似乎专门为'丈量宜川'、为贯通工程挑担子来的。"她粲然一笑。

"正好赶上第三波启动。"我也跟着笑，"这使我想起了孔明在《出师表》中的一句话：'受任于败军之际，奉命于危难之间。'当然，这个比喻不一定恰当。"

"微火之光哪能和明月相比？居委工作人员，那是最底层、最婆婆妈妈的干活，我初来乍到，群众基础为零，一切从头开始。"她也放声笑起来，话匣子随之开启。

实际上，我这样说也不是戏谑。我已从小高递给我的材料中了解到，恽梅上任前，贯通工程已进行了"全过程民主"的两轮启动。2020年初，苏州河沿线综合整治中远两湾城段正式启动，普陀区和街道两级政府和居民代表开展多次对话，居委会也出面积极工作。由于苏州河沿岸土地为小区权属用地，业主对岸线开放共享存太大争议，少数业主反对态度强烈，又受疫情影响，项目首次搁浅。过了几个月，疫情趋于稳定，项目重启，仍因业主对步道开通后的管理存有顾虑，各方诉求难以统一，协调无果，工程再次受挫。她来的时候，正赶上第三次启动，仿佛就为贯通攻坚战而来。

"听说长风街道的清水湾小区，改造中的反对情绪也很大？"

"存在。但他们只涉及一段，我们是全部，1.69公里。"

"听说你前阵子接受过央媒的采访？"

"我只是谈一点自身的经历。"从她较快的语速上判断，一定是个爽气人。她说："尽管有了前面两次的铺垫，反对的声音还是很响亮，主流观点是'客厅论'：咱家的客厅凭什么开放给公众？苏州河打通了，小区安全怎么办？外人进来遛狗、跳舞咋办？小孩子丢了谁负责？噪声怎么解决？我们小区的步道还是我们的吗？不同意！"

"听说也有人骂居委会、业委会为'卖湾（两湾城的湾）

贼'。"我帮她补充一句。

"为了反对而反对。"恽梅心底澄明，淡然地说，"什么设计方案有问题，隔离材料不合适，步道的颜色不对……一切都是为反对找理由，业主委员会忌惮得罪两头，怕被孤立，不敢轻易召开业主大会。第三次启动后，街道党工委成立整治专班，派出 300 多名工作人员蹲点两湾，挨个楼栋（都是 34 层）跑，一层一户排查摸底做工作，我们居委会只是做些更具体的事情。"

"往往也是关键的。"我说。

"从当年（2020 年）10 月开始，我们四个居委会的书记、主任啃了几个月的盒饭，没有在家吃过一顿，每天回家都是凌晨，有时区、街道的领导也和我们同吃。"她将了将头发，"你看，短发，那时我们都理短发，因为没时间出去理，理一次管几个月。现在已成了习惯。"

"真的大部分人不同意，或者说不理解？"

"我和居委沈爱萍主任（大我两岁）一幢楼一幢楼去了解情况，宣讲方案，每家每户去征询：同意吗？谢谢支持；不同意？能说说为什么吗？根据每天汇总的情况，我们制作了四色作战图：绿色同意，红色反对，灰色不参与，黄色有条件的不同意（比如对方案不满、担心安全）。"她没有正面回答我，顾自往下说，"那个真叫没日没夜，真叫激情燃烧和闪光的日子，至今回忆起来仍心潮澎湃。"

学计算机出身的恽梅不必躲进大数据库，单凭四色表上的数字就能推断出民意数据：剔除红绿两项，灰色和黄色的人士占了相当比例，倘若将灰、黄两色的票仓争取过来，业委会上投票同意的就会呈压倒性多数。他们细析反对、有条件反对者的理由，五花八门，很多提出的意见不是针对步道本身，而是针对物业——小区的儿童乐园坏了许多东西，为什么不修？天天上下的电梯老了，经常出现关人事件，为什么不换？可见某些人关心小区治理超过了关心河岸整治。有人甚至将工作上的怨气、对生活中的不满也发泄到贯通工程上。

"苏州河综合治理明明是件利民利己的大好事，为什么反对者不少？为什么反对的声音盖过支持的？关键还在沉默的大多数，许多人不关心、不发声！一些没沿河的居民认为跟自己关系不大，但仍然不忙着支持，躲在后面让前面的人去闹，闹出利益大家分好处，何乐不为？也有一部分房东是外地投资客，常年将房屋出租，正主找不到，租客不便表态。无疑，这些沉默者和骑墙人是需要付出耐心和代价的，也是必须争取的。"她说。

恽梅当然明白"堡垒往往容易从侧面攻破"的道理。既然很多业主反对的理由不在事情的本身，不妨也从事情的另一面发起进攻？身为一名连十二品芝麻官也算不上的居委会领头羊，她时刻提醒自己——到位不僭位。很多事情在能力之外，譬如更换电梯、建老年食堂、调整步道方案，但可以向上反映，求得上面政策支持；而对于政策之外的，也不妨想想法子，像整修儿童乐园。为了市里重点工作在两湾城不断头，为了全过程民主的"选票"，她发誓拼一把。

"儿童乐园的事，我来想办法！"

恽梅这句话说出口就后悔了。儿童乐园整修需要 30 万元，动用维修基金需业委会组织业主大会表决通过，显然不可能——光动员这么多业主来参会就是天方夜谭。但没有能力动员业主的事不代表就一定失败，她想到了众筹和化缘两条法子，一方面动员有爱心的居民献爱心，多少随意，另一方面，去周边企业、区机关、街道"化缘"，还真的被她凑足了份子，并请工程队进场修缮，解决了小区居民的一大痛点。

于是，有人找上门来反映别的事情。因为她帮忙解决了困扰小区多年没能解决的儿童乐园问题，没有花小区一分钱。一个难题的化解凝聚了一批人。

"有人找，就是给我们机会。"她开心地说。

不过，换电梯的事体太大，也是居民诟病的重点，每台 40 万元，三居委 29 栋楼，需要多少银子？这不是她能解决的，必须动用维修基金。他们挨家挨户去做工作，唾沫星子甩干，舌头转筋，终于打赢了一场"楼事楼议"票决成功的漂亮仗。"更换电梯工作从 24 号楼首先启动，分步成片换新，目前已投入使用十几个楼栋了。"

几万人的小区，已是一个大社会，也是一个江湖，众口难调，啥样的人都不缺，有反面的，也有正面的。这时，住 314 楼道的陈步君老人发出了一封公开信，一石激起的巨涛声回响在整个两湾城的上空，久久不愿散去。

其实，八十多岁的陈步君已经失眠好多天了，这个冬夜，注定又是个不眠之夜。半夜两点，他还是睡不着，从床上坐起，披上一件厚衣服，颤巍巍地摸到桌子旁，他要以314号楼党小组长的名义，起草一份致两湾城全体党员的倡议书，号召广大党员拥护市委市府"一江一河"战略，支持苏州河岸线及早贯通，将好事办好，以实际行动为两湾旧貌换新颜显示力量。

倡议书在征得小组党员、支部同意后，发布在社区公众号上。令一位老党员动容的是，倡议书公开发表后，引起党员和群众的强烈反响，当天就有六千多名党员和居民纷纷跟帖，给予了一位八旬老人超出预期的呼应。接着，小区乒乓球队、摄影队、侨之家、温州商人等群众团体踊跃亮出旗幡，正面响应倡议。群众性社团发挥了群众性作用。

恽梅事后说，从党员中突破，是四个居委会书记商量后的共识，也是新成立的中远片区联合党委指导的结果。

舆论跟着上来了，直播、小视频、演艺统统上阵。协调小区里的协会——两湾城人数多、协会齐（乒乓球、舞蹈、摄影，想加入还不容易），影响力不可小觑，配合舆论升温。"我们就是要将不愿讲话、不敢讲话的人激发出来，让正面声音盖过负面，让正气抬头，让阳光温暖人心。"

我放下本子，说："'转益多师是汝师'。贵小区的一些做法，我怎么觉得有良好的互鉴甚至复制作用呢？"

"我们的工作只是一部分，不过给上面打打下手，更大的支持来自上级，政府专门为此拨出1.34亿元对价资金充值社区的维修基金。此外，根据居民的建议，步道施工方案不搞一刀切，按照不同的区域，增加了梅花林、樱花林、银杏林、玉兰林、海棠林等树种……"恽梅豁达地说。

一位居委会主任

中远两湾城第二居委会主任濮霞良比恽梅长两岁，1975年出生，也是位女士（据她说，居委一级的书记、主任，女性占了大头），上海人，学的外贸，留着一头中长卷发，2018年任现职至今。她说，居委会主任既不是公务员，也不是事业编，更没有行政级别，称为社区工作人员（简称社工），都是属地化（书记可以外派过来）的，但也属于公职人员，待遇上比书记低一档。

"居委会要成为街道党工委的落地靴子，也是街道联系居民的桥梁和纽带，管的事又细又杂，像计划生育（现在主要是优生优育）、关爱残疾人——当下抑郁症等精神病人有增无减。如果说得上档次一点，就是用脚丈量社情，用心丈量民意。"濮主任说出的话一点也不含糊。

二居委虽然只有九幢楼（34层的高楼），五千多居民，却全是临河景观房，家家牵涉，矛盾突出，彰显社会的多棱镜折射。也许是常年在基层扑腾，她的语境有一种超越工作年限的稳熟。谈到社区居民的构成，她说现在的80后、90后，包括70后，对国家、政府的感受度不高，对政府的信任度下降，认为自己的成功来自自身的努力，跟国家的发展没啥关联，他们将河岸贯通工程看成动迁，一切向"钱"看，开口就谈补偿，不来虚的，来实的。第一次问卷调查，征询意见，80%的受众反对或不支持，一部分弃权，同意的仅少数，好像要给工程一个下马威。她晓得我已采访过三居委的书记恽梅，也就省略了许多繁文缛节，直接捞出干货。

"先从理解的包容的开始。这句话说说容易，做起来难。我们先从老一辈开始，但老一辈都把房子转给了下一代，老一辈可以说通，孩子们难通。只得每日每夜做工作，居委会人员分成三班倒，明知会吃闭门羹，也'厚着脸皮'贴上去，白天探望老人，双休日走访双职工家庭。台风来时，上门提醒，为的是拉近点关系，下次见面好说话。"

濮霞良没有必要美化自己的工作，像是很平常地举了个案例给我听，让我有一个沉浸式了解。

她说的是住在楼王位置的袁先生，整天西装革履，出入昂首挺肚，天生的傲气。

袁先生一副年轻精英派头，在河岸贯通问题上持抵制态度，根本不愿接触上门的公职人员，在业主微信群里提出了许多反对理由，开口闭口以法律为武器，有问题法庭上见。吃了几次闭门羹后，濮霞良还就不信这个邪，难道"社会精英"不是人是机器，只有条款没有情感？为什么非要将堂堂正正的"一江一河"工程怼上公堂？

在"晾"了人家一阵后，濮霞良发觉袁太太刚生小孩不久，在家休息，就寻找机会前去拜访，并就孩子入托前的早教、社区可提供的帮助展开话题。一来二往，通过"亲子"途径，绕开袁先生本人，和他的家人发生了联系，融洽了感情。

过了几天，濮霞良又得知袁先生和对面的住户大吵了一架，邻里关系骤然紧张。原来袁先生的隔壁邻居随意将一些坛坛罐罐扔在电梯旁的公共空间，影响了环境。袁先生让他们拿掉，还威胁要告他们。哪知邻居是租客，看到他凶巴巴的吃相，拒绝配合，说别以为嗓门响就怕你，要告随便告，房东陪你打官司！气得袁先生两脚打颤，好不容易找到房东本人，东家却说自己是和中介公司签的约，只管收钱，并不认识租客，要找就找二房东吧。袁先生一口血差点喷出来，为这点破事还要找多少人？

濮霞良知晓详情后，主动登门。她自有法道，通过大房东找到了二房东，和二房东联手做租客的工作，终于将堆放杂物的事调解利索了。袁先生受了触动，看到居委工作不易，又听了他们的详细解释，不再领头反对岸线贯通。

也不是所有的党员都起带头作用。老吕平时一贯支持居委工作，但在步道贯通上持反对态度，还暗中撺掇其他居民和政府唱对台戏。濮霞良通过排摸，了解到老吕的楼栋紧贴河岸，担心开放了带来安全、噪声方面的诸多困扰。

标杆的力量能影响和带动一批人，无论这种带动是正向的还是反向的。如何解开这些"重点人"的心结，除了耐心还是耐心，千万别抱一两次过关的念头。居委总支书记多次找老吕谈心，居委多次召开楼组长会议，苦口婆心地解释步道建设在安全、噪声方面的细节，告知政府给予的经济补贴能一揽子解决小区目前存在的道路零乱、消防系统老旧、电梯更新等问题，实惠多多，何乐不为？还邀请他们参观已建成的苏州河步道，打消他们的顾虑，成功进行了反对者的转化，最终方案获得了通过。

濮霞良还给了我他们总结出的"丈量宜川十大工作法"和"两湾城八步工作法"。

我已经不需要调研更多，已从几位 24 小时不关机的居委干部身上看到了不一样的东西。我一边遐想着，啥时再换上运动鞋，背上酒壶，去两湾城四五人并排宽的步道上去狂奔一把；一边琢磨着像濮霞良这样的居委主任，一名没有级别的社工，身份是不是有点尴尬？

2020 年 12 月 31 日，中远两湾城业主在前期十多场业主磋商会的基础上，正式召开业主大会，高票通过了打通苏州河最后"断点"的民心工程方案。至此，苏州河全线贯通落下圆满大幕。

高铁驶过苏河湾

写苏州河不能绕开河边的铁轨和车站。

永远的老北站

1912 年（民国元年）1 月 1 日上午十点，孙中山从上海火车北站上车，坐沪宁线去南京就任临时大总统。上海各路军队在北站外集结排列，车站内外上万人夹道欢送。

这天，孙中山着浅灰色中山装，外罩宽大黑色披风，头戴大檐帽，一副戎装打扮。他的身后簇拥着几十名神情严肃、戴大檐帽的军政人员。孙中山双目平视前方，眼中洋溢着踌躇满志的表情，准备去南京大干一场。摄影记者拍下了这一历史性镜头，图片悬挂于苏州河边的上海铁路博物馆（原老北站）内醒目处。

孙文的过于自信很快遭到北方的打脸。他在总统任上干了不到两个月，即被北洋军阀大统领袁世凯赶下台。解职的当天，孙中山在南京同盟会员为他举行的饯别会上表示："解职不是不理事，而是致力于比政治要紧的民生事业。"同年6月，孙中山来到上海，就铁路强国之策与黄兴会商。他昼思夜想，绘制了一幅宏伟的铁路建设蓝图，分南、北、中三路。南路，起点于南海，由广东而广西、贵州，走云南、四川间，通入西藏，绕至天山之南；中路，起点于上海扬子江口，由江苏而安徽，而河南，而陕西、甘肃，入新疆而迄于伊犁；北路，起于河北秦皇岛，绕辽东，折入内蒙古，直穿外蒙古，达于乌梁海。9月9日，孙中山正式接受了袁世凯政府的任命，担任"全国铁路督办"（铁道部长），接受了袁世凯授予的"督办全国铁路全权"的头衔，发誓要在十年之内修筑十万英里铁路，使中国全境四通八达，成为"全球铁路第一强国"。不久，孙中山的得力助手黄兴也接受了袁世凯委任的"川粤汉铁路督办"职务。中华全国铁路协会成立时，孙中山被推举为名誉会长，他带着浓重的广东香山口音说："铁路实为强国之第一要。"

孙中山的十年规划过于宏大与远阔，被袁世凯戏谑为"孙大炮"。不过，英雄常和坟墓同在。真正使他"事业计划"戛然而止的是他的得力助手宋教仁的被暗杀。

1913年3月20日晚，国民党代理理事长宋教仁（反袁志士），因领导国民党在中华民国第一届国会议员选举中大胜，准备乘车往北京组织责任内阁，在上海北站遭到预先潜伏在列车内杀手的枪击，不治身亡。"宋教仁遇刺"惊醒了孙中山的铁路梦。

同样在北站。中共一大（在兴业路召开）受到租界巡捕干扰，被迫转移。1921年7月31日清晨，出席中共一大的各地代表共十余人分两批来到上海北站，乘火车前往嘉兴，在南湖的红船上，顺利完成了全部议程，成就开天辟地的大事业。

上海北站位于苏州河北岸、闸北（现静安区）天目东路200号，建于1908年，次年正式运营，跌跌撞撞走过八十岁高龄，直到1987年上海站（新客站）投用，才退出历史舞台。

辛亥革命前夕，随着沪宁铁路全线通车，沪杭甬铁路主体（沪杭段）贯通，原有六间平房的沪宁铁路上海站无法满足需求，管理当局决定在宝山路天目路附近的芦苇荡里兴建新站房，开始称沪宁铁路上海站。沪宁、沪杭铁路几乎同时（1905年）开建，因杭州到宁波需跨越两条大江（钱塘江、曹娥江），杭甬段暂时搁置。当时，除了运营沪宁线的车站外，在现蓬莱公园附近还有一座火车站，负责运营沪杭线。1916年底，连接沪宁、沪杭两座车站的联络线建成，也就是沪宁铁路和沪杭铁路完成了并轨。为区分南北两座车站，将原沪杭站称为上海南站（不是现在的南站），将沪宁线上海站改为上海北站。后来，往华北大平原延伸的津浦线开建，北站的地位日益突出，南站的功能慢慢归入北站，便于统一管理，上海火车北站成为上海铁路站的代名词。

上海北站由英籍工程师西排立设计，站房主建筑为高四层的西式洋房，总面积1695平方米，造价总计32万银元。大楼一层外墙采用花岗岩筑建，二层及以上采用大理石廊柱与拱形门窗的式样，内设房间76间。此外，大楼沿底层建有六间大型平房，与底层相连，构成候车区域和邮政售票的服务性区域。

当时一天没几对列车，客流不多，只将一楼大厅用于售票、候车、下客等公共服务，二、三、四层作为铁路部门的办公用房。

新落成的火车北站，成为苏州河北岸一道万众瞩目的亮丽风景。

孙中山无缘于他的铁路梦，自有后人沿着他的大方向而行。上海北站开通后，浙江吴兴人张静江就任全国建设委员会主任，组织力量连续修通了杭江铁路（杭州至江西玉山，后称浙赣线）、江南铁路（南京经芜湖至孙家埠）、淮南铁路（田家庵至裕溪口）等三大铁路。正当张静江怀揣着大国铁路梦飞奔时，遭到了东邻野蛮民族的狂轰滥炸。来自空中的炸弹不但炸毁了无数铁轨和列车，还摧毁了铁路北站的大量建筑。

1932年的"一·二八淞沪抗战"中，日军出动大批军机对苏州河北的民用设施大肆轰炸，苦难的百姓哀鸿遍野，成片的建筑在大火中熊熊燃烧。上海北站的四层大楼被直接炸飞了两层，一二层也毁损严重。次年修复，只能还原一至二层，三楼和四楼无力归原。

明治维新后的日本，似乎不喜欢和平与鲜花，更喜欢炸弹和烈火。时隔五年，更为血腥和野蛮的一幕重现在苏州河畔。1937年的淞沪会战中，上海北站再次在火光中颤栗、燃烧和摇晃，得益于坚固的地基和底部建筑，虽然没被连根拔起，但已面目全非。与此同时，上海南站遭遇日军多批次飞机轰炸，房屋及附属设施完全被毁，从此消失。

抗战胜利后，国民政府对北站进行了修旧如旧，由于技术原因，也只修到二层，但将站台延长至 360 米，新建两座候车室。

新中国成立后，政府对北站的设施进行过多次修缮。1960年，上海北站的货运移至苏州河西侧的恒丰路火车站（东站），将腾空后的原货运仓库改建成旅客候车室和行李房，延长原货运站台为旅客月台，并将货运线改建成客车到发线，形成南北两个区，候车室达到近 4000 平方米，车站可容纳日到发列车 29 对。这样，老北站的模样跨过了 1970 年，越过了 1980 年，一口气坚持到了 1987 年。

上海站（新客站）

改革开放的八十年代，尽管许多政策在不断摸索中，但各项建设已迈开双腿，向前"杀开一条血路"。国家将铁路建设作为加快经济和社会发展的一个战略支点，作出了系列重大部署。为扭转铁路运输不适应国民经济发展的"瓶颈"状态，李鹏总理要求铁道部先后组织"中取华东""再取华东"等铁道、站点建设大会战，铁路发展进入快车道。

李鹏学电力出身，但对火车、飞机等机械有浓厚兴趣，但凡有新的设备出现，总会带头体会，不计个人风险与安危。火车提速、大站落成，只要有时间，他总是想方设法去参加。1985 年 12 月 1 日，国产客机运 7 来首都机场试航，李鹏、姚依林兴冲冲地登上了这款没有交付的国产螺旋桨客机，参与了试飞，亲自为国产机做广告，并就国产民用飞机的发展、零部件国产化和保护政策发表了讲话。

上世纪八九十年代，上海铁路局先后新建了宣杭线、合九线、京九线、金温线、新长线、宁西线、阜淮线、宁启线等九大铁路，有效缓解了华东地区的运输压力。

华东及全国铁路的大发展，带动了客流的高增长，原有的老北站运力崩了，显然只有退休的资格。"老北站是块宝地，客运搬走，可以作为路局办公场所，候车楼可以改为博物馆之类。"上海铁路局办公室负责档案文献和铁路博物馆的韩栋主任说。这些年，韩栋负责华东铁路的历史资料收集和文化积累工作，对旅客站点的"外移"路线十分清楚。

上海北站虽经数度改建、扩建，终因地理环境限制，站场和设备无法得到很大改善，"修修补补"的动作难以应付快速增长的客流。1981年3月，铁道部与上海市人民政府向国务院提交筹建新站的报告，提出在西邻苏州河（和M50园区隔河相望）的上海东站原址（秣陵路303号）基础上，建设一座两万平方米的主楼、3.7万平方米的广场，日到发能力达72次的新上海站。6月，国务院批复计划。1982年4月，在不影响上海北站日常运营的情况下，上海东站（货运站）停止办理货运业务，但其他如列车通过、车底存放、调车、单机通过等业务仍照常。

1983年9月，上海市政府和铁道部觉得上海新客站方案过于保守，没有施工便已落伍，遂向国家计委提交了上海铁路新客站的新方案。相对原计划，新设计的修改和扩充主要有：上海站站厅的容纳人数扩大至一万人，站厅面积扩建到3.3万平方米，疏通上海站周边道路，造大统路非机动车立交，建恒丰北路立交桥；明确自批准后 6 个月内动工，1987 年底完成一期工程，1988 年完成二期工程。

1987 年 12 月 28 日，上海站新站房正式启用，老北站改建成为上海铁路客车技术整备站，主要用作客车整备。为区别东面的老北站，新建的上海站被称为"新客站"。

新客站的站厅采用华东建筑设计院提出的"南北开口、高进低出、跨线候车"的方案。进入车站可以经由南北两个口子进入，下车旅客，可通过地下通道，经由东南、西南、北出口共计三个出口快速出站。此外，80% 的候车室位于月台上空，节省了用地。乘客经由南北进站口进入后，通过自动扶梯运送至二层中央走廊。中央走廊左右各分布五间候车室，旅客根据候车室外电子显示屏指示，进入相关候车大厅。左右两侧候车厅外侧再通过高架通道与各月台相连，缩短旅客上车时间。这样的布局设计架构迄今仍被众多的大型车站借鉴。

截至 2010 年世博会举办前夕，上海站共设有七座站台，包括一个侧式站台和六个岛式站台，共 13 站台面；13 条列车到发线及一条独立正线和一条机走线，共 15 条股道，途经线路有京沪铁路、沪昆铁路、沪宁城际铁路等，其站台上方为无廊柱式雨棚和高架候车室。

被寄予厚望的新客站虽然比老北站往西移了几公里，但还是在内环线内的中心地段，还是属于"螺蛳壳里做道场"，再折腾也是吃力不讨好。另一个极端的案例，就是内环高架道路，操盘手设计的逼仄车道至今还被人垢病不止——都九十年代了，内环线才整出个来回四车道？以致当年出席剪彩的李鹏总理到现场的第一句话就说："车道太少。"

当然，火车站的建设和内环高架不同，后者属于观念落后，连普通百姓都能感受到的东西，"专家"却自以为是；前者的确是由于市区地皮紧张，高铁时代到来太快。

虹桥高铁站

过于靠近市中心的上海新客站用了不到十年就已捉襟见肘。作为弥补，上铁人在九十年代建设了"第二客站"，因地处市中心以南的徐汇区沪闵路东南侧，称为南站。

新客站摸着老北站过河，南站摸着新客站过河。上海南站站场规模为六站台13线，建筑面积五万多平方米，由法国AREP公司设计，从外观看仿佛一个飞碟。主站屋设计为巨大圆形钢结构，高47米，圆顶直径270米。主站房和车站南北广场占地60.3公顷。南站最大的特点是地面建筑少，三分之二的建筑面积在地下，为绿化腾出了空间，南站的绿化率达32%。

韩栋分析，规模不小的上海南站的投用解了新客站燃眉之急，将许多南方列车分流了出去，但仍然不能从根本上解决国家经济进入高速井喷引发的交通问题，尤其是即将到来的动车时代和上海世博会的来临。况且，航空已建成了体量庞大的浦东机场，形成东西"双星座"，并将对虹桥机场进行扩容。

上海方面提出了一个综合交通枢纽的概念，将规模超大的虹桥火车站和虹桥机场二期扩建绑在一起。但这种陆空一体的建设思路有利有弊，诟病者质疑那样容易引发地面进出交通的拥堵。另一个弱项是虹桥机场二跑道由于原先的储备用地有限，处境尴尬——两条窄距跑道之间的距离才365米，不能独立运行，只能相关运行，也就是一条跑道（西）飞机起飞的时候，另一条跑道（东）不能用于降落。世博会的日子一天天逼近，空间逼仄也须尽早动工。不过，从地理上看，居外环线外的虹桥火车站比上海站、上海南站更远离市中心，虹桥机场外侧的区位巧妙地将南、北、西三个方向的铁路线弧线形地联系了起来。

虹桥站离苏州河远了，但往西往北去的列车都得跨过北侧的苏河水，一路奔赴远方。

和上海北站、南站不同，虹桥站的设计没请外援，由铁道第三勘察设计院集团有限公司、中铁第四勘察设计院和上海现代建筑设计有限公司设计，其造型以平直、方正、厚重为设计理念，体现了包容天下的海派文化及现代化铁路客运站的功能性、系统性、先进性和文化性的融合。

上海虹桥站不拘囿于小打小闹，在外环线外大展拳脚。虹桥站设高速和综合两个车场，规模为16台30线，其中侧式站台两座，岛式站台14座，共30个站台面，包括四条正线在内的30条股道全部为到发线，其中1至19站台及站线为高速场，北端引出京沪高速铁路，南端引出沪昆高速铁路；20至30站台及站线为综合场，北端引出虹安联络线至安亭北站连接沪宁城际铁路，虹封联络线至封浜站连接沪昆铁路及京沪铁路，南端引出虹七联络线至七宝站连接沪昆铁路。

虹桥站主体建筑由站房、无站台柱雨棚、站场设备、南北辅助办公楼等组成，站房采用线上高架候车、线下出站的结构，在东西两侧均设置高架落客平台，外观与机场候机楼统一。

2010 年 7 月上海世博会期间，日光与暗夜孕育出的虹桥站与沪宁城际铁路同步投入运营。8 月 12 日起，上海虹桥站开行发往北京南站、天津站的 D 字头动卧列车。目前，上海虹桥站日常开行列车 275.5 对，日均发送 20 万人次，日高峰超过 37.2 万人次。

虹桥站上位了，建筑规模与旅客吞吐量远超上海站和上海南站，但它"僭位"而不越位，始终遵循先来后到的谦逊风范，将自己摆在"老二"位置。韩栋为此做了一番解释，说上海铁路局（简称路局）下辖江、浙、皖、沪三省一市，属下机关和业务运行单位众多，光运输站、段就有 120 多个，还不包括货运中心。业务部门各管一摊，像车务部门主要管车站（如新客站、虹桥站）和车务段（如徐州车务段、嘉兴车务段）；机务段管机车，管司机；车辆段管车辆的日常检修，包括检修人员和随车机械师；工务段负责铁轨检修和道路检修；电务段负责发信号，譬如红绿灯；通信段负责车辆和调度室的联通、车站间联通，车机联系等，主要通过无线通信；客运段主要管列车员、列车长……他没说完，我已听得懵圈，赶忙咳嗽一声，借以打断他。我只关心虹桥站和上海站（新客站）的关系问题。韩栋说："上海站是路局的直属单位，也就是人们常说的二级机构，不管运输量大小、工作人员多少，路局只认上海站，至于虹桥站、上海南站、上海西站（原真如站）、松江南站都属于三级机构，也就是上海站的属下。"

韩栋也意识到对我一个铁路外行不需要说那么多，如果将机关和基层业务部门捋一遍，少于一天怕弄不清楚，不过，他还是补充说路局下还有17家非运输企业，最冒尖的是华铁旅服、文旅集团和建筑公司。华铁在车上售卖餐食，文旅主要引进、投放广告，建筑公司当然是造房子、修路。

我忌讳在文字上出现偏差，又请教了原杭州站站长、现上海铁路局机关运输处处长吴华。这位毕业于兰州铁道学院的杭州人说话跟他高大的个头一样爽气。他说我当杭州站（以前称城站）站长时，后起的杭州东站的车流和人流远超杭州站，但我不但下管杭州东站，也管周边十几个三级站，因为杭州站属于上海铁路局的直管站，级别相当于正处级。上海站的情况也类似，直属路局，对其他车站行使着管理职能，党纪工团行政等职能机关齐备，领导着虹桥站、南站、西站、松江南站。

高铁的星空和光

中国铁路度过了漫长的痛苦期，在旅人心目中的感受是拥挤、脏乱，购票排队排到腿软，春运难运形成肠梗塞，"回家过年"的人群在铁道线上瑟瑟发抖。中国老百姓对铁路的伤感记忆终于在高铁时代迎来化解，也成了永远的过去。

2023 年劳动节，我想去中部旅行，发觉往长沙、武汉、重庆方面的动车全部无票，连站票也告售罄。我拨通了路局运输处处长吴华的电话，警醒他："是不是电脑系统发生了梗塞？还是故意制造紧张气氛？不但近几天，就连十多天后的车票也显示不出来？"

吴华心境澄明而豁达，哈哈大笑地说："颓废了几年，终于盼来丰年，哪是电脑出故障，真是没票卖！晓得吗？每天在线上排队等候补票的有百万大军。现在大数据，一切都是透明的。"

吴华负责编排列车时刻表（路局内，全国的由北京分配资源、统一协调），所言无虚。他说"五一"前后旅游旺季，单单上海虹桥站每天吞吐旅客 30 多万人次，竟然重现了二十年前一票难求的"盛况"。

和出生在杭州的吴华不同，上海铁路局总调度所党委书记兼副主任黄华来自遥远的新疆。这位在大西北长大的孩子长着高峻的身材，但脸上总挂着南方人温暖的笑容。他长期在调度部门工作，从普通调度员做到副主任、党委书记，是一名从实战中成长起来的有经验的干部。列车的调度部门就是车辆的指挥部门，调度员坐在天目东路 80 号的橘黄色大楼里，监控和指挥着南来北往的高铁和普通绿皮火车以及货车。铁路的通信系统先进，有自己的通信专网（CTS 系统），也有专用移动通信系统，联通着列车和指挥人员。原来运用 2G，现在正向 5G 通信迈进。

我前后几次去路局调研，都是黄华亲来接待和讲解，在巨大的指挥显示屏幕前，他挺拔的身姿和专业的说词给我留下深刻印象。他所在的调度所共有工作人员 870 人，每天 24 小时监控和指挥着运行中的车辆，主要以 G 字头、D 字头的高铁、动车为主，也有普通绿皮火车，时速从 120 公里到 350 公里不等。

与百年前铁路只有沪宁、沪杭两条线相比，从 2007 年 4 月 18 日进入高铁时代的上海早已东海扬尘。当下上海铁路局每天发送旅客 200 万人次，拥有 650 多座车站，各类机车 1600 多台，其中动车组近 500 组，对于调度指挥来说责任重大，每一秒钟都要睁大双眼。带一个近千人的团队并不容易，当了一把手以后，黄华的笑脸变少了，更多地换上了肃穆和敬畏的表情。外界的感受是，火车正点率远高于飞机，坐高铁出行不必考虑延误问题，这是基于黄华这些人的后台努力。实际情况是，天气影响、设备临时故障、路面清理等因素每天存在，一旦有情况出现，就要按一级、二级预案响应，该调整的调整，该晚点的晚点。

高铁也有取消班次的。台风每年都有，强对流天气来了，对铁路通信造成影响，列车需要减速就带来晚点。强风暴也可能将彩钢瓦、大棚、塑料膜等吹上路轨，遇到类似情况，调度室会紧急处置，通知沿线部门及时清理，该停车的停车，该取消的取消。长三角为车流密集区，遇到不正常情况影响面大，需要调度员眼观六路、耳听八方，行车安全为第一要务。

动车组列车速度快、班次密，对黄华的指挥团队带来从未有过的挑战：列车正常，啥事没有；遇有阻难，启动预战术管理，G 字头车优先，D 字头车其次，C 字头车再次……依次类推。黄华眼中的日出日息，就是将一节节车厢平安迎进虹桥站、上海站、南站、西站，将一列列班车按时有序地放出，往北送出苏州河，往南驶过黄浦江，奔往全国各地。

上海铁路博物馆黄继杨学机车出身，对高铁的进入并获得远超航空与汽车的成就引以为豪。1997年起始，中国铁路进行了六次大提速，将车速从每小时100公里一下提到了160公里，为高铁时代奠定了基础。新世纪初，铁道部对引进高铁技术思路长远，对旗下几家准备跟阿尔斯通、西门子、庞巴迪、川崎等公司合作的机车工厂负责人说，不要纠结于标志和旗号之争，要合作就要学会别人的先进——学习无国界，铁道部以后买车不是买国外的品牌车，而是买自己的"北车""南车"以及国内其他品牌的列车，这一点务请牢记。

黄继杨说，2008年全球金融危机，西方国家日子不好过，也想抓住机会拿单子。高铁寻求对外合作的时机几乎和大飞机同步，当时，国内青岛一家厂负责和日本川崎方面谈判，其他几家分别和西门子、庞巴迪、阿尔斯通谈判。铁道部也了解日本人对华"留两手"的本性：第一流的技术设备国内用，第二流的输欧美，第三流的才给中国，估计日本给咱的车辆水平也就二十世纪六七十年代的水平，但咱们不计较，不管是一流还是三流，主要是学习人家高铁颠覆性的设计理念。其余厂家跟法、德、加三国的谈判细节不同，但成果都差不多。中国高铁摒弃了"桑塔纳模式"的市场换技术法——最后丢了市场，品牌还是人家的，而是一心一意将技术学到手，并适度超越，形成自主可控的国产品牌。

交通兴则国兴，交通旺则百业旺。科技的光源照亮铁道线。要走活中国高铁这局棋，关键是做活两个眼：升级铁道线为高铁线；将传统机车打造成动车。动车组和传统列车的差别在于前者有多个"车头"，标准动车八节车厢编组（最厉害的编组达到 16、17 节），其中四节车厢上面加电（有动力），相当于一列八车厢的火车有四个发动机，四个发动机的合力自然比单个火车头的拉力大多了，大家一块跑，速度能不快？然而，颠覆性的还在刹车，传统的列车采取空气刹车（靠刹车片），而动车在制动时发动机变"倒转"——顺转为向前的发动机，倒转为减速器。采用动力倒转（反推）的力将向前的力迅速抵消，达到快速刹住的效果。在整个刹车用力中，"倒车"的力占比达到70%，而空气刹车的比重只占30%，这便是动车的"动力"。传统火车之所以速度只限于160码，关键是再上速度刹不住车，也就难以安全达标。

铁路的升级相当于将一般公路提升为高速路，一要平，无水平交叉，二要直，缓转弯，350公里时速的列车，曲率半径为7000米，也就是七公里之内基本是直线。黄继杨说得清楚，高铁是一种高标准的铁路系统，在高铁线上跑的都称动车，有C字头、D字头、G字头。"和谐号"以后，便是统一的"复兴号"动车组——统一车型、统一配件，"车同辙、件同码"。别国做不到的事，中国做到了。

中国高铁不断打破形成的自己，知重负重再出发。

机翼下一线河水

乘机从北头降落跑道，看得见苏州河的一脉细水时，虹桥机场就在眼前了。

五星机长

下过雨，天上满是浮云，飞机颠簸得厉害，饶是李强这样经验丰富、手上功夫了得的机长也需要凝神屏气，方将一架飞机开得平稳。地面盲降信号发出的电波引导他钻出云区。翼下，隐约出现田舍和高楼的交错，科幻似的灯火眨闪着眼睛。

前方，一条涓细的曲线蜿蜒着由西向东而来，即使在晦暗的夜下，李强也能感受到那就是苏州河柔软婀娜的身姿，它从太湖缓缓而来，温柔地流入市区，汇进吴淞口，注入东海。苏州河，是对他最后的提示：前方就是跑道，准备降落。越过苏州河上空时，飞机的高度 300 米。

李强闪闪翅膀，他手上的太阳系最新型的波音 787 客机已抵达虹桥东跑道北头，高度 15 米。他将右手挨搭在油门上——

B787 的油门会根据速度自动收放，但落地时还是相信自己的双手，谁也不敢让机器"自动降落"。高度九米时，他的左手轻轻带杆，飞机继续下沉；离地两米，他又略一收杆，飞机的后轮开始轻柔地和大地接吻，接着，前轮也擦地滑行。机舱内的乘客听见窗外传来的轮胎和跑道的摩擦声，才晓得飞机已经落地，正在跑道上滑行。机长的功夫在杆上，在手上，高手和低手的区别差得远。

飞机接地后，刹车系统是自动感知的，通过电脑的精确算法，按照最优方式刹车减速。他打开反推（改变发动机的气流方向，变向后喷为向前喷），翼上的 14 块减速板自动升起——算是本次航班结束的谢幕演示。在刹车和反推的合力下，体态庞大的飞机迅速减下速度，他保持住方向，让飞机转进滑行道，慢慢靠上廊桥。

跑道上方架起一条绚丽彩虹，像在欢呼落地归来的航班，也是李强这几年难得的"艳遇"。

李强是上海航空公司总值班室主任、五星级优秀机长，自称和孔祥熙同乡，山西太谷人，1999 年从空军歼击机大队长任上转业进上航，凭一手横练功夫历任上航飞行部 B757 大队大队长、B767 机队大队长。2018 年公司购入波音 B787 重型机后，担任 B787 大队副大队长、总值班室主任。在拥有 1200 名飞行员、2000 多名乘务员的上海航空公司，李强也算位传奇人物：送别公司最后一架 B757 去美国拆卸；2011 年顶雷从利比亚撤侨，有惊无险；2018 年完成 B767 最后一次商业飞行；安全飞行两万小时，遇事无数，和普通机长的最大区别就是握驾杆的水平和处置特情的能力。在李强说来，"能力"和经验关系紧密，他飞澳洲需要穿越南北球，赤道附近，云雨常伴，有的机长需绕飞 200 公里，他只需绕开 70 公里，省油也省了时；同样的气象条件，有的机长能降落，有的机长需要去备降。如今，他已越过了"寂寞沙洲冷"的年龄，泰山崩于前而脸不改色的心理成熟度已臻化境。

李强加盟上航时，浦东机场刚刚竣工，虹桥机场也没饱和，短短二十多年，李强的白发还没增加多少，东西"双星座"机场的运行，带来了全国之最的吞吐量，其中虹桥日均 800 架次，浦东 1500 架次，货邮运输量多年名列第一。

不过，疫情几年算是例外，航班稀少，大牌机长李强也是休息的时间远多于飞行的时间，有时一周才飞一班；基本断了国际长线，B787 重型机被迫改飞国内线——飞了大半辈子，从未如此悠闲过，难免马齿徒增，髀肉复生。空乘队伍更是叫苦连天，连续十几年没有增加薪酬，成为弱势群体，闹疫情无活可干，困难时期只能拿公司补助的每月三千元度日，还要交房租。

过了一天，李机长来到公司的运控中心，碰到忘年交、运控总经理邵伟。见到寸头短发、两鬓稍显斑白的 60 后李强，1981 年出生的邵伟真心羡慕他至今眼睛不花、身材匀称。邵伟往上推了推眼镜，笑着说，正在做计划，恢复航班的计划；让李总的 B787 飞短线是不是委屈了？李强说不憋屈是假，听说快放开了？邵伟说一旦正常开启，国际航班也会渐渐恢复。两人边说边走，李强在总值班的位置上坐下。邵伟也回到自己的岗位，分析眼下情势，着手下一步计划。

邵伟是上航运行控制中心的一把手，青年才俊，三十八岁就担任现职，是公司最年轻的二级机构主管（相当于处级）。他掌管的部门共120人，负责公司的航班计划、航路申请、航班调配、签派放行、应急处置等工作，属于公司运行的重要部门。疫情期间，航班计划被病毒穿透，但实际工作削减得并不多，反而增加了防疫抗疫等巨量事务，各方压力叠加。他希盼尽快恢复常态，希望日日繁忙，那样公司才能告别亏损，大家也能拿到正常的薪酬。

邵伟从南通考入北京航空航天大学，学的自动化控制专业，本应设计飞机，但阴差阳错来到了飞行运行的一线，整天和飞机的计划、调配、放行打交道。为此，他北航大近毕业时又去南航大学习了近一年的签派专业，成了复合型结构人才。2004年分配进上航时，在虹桥机场的北头上班，离苏州河很近，有人下班后还去河边钓鱼。2009年，东、上航合并，虽然搬进了机场西区孤零零的东航城，但仍保留了上航原有的番号，飞行、运控、财务等部门仍然独立运作，连制服都维持了原上航的式样。做了运控的老大后，邵伟初心不忘，仍扼守值班，和普通的签派员一样，每月都有班头给各机组签派放行。

在他的理解中，签派的核心只有两个字："放行"。但这两个字不是只凭一腔孤勇就能签的，签下去就是一身的重责。要让一架飞机成行，需要签派提供完整精确的情报，包括飞机状态、空中航路情况、目的地机场状况、空中和地面导航设施、天气等各方事关飞行安全的资料，只有所有的条件符合适航要求，才敢签字放行。

"飘风不终朝，骤雨不终日。"过了半年，在经历了一波刻骨铭心的多数人年底"阳康"洗礼后，疫情散去，航班触底反弹，邵伟和李强碰面的频率增加了，两人经常在一起谈论计划和变化。又过了几个月，癸卯年的黄梅雨季来临，李强飞起了国际长班，浦东至澳大利亚、浦东至匈牙利，双方会面的机会又少了。邵伟全身心地投入运控的繁琐事务中，他需要精细加果断。

若干年前，邵伟值班，一个航班从虹桥去北戴河，飞机已经滑出。邵伟鹰隼一样的双眼监控到目的地机场突发大雾，能见度远低于起降标准，且在上午难以恢复。他紧急联系机组，第一时间让飞机滑回，并通报空管塔台，避免了一次返航和相应的经济损失。这是他经历和责任双投射的自动回馈。

大疫后的航班迅猛恢复，个别国内航线已超越 2019 年疫前，邵伟忙得跟陀螺似的。这天，一架浦东飞乌鲁木齐的航班（B737-800 型）起飞一小时后报告油量消耗过快，是不是有问题？又是波音 737！当班签派员经过比对，发觉油量消耗大于正常值，建议立即备降郑州。邵伟同意值班员的意见，飞机降落郑州。经地勤检查，核实是一根管子爆裂导致的漏油。

那边厢，浦东机场遭强对流天气覆盖，一批航班备降虹桥。邵伟要求下面赶紧安排的同时，仔细核对了西移的班机，看到了李强的名字——他从澳大利亚回浦东，现在落虹桥了。对李强而言不算个啥，四五十公里路程不用轰油门，反而离家近了点，但地面的工作呈几何级数增加，海关、边检、检验检疫需加派大量援手，有的专程从浦东赶来。

李强并不感到意外，这是雷雨季节常会遇到的，夏天的云雨一块一块，浦东雷暴，浦西天晴，应了俗话"田埂内外不同天"。李强近期多飞海外，澳大利亚、匈牙利，许久没从苏州河头上降落了，忽然就来了机会。然而，使他意外的倒是飞行路线，进近管制员安排他驾机从市区直插过来，而不必从北边的长江绕过。这可便宜了大半飞机的老外，能免费从低高度游览市区，这可是有人一辈子都难得的福分。

难整的"进近"

邵冠男就是安排李强飞行路线的那个人。

他没见过李机长，但没见面并不代表不认识，有些人的声音含特质，听过一两次就有记忆，一来二往就在电波里熟稔了。邵冠男是空中交通管制员，通俗的说法，就是坐在楼里通过电波指挥天上飞机的牛人。对于飞在空中的机长和乘务员来说，他们是"羽扇纶巾"的那些人。

今天，岗上的邵冠男发现李强驾机从墨尔本回虹桥，忽地灵光一闪：既然是一飞机的外国旅游者，为什么不做一把顺水人情，让这些老外从空中看一看大上海的摩天大楼，看一看

"一江一河"的壮丽图景？这些老外，时间安排只够在熙熙攘攘的人群中挤一挤，哪有运气去欣赏苏州河的精致，去中远两湾城的步道走一走？哪有机会贴近华政显露出来的几十幢历史建筑？充其量不过匆匆登上外白渡桥，瞅一眼沙漠色的上海大厦（原百老汇大厦），根本没机会从空中欣赏这颗蓝星上最现代化的都市。现在，就送他们一个。

邵冠男指挥李强机长按照1500米（市区飞行限制的最低）高度，稳稳穿过中心城区。这样的高度正是俯瞰城市山水的绝佳位置。他为自己的思绪变得抽象和艺术一阵惊喜。

李强似乎听见了月亮的笑声，驾机直接从市区穿往虹桥。

邵冠男所在的科室叫"进近"管制三室，很专业的名字、专业的岗位，简单地说，就是专门给天上的飞机在空中排好队，沿着长五边（跑道的后端延长线）向机场接近。然而，指挥飞机这盘棋属于系统工程，复杂与强度令行业颤抖，要厘清它还真不容易。

空中交通管制（指挥）这个活，外人很难理解，听了也是颠顶懵懂。一般乘客的眼里只有机场塔台（最高建筑），以为天上的飞机都是塔台指挥的，甚至少数小乘务员也有此迷乱的错觉。不错，"塔台"是指挥飞机的场所，但它的"权力"有限，只指挥飞机的起飞和降落——如果从飞行高度区分，"塔台"指挥从地面至600米高度的飞行器；"进近"负责600米到6000米之间（中高度）航空器的指挥，让四面八方来的飞机在空中排好队，沿着跑道延长线慢慢降低高度；再往上就是"区域"

（国外叫航路），主要负责 6000 米至 13000 米之间（高高度）的飞行指挥。空中的航路是划分高度层的，每 300 米一层，共分 13 层，这相当于地面公路上的车道，不过车道在地上，平面的，高度层在空中，上下的；在同一高度层，飞机只能前后飞行，不能后机超前机，不能对头飞，也不能横穿；"区域"的指挥员类似于接力赛跑的运动员，前面人指挥了一段，马上交给后面一位，棒棒相传，将航路飞到尽头。中高度进近和高高度航路的工作人员有七八百，塔台里容不下，他们可能在青浦朱家角苏州河边的一处密林深处，也可能在浦东的一幢硕大办公楼里，凭借先进的有线和无线通信、地面和卫星导航、雷达监视等手段，每天指挥着成千上万架航班。

"进近"两个字同音，常见字，但组合成一个词语，用在航空管制上，又显得无比专业。啥叫进近？字面的意思当然是进来、接近的意思。如此理解，无疑是片面的。简言之，进近是夹在航路和塔台之间的一截"小路"，上面受航路容量的制约，下面受塔台忙碌的影响，是"两头受气"的一个角色，如果作个不恰当的比喻，进近这段道，就是从高速公路下来到车站之间的那条最难走的羊肠小道，而邵冠男他们就是在这段路上管交通的"警察"。依次类推，车站相当于塔台，航路就是高速公路。进近的活过于烧脑，以致有"男人当牛使、女人当男用"的戏言，吓得当年本就不多的几名女管制员逃去了塔台。但近几年，也有些"不怕死"的女学生毕业后来到进近，和男同胞并肩扛起这惊心动魄的岗位职责。

二级精锐管制员邵冠男就收了这样一名女徒，这是他的第三位弟子，前两个都是男的。新来的女弟子小杨毕业于民航大学，来自遥远的新疆喀纳斯。和苏州河向东流进温暖的太平洋不同，她的家乡有一条额尔齐斯河，一路向西而北流入寒冷的北冰洋。

小杨看到屏幕上这么多飞机挤在狭小的空间里像蜘蛛一样移动，头皮就发麻，说话带着塞外人的率直："师傅，这么乱，怎么整成一条线？""所以你们要先实习，先跟班。"邵冠男淡定地说。"一两架飞机好说，这飞机一多，就要上升下降、穿插，要拉开间隔，不同机型的尾流大小还不一样……"小杨妙目迷离，细声嘟囔着。

邵师傅懒得理她，顾自发出指令，将一波飞机从无序变有序，沿长五边在空中排成一溜。在小杨眼里，一架架飞机就像大海中漂着的浮木，要将它们收拢整理，防止被海浪冲走，乖乖地漂向一个安全岛。这绝非即兴演出，而需要绕过一个个"岬角"，难怪管制行业至今还延续"师带徒"的古老模式。除了按计算机编好的程序，更多的需要经验。如此看来，人工智能想要替代人类，那是捏鼻子做梦。

邵冠男连续发着指令。这个 30×30 公里的（指挥）扇区又进来 9 架飞机，分别从东、西、南、北方向来，有高有低，有中型机（A320、B737）、重型机（B777、A350），还有支线机。按照"点融合法"，他将它们统一放进眼中的"圆弧"，然后从弧里的一个点出去排成直线，再交给塔台管制员。

"点融合"进场法，是进近部门研究并使用的提高空域利用率的新招式，目前只有上海、广州、深圳三地使用。先是指挥入场的飞机进入一个弧线区域，按照弧线上任意一点到圆心距离相等的原理，让进场的飞机在"弧"上边飞边等，管制员根据机型尾流间隔（重型机间隔9公里、中型机6公里）安排飞机飞向融合点，依次加入排队行列，沿长五边排成一溜，移交塔台，降落跑道。

　　邵冠男等人做到二级管制员已是高手（最高为一级，基本是凤毛麟角），属于"有经验"一族，也被90后、新来的00后尊为前辈。邵前辈1986年出生于河北衡水，当年高考填志愿时，翻到中国民航飞行学院两个专业透着"妖"，一是热力学，二是空中交通运输专业。看到空中交通运输专业后面的括号里有"空中交通管制"的说明，也不知具体干啥，但标注的门槛不低，对身高、视力、英语、数学成绩等要求最高，听着名字也霸气，就填它！一晃，十四年过去，进近管制扇区增加到12个，翻了一番，日均航班量2800架次，是十几年前的2.8倍。进近范围，以虹桥与浦东机场的中间点为中心，直线半径100公里，除了虹桥、浦东两场，还兼顾南通、无锡的起落，杭州、舟山、常州、南京等地航班的飞越。

　　小杨来了以后发现进近管制室颜值爆棚，主任王文波、夏松本身是帅哥，在他们的示范效应下，产生了一大波俊男，包括师傅邵冠男。不过，帅哥多不代表活就会轻松，天气就会帮忙。一会，浦东又遭强对流覆盖，一些快落地的飞机不得不改飞虹桥。二十四节气是中国特有的发明，忒神奇，这不，小暑前后的天比婆婆的脸还善变！

小杨盯着气象雷达图上红色的区块，哑声对师傅说，有一架浦东转过来的东欧 B777 航班，是不是也让他们瞧瞧上海的美景，从低空瞧瞧黄浦江、苏州河？邵冠男抹了抹前额的细汗，说满天的飞机都指望虹桥，咱扇区一下涌进 12 架航班，哪还有那心思？按最近的路排队，尽快落地，说不定过一会虹桥上空也会乌云密布！来不及的先去别地备降，或在西边盘着。他瞅了个空隙对她说，你当下就是个"哨兵"，发现情况报告，先别出馊主意！小杨碰了半鼻子灰，不敢吭气，转身拿了杯速溶咖啡递给他。

邵冠男眼观八路，耳听多方，嘴上不停地发出指令。浮在天上的飞机有的快速进弧排队落地，有的升起翅膀向外飘开。邵冠男忙而不乱，用十多年练就的神功很快控制住了局面。忽地，他的耳麦传来一个相识的声音，那个带点不明显的皖南口音的机长分明是局方试飞员赵志强，今天他没有开试飞的机型，而是驾驶着吉祥航空的商业航班从北方回程。

他和赵志强并不熟悉，也是在波道里隔空建立的"友谊"，但从网上、报纸上了解赵哥的不少"英雄事迹"。不过，他对赵志强的兴趣首先来自对国产商用飞机的兴趣。

邵冠男的师傅、师傅的师傅经常会骂骂咧咧，却是微言大义，说指挥了半辈子飞机，尽是外国造！天上哪有中国人的大客机？号称世界第一制造大国，漫天全是外国机，当咱管制员的眼睛不好使？

终于，情况正在起变化，国产支线机 ARJ21（业界昵称"阿娇"）已经投入航线，第一、二架 C919 大飞机也开始了虹桥与成都的往返。前几天，他专门让小杨数了数"阿娇"执飞的从上海进出的航班，一天竟然达到了 16 班，从上海分别飞往岳阳、揭阳、桂林、南昌、潮汕、石家庄等地。如今，"阿娇"已经出海，在印度尼西亚翎亚航空（雅加达至巴厘岛航线）表现抢眼，不但超过 B737 日均飞行 8 小时纪录，而且高峰时一天干13 小时，被老外当小黄牛使，显得骨骼强劲。

在国产商用飞机的漫长征程上，赵志强作为试飞王子，劳苦功高。

试飞机长

赵志强早已是新闻人物，却也从苏州河边起飞，从航线机长走上试飞机长，飞向远方，飞去海外，飞出了无数秘密。

相比李强的航线机长，同样握驾杆的试飞机长赵志强飞得凶险，飞在悬崖边，充满了风险和不确定，是常常踩踏安全包线（红线）的那个人。

赵志强 1974 年出生于安徽泾县，飞行学院毕业后进东航当机长，出于"喜欢高难度挑战""体现不一样飞行"的追求，报名参选试飞员。因年轻、飞技强、英语底子好，在高淘汰率的选拔中胜出，来到民航审定中心当试飞员。其间，曾去国外试飞员学院培训，获取相关资质。

采访上航李强机长的前一天晚上，2023 年 7 月 7 日，我还和志强机长通过电话，他在呼伦贝尔，电话信号时好时坏。此前，我就支线机 ARJ21 和大飞机 C919 几次采访过他。

大众对试飞员的了解，更多的来自 C919 的首飞。2017 年 5 月 5 日下午 2 点，国产大客机 C919 从浦东机场四跑道拔地而起，首飞成功，蔡俊、吴鑫以及观察员钱进（试飞中心主任）等五人机组一战成名，媒体流量一路飙升。其实，在我国的民机试飞领域，活跃着三支试飞队伍：一是中国商飞试飞中心的试飞员，属于申请人试飞，其任务是将自家研制的飞机飞起来。二是民航局方的试飞员，他们代表社会公众对生产出的飞机进行审定性试飞。虽然 C919 进行了申请人（制造方）试飞，但局方不能信你王婆卖瓜自己说好就好，第三方将对飞机进行全方位的审核和试飞，看它是不是符合适航审定条款的全部要求，尤其是对失速、最小离地速度、最大刹车能量、大侧风、积冰等高难度科目，必须由赵志强他们主导完成。三是国家试飞院的试飞员。位于阎良的中航工业试飞院成立早于前二者，诞生了赵鹏等一批优秀试飞员，他们可根据工作需要，既能代表申请人试飞，也能代表局方试飞。尽管有三支队伍，但局方的审定试飞要求最严，是公众安全的最后把关人。在国产支线机 ARJ21、大客机 C919 的高风险试飞中，赵志强等人独占鳌头。

飞行和每名飞行员发生着相同的联系，但在不同的飞行员眼里很不同。"阿娇"是中国民航第一次根据《运输类飞机适航标准》（CCAR25）的 400 多条款对一款国产喷气客机进行全面审查试飞，其中失速试飞是"阿娇"适航取证征程中的拦路虎，属一类高风险科目。为取得充分而可靠的数据，失速科目需要飞 40 架次，每架次 2 个多小时，涉及 190 个试验点。赵志强要求唱主角，凭着一双魔术师一般的巧手一人完成了 25 架次 50 小时以上的试飞，因此获得了"失速哥"的称号。他在空中不停地翻滚着，与白云共俯仰，与山川同翻卷。

天上的飞机，一个发动机"歇菜"是天大的事，称为严重事故征候，这些外界听来不得了的情况，在赵志强眼里根本不算个事，也可能当成"儿戏"。据他回忆，他带"阿娇"在高原、高高原机场（海拔 2438 米高度以上定义为高高原机场）试飞，在满载（最大起飞重量）、冷发动机的前提下单发起飞，单发落地。在缺氧的格尔木机场，他一天驾机十个起落，在飞行中关停发动机十次，也就是说，飞机在飞行期间关闭一台发动机留一台工作，再打开，再关停，再打开，重复十次。双发的飞机一台引擎停摆，飞机的载重、高度性能都会跟着下降，不但考验飞机的品质，也极大考验驾驶员的技术和心理。

"阿娇"的适航取证路上，还有两大难题横亘面前——30 节以上的大侧风和 3 英寸厚度的自然结冰验证。前后几年，试飞团队在嘉峪关上下、天山南北苦苦寻觅，始终难遇，折戟而返，不得不遵守"国际惯例"，去北美五大湖地区寻找"冰原"，去荒凉的冰岛等待"风口"。

纸面理论有时是灰色的，而"国际惯例"往往滑向反面。

虽然五大湖上空是世界商用飞机试验自然结冰的天堂，但"阿娇"到了那儿，连续飞行和等待二十几天无果。就在大家签证快要到期的前一天，志强驾机在湖面上方寻见了一片靛青色的厚厚云区，云顶高和飞机的高度接近，气温在 −15 ℃至 −10 ℃左右，阳光照在云顶上折射出的眩光使他陡然感到云内水汽充足。这时，传出机上试飞工程师颤抖的声音："赵机长，机载仪器显示，机外温度、水汽颗粒含量、颗粒直径均满足结冰规章的要求。"听到这话，赵志强不及细想，立即向航空管制部门申请相关的试飞空域。

和航班飞行不同，航班飞行是要避免进入结冰区，发现机体冰层须尽快除去；试验飞行正好相反，期望尽快结冰，并且让冰集聚起来，不能短时间脱落。面对千载难逢的机会，志强岂能放弃？他迅速驾机爬升高度，去更寒冷的空中让冰结实结固，确保在后面的飞行科目中脱落面不超过三分之一。上升高度后，赵志强一气呵成，在返程油料告警前先后完成了大高度盘旋、结冰状态下各个构型的失速飞行。这时，他只关心两点：一是快速完成所有飞行科目；二是维持 3 英寸的冰层不落，在结冰条件下的飞行状态是否正常。结果：完美！

2019 年去冰岛的大侧风试验，也是他掌舵，多少带有北欧童话的味道。更像月球地貌的冰岛常年产风，各国飞机也常去凯夫拉维克机场验证大侧风下飞机的安全性，但志强他们到达时，这里变得风平浪静，连中方大使馆的人都说："风故意跟你们作对，没来时，天天飞沙走石，狂风大作；你们一来，大风歇了！"也就在大家煎熬了21天，出国签证快到期时，终于等来了一个风口——平均侧风33节以上、瞬间50节的机会。这天，赵志强和他的伙伴们进行了六个起落的测试，数据远超标准。

赵志强完成试验落地时，天上降下冰雹，身后升起彩虹，金光霞彩。至此，"阿娇"最后一项强侧风下的飞行限制被解除，飞机具备了在高原、高高原、高温高湿、自然结冰以及大侧风等全部特殊气象环境下的运营能力。如果说国产喷气机的成长是一个艰难磨人的过程，那么赵志强就是那位最有资格的亲历人。

王牌试飞员赵志强既是工作，也是历险，他不是军人，却完全按打仗的节奏干活——他一个人完成了C919适航审定40%的飞行量。2021年冬，C919处在适航取证的关键时机，国内的疫情防控也是云谲波诡，无穷尽的核酸检测和14天隔离仍阻挡不住赵志强做个坚定的逆行者，不破楼兰誓不休！11月22日，他刚从西安归来又要西行，因为陕西一带可能出现难得的气象窗口。然而，这时的西安已进入疫情高峰，每日确诊180例以上，国人谈"西"色变。赵志强有过七年前五大湖积冰试验的经历和经验，不愿再浪费一个冬天。防疫部门的电话打到他的手机上，调查他在西安的行程码。他礼貌地说对不起，马上又要去西安了。对方惊讶地问，你是白衣战士（医护工作者）驰援西安吗？他说不是。那是干啥？你属虎，难道真的以为自己邪魅狂狷，是一头啥也不惧的老虎？也不是，但的确有要事。啥事比防疫还要紧？他只得说自己是试飞员，去给大飞机C919

试飞——气象窗口期如同战机，可遇不可求，一天也贻误不得。对方听懂了他全部的意思后，终于向这位坚定的"逆行者"致敬。

回到西北，局方第一虎将赵志强开始"大闹天宫"。一个月内，他在陕西、湖北、四川的交界地上空寻找大积冰的气象。他就不信了，偌大中国，难道找不出一处符合自然结冰的试飞场，非得去国外？疫情几年，不便签证出国，况且上百人的团队出去成本高昂。他日夜兼程，已将优秀打造成了一种习惯。他在陕、川、鄂广阔的天空中飞行数十架次，完成了系列高难度高风险科目，最终在安康上空成功捕捉到符合规章的 3 英寸冰层厚度，凭超一流的硬实力，为国产商用飞机突围出一条立足国内领空测试自然结冰之路，填补了一项极不寻常的试验空白……

赵志强没有兴趣抚摸旧时光，只顾风雨向前。他手上每一次的试飞路演，将成为日后 C919、C929 机队驰骋长空的一次次彩排。

2022 年 9 月 30 日上午，习近平主席在北京人民大会堂会见 C919 大型客机项目团队代表，充分肯定 C919 大型客机研制任务取得的阶段性成就。合影时，赵志强作为局方顶流试飞员站立第一排。这天，他身穿黑色飞行机长服（衣袖五条杠），配一条深蓝色领带，头发锃亮地向上向左撇去，1.78 米的个子足足比左首的审定中心副主任张迎春高出一头，英姿勃发，热情洋溢。毕竟，当场聆听国家领导人的讲话并合影的机会一生难求。

志强的工作似在钢丝上走路，也像在鸡蛋上跳舞，舞要跳出姿势和水平，却不能将蛋壳踩破。现在，世界瞩目的C919已经交由东航商业飞行，一天两班的虹桥至成都往返一票难求。驾驶MU9197航班的不是赵志强，是航线机长，也许双方还认识，航班从北面起飞或落地时能清晰地和苏州河低空相会。

　　试飞之余，志强也飞飞航班，吉祥航空的国内航班，一个月四班，大多落地虹桥，每年二三百小时，维持商照的资质。实际是多余，可飞无限机型的试飞机长，还用偶尔飞商业航班来保持资质？

　　然而，赵志强的试飞"永远不会结束"，除非他告老还乡了。C919的30节大侧风试飞已经在锡林浩特成功，但还要继续试，向30节以上的包线挺进。作为后起的中型大客机，大侧风的安全包线至少要超越B737。此外，每一次适航条款的更新、飞机设计的更改、设备与材料的迭代、市场驱动带来的变化，反映在飞机上，都需要试飞来进行符合性验证。如此看来，哪怕没有新机型的出现，志强的试飞也只有起点，没有尽头，况且，中国商飞的C929已在路上，C939也擘画在航空人的心中。

　　中国大飞机和目前蓝星霸主波音、空客三分天下占其一的制空遭遇战已经开启，这已是明局。中国的航空工业被迫卧倒、蛰伏了半个世纪，终于闯破封锁铁幕，健步进向头部市场。

无限风光在船头

古人有云：山主仁，水主智。

水啊水

2023 年的劳动节，我做了一名专心的劳动者——码字整天。倒不是自己有多勤劳，主要是不愿在假期的人堆中挪动，给别人添乱。却也不断有消息弹跳进来，其中最感兴趣的一条是苏河游船中山公园码头启用了。

早就听说，船游开启半年来，苏河水贵，一票难求。打听下来，倒是不假。一番自我激动后，就从手机屏点入进去，看到了更多内容。中山公园码头是继外滩源、四行仓库、梦清园、长风公园后，"悠游苏州河"水上航线启用的第五座码头。码头开启后，既可连通全线大循环，也可单独自成小环线，不受潮涨汐落的影响。小环线路：中山公园码头、中山公园、曹杨路桥（经过后掉头）、武宁路桥（远观）、苏河驿站清水湾、回归中山公园码头。游客在这一陌生线路上可观赏苏州河两岸不同时光的历史纹理和文化肌质。

和其他码头不同，中山公园码头采用的是船结构，乘坐游船的市民可从陆域沿河步道通过钢引桥到"船"，"船"上的布置如同一座水面上的候车站，安检、站务用房、候船休息座椅、遮阳顶棚、救生圈等设施一应俱全。小环线的噱头是游客完成船游登岸后，可以无比贴近华政园内"十美景"和"双七十"文脉，也实现了中山公园区域滨水公共空间"水、陆、园、校、桥"的一体化融合。

且不说我手头正好在写水上航行的文字，对于水和船，有一种天生的亲近。虽说《论语》有"智者乐水、仁者乐山"之说，总觉得山庄重、厚实，深藏不露，水辽阔坦荡，显得轻柔、流畅。

水和水路，一直是我小时候美好的梦影。我的家乡就在蓝色的富春江畔，像有些喜欢炫耀人士的说法，硬要将自己家乡请几位古人来装点门面的话，也是有名有姓的，譬如吴国的君王孙权，出生地离咱家不足十里；现代文学家郁达夫，他家的松筠别墅就在富阳的鹳山脚坡，面对一江春水的日夜东流，旁边的岩石上还刻有北宋第一书法家苏东坡在杭州做官巡游此地的亲笔题词"登云钓月"。我从小读着郁达夫的游记长大，《钓台的春昼》《超山的梅花》《东梓关》等发生地都离我家不远。达夫先生的比女性还细腻的感伤笔调是现代文学中的一朵奇葩，也是我少年时代文学梦的开端。遥想当年，在三十六分之一录取率的高考争夺战中有幸中榜，西去武汉上学，就是走的水路——从郁达夫笔下的东梓关码头上船，坐轮船到杭州，转火车往上海，再从十六铺登上名噪一时的"东方红"号客轮，溯江而上，前后小四天到达汉口，听见了江汉关悠扬的钟声。现如今，富春江上的江轮早已被车轮和铁轨挤上岸去，长江之上曾风光无限的"东方红"客轮也失去了踪影，但苏州河上的游船来了，悠闲的水上观光来了，年轻人、小孩子、老年人共同流动起来。

半年前听说苏州河游船开通时，就被它的魔力吸引，尽管没有乘上第一班船，却也从他人的视野中听到了第一手的喝彩。

汪家芳先生是著名的海上国画家，在第一届上海进博会期间参与创作巨幅青绿山水画《春风又绿江南岸》，实力碾压群芳。近几年，他凭借西郊宾馆"国家会客厅"的背景巨献《上海》，以及《浦东》《初心》《潮涌东方》等精品力作，名噪大江南北。他通过自己的笔墨，成功地运用中国画独特的视觉语言传达城市山水的新境界，陆家嘴竞相耸立的高楼、梧桐树掩映下的石库门，都是他画中的奇妙元素。2023 年 9 月，央视四台拍了他的专题纪录片《海派大画师》在全球热播。他这些年实在太忙，还没来得及启动计划中的"一江一河"巨幅画卷，却在一年前作为受邀嘉宾首批体验了苏州河船游。

家芳先生游历过欧洲的塞纳河与多瑙河、俄罗斯的伏尔加河、埃及的尼罗河，再游家门口的苏州河，比较的语言尤其多。他在苏州河边居住六十余年，以前都是从岸望河，现在倒过来了，从河观岸，感觉两岸变化太大，变得太快，记忆中的东西少了，新东西多了。无论新与旧，苏州河的故事堆成山，说也说不完。

过了几个月，家芳先生带着家人又游了一次，其中有儿辈、孙辈。作为一个艺术大师级人物，他就是想让更多的少年儿童、年轻人了解母亲河的文化内涵和历史特质，在放飞心情的同时，听懂苏州河故事，看懂河上的晨曦和晚霞，读懂苏州河的过去、现在和未来。

"久事苏州河"

凯旋北路 1305 号，有清水湾大厦一幢，第十六楼为久事旅游公司的办公室，从这里可以俯瞰苏河湾 180° 的大转弯，可以俯瞰华政百年历史建筑群的全貌。在此，我采访了久事旅游苏州河公司的总经理洪朝辉先生。

久事苏州河公司的全称为上海久事苏州河旅游发展有限公司（简称久事苏州河）。洪先生身材魁梧，浓眉大眼，穿着浅灰色的粗花呢休闲西装，里面的白衬衫雪白。当我从高大结实的外表猜测他是北方汉子时，他开嗓的一口沪音却将我的臆想扑灭，他的实际年龄也没外表那么稚嫩，已五十出头了。因为来之前预先通过办公室沟通，他完全了解我的意图，十点钟后又有个会，所以还没坐定，他的右手已举起，口若悬河地滔滔了起来，倒也省下我的提问以及一段原本也是废话似的开场客套。

洪朝辉也算是个地道的"河上人",曾在属于地方海事局的苏州河上工作十年,对苏州河旅游的情况一清二楚。早在 2009 年,普陀区就成立了一家区属游览公司,由区属企业、浦江游览及一家民营公司三方合股,在普陀区河段开航做生意,具体由股东之一的民营公司负责运营。正如初次的试航免不了趔趄,由于管理团队原来做的是陆地业务,缺乏水战经验,经营连续亏损,到 2011 年左右基本处于停滞状态,输了个寂寞。这是一轮从摸索到跌入谷底的尝试。

"苏州河在逃避命运的路上,又和命运不期而遇,是不是?"我说。

"这样的事多了去了。"他说,"'船游'命运的反转已在十年后了。"

"苏州河的秘密,连苏州河本身也未必全知。"

时代的浪潮不断拍打着河岸。2021 年 10 月,市政府召开专题会议,研究苏州河水上旅游开发,并将项目派给了久事集团。因为黄浦江游览就是久事做的,自 1979 年起运行至今,四十多年不停歇,积累了富足的水上游览经验,现有 19 条游船,其中最大的"浦江一号"拥有客位 1000 座。2022 年 2 月,"久事苏州河"成立,五个月后开始运行,创造了当年启动、当年建成、当年运行的项目奇迹,何况中间还经历了四、五两个月的疫情封控、年底的一次"静态休养"。

作为久事苏州河的总经理,洪朝辉贯穿了建设、运行、管理的全过程。第一期建码头 8 个,造船 12 艘,其中 6 艘 20 客位的全景玻璃船，6艘11客位的敞篷船，纯粹的首创，上海第一批电动船。

"按市里的要求，港、航、票一体，都是我们运作与管理。"洪朝辉说。

"你们的生意链条够长，从水上伸到了岸上。"

"一期8个码头有5个在普陀，包括母港丹巴港（停泊游船），个别码头原先就存在，只要做些修缮，以单个一千万元的价格收购过来，其他的新建。"洪朝辉笑道，"游船码头用'简单'二字来形容恐怕不妥，码头没有售票处，基础设施甚至不如71路公交车站，因为连个遮挡风雨的顶棚和座位都缺乏，下雨天不得不打伞，路人也不晓得这里有个游船码头。"

"可以理解，苏州河游览是急事急办，特事特办，一等一的效率，有的设施可以慢慢补充。"我从经营者的角度说，"市民花一百元游苏州河，重点在观景，不在码头。"

我知道洪朝辉的久事苏州河属国有体制，由沿河五区加企业的模式构成，其中市属企业久事集团为带头大叔，占84%份额，普陀区占5%，黄浦、长宁、静安、虹口区各占2%，分别由一家区属企业出资。注册资本五亿元人民币。

"游船也是当年设计、当年建造，尤其是第一批纯电动船，无鉴可借，无处抄作业，20客位的每艘340万元，11客位的每艘160万元，由上海、常州、嘉兴三家船厂同时开建，按时交付。"

苏州河的目标定位是"世界级滨水区"，首期航线从苏州河外白渡桥至外环线，水线长度约 21 公里，岸线长度约 42 公里，绘就上海新的"水上会客厅"。目前开通中环线至外滩段。

你在船上看风景，岸上看你是风景。最好的风景还是人。

2022 年 9 月 16 日，苏州河游船试运行的前一天，上海市领导从四行仓库码头登上"梦清号"游船，一路检查水上航线开通准备工作，听取打造苏州河"水上会客厅"相关工作汇报，仔细询问水岸联动、景观优化及航线设计等情况。市领导指出，要精雕细琢做好水岸联动这篇大文章，以绣花般的细心、耐心和卓越心绘好滨水"工笔画"，既要保护好两岸历史建筑，设计好水岸"城市家具"，也要通过对水上航线、水上活动的精心打造，更好与城市风貌、建筑特色、两岸景致交相辉映。

人们对苏州河的惊讶，恰恰来自它对人类的惊讶。连洪朝辉都想象不到，上苏州河游船还要抢票。抢票？似乎是个遥远的话题，却实实在在地发生了，游黄浦江不用，游苏州河需要。

"从船票供不应求看，苏州河游览无疑是成功的。"我盯着他的眼睛说，"就像矛和盾的故事在上演，我想，你们已经在推第二期计划了。"

"既然市民有对美好生活的强烈需求，我们有什么理由不好好为大家服务呢？"洪朝辉对自己反问一句，"票难买，说明运力不足，首先得造船、增船。第二期计划建船 6 艘，比第一批的型号大，每船 35 客位，一条相当于头批船的两条。同时，根据市场需求进行苏州河全域规划——从安亭到外白渡桥，增加点位，平均一至两公里有一码头。"

"呵，结棍。既然有市场驱动，下一步，不如去行政化、去地域化，游船直上苏州，使苏州河实至名归。"我戏谑道。

"嘿嘿，那个，有点难。"他仰了仰脖子，显得激悦起来，眼光似乎看见了虎丘塔，"嗯，还是先将自己的事做好。苏州河航道狭窄，桥多且矮，易受潮汐影响，有的桥如浙江路桥，涨潮时游船通不过，一天和一天不一样，初一、十五也不同——看潮吃饭，需要精准设计航线和航段。"

"河岸配套、水陆联动亟须改进。路上的码头、驿站都要完善，可惜有的码头旁边就是马路，缺乏空地，推行起来困难重重。"他的表情回到凝重。

"关键是市场，有市场就有钞票，就有办法。"我说。

"嗯，人气这么旺，流量着实有些超出预期。"

"想不到这么多人喜欢登船，比浦江游还火。不过，苏州河游览重点看什么？"我迫不及待地问了一句。

"很多人这么问我，我也难以回答清爽。"他嘿嘿一笑，还是内行地说，"苏河十八湾，湾湾是风景。苏州河没有黄浦江辽阔，却如藏在闺中的良家女，也如幽静婉约的深巷，充满了未知与神秘，不像黄浦江的外向，一眼望到尽头。船游苏州河，到底看什么？"

"看水，看桥，看两岸，是不是？"

他摇了摇头，没有沿我的思路说下去。"苏州河与这座城市有不一般的情愫，上海自 1843 年开埠以来，先是依苏州河两岸展开，无论生活还是生产，慢慢再朝黄浦江发展，苏州河是上海名副其实的母亲河、祖母河。"

"一个城市总有一条伟大的河流与之相伴，而上海受上苍眷顾，竟然有两条。"我说，"苏州河、黄浦江交互取暖。"

"外地人头一次来上海，首先会去看黄浦江，譬如外滩，那是世界级的，殊不知苏州河是藏在上海人心底的宝藏，轻易不示人。上海的年轻人、年长者买船票游黄浦江的不多，却愿意花一百元游苏州河，且趋之若鹜。开始我也担忧，怕船开起来了无人光顾，变成一个冷场的失败案例，后来看到入场券趋紧，才慢慢想通。"

他故意卖了下关子，缓缓地说："原来，苏州河是深入沪人骨髓的文化记忆，是流淌在市民心中的一条奔腾大河，这也是年轻人结队、一家三代结伴游河的缘由。本地人来了，外地来上海的也跟着来，聚向了苏河热，也促成我们建造第二期游船的紧迫性。"

话虽不错，但他还是没有正面回答我的提问，也许他也说不清，世界上很多事情原本就很难说清楚。不料，他转了转脑袋，幽幽地说："苏州河东段可看的东西多，四行仓库、总商会、邮电大楼、外白渡桥、上海大厦、外滩源建筑群、江河交会处。西段呢？也不是没东西，除了围墙打开的华政历史建筑、串珠成链的众多工业遗存，看上海城市的发展轨迹，看新时代的升级变迁，看市民和游人漫步苏州河两岸的生活脉象和人间烟火气。"

"这是一座流动的窗口，也是上海第二处水上会客厅。"

海事局管海，也管江和河。黄浦海事局政委陈洪国所在的辖区管理着黄浦江的航道和水上安全，他对此有不一样的悟读。

"一江一河还是有区别的，黄浦江属于对外的会客厅，大气、张扬、浪漫，有风骨有文化，苏州河则显得内敛和婉转，有思想有气质，时常让人看不透猜不出，就像文学中描写的细节，诗情与炊烟迸发，属于上海人真正的后花园。"陈洪国的话语无疑带着深度思考。

"一江一河"办公室

"苏州河风姿绰约，塑造了上海的精致。苏州河游览是新生物种，先开起来，会越办越完善。"陈丽红说。

"苏州河汇聚了人间烟火和文化高处。"我回应了一句。

海纳百川的城市崇尚创新，外地可没有"一江一河"办公室之类的政府机构。

陈丽红是上海交通委属下"一江一河"办公室浦江处的一名年轻副处长，自始至终关注、呵护着苏州河旅游的成长。她所在的浦江处，听起来专管一江，实际是管着一江连带一河的。

写作者需要千方百计寻找与别人的不同，体现所谓的自我、独特或者叫创意。陈丽红心有灵犀，似乎早已料到了我的用意，也就不需要另外的提点或诱导，已描述出幅幅图景摆在那儿等我。

苏州河和黄浦江的航运有太多的不同。黄浦江航运是开放性的，是内水的重要航道，保留了货运功能，水上航行的船突突地开个不停，有运黄沙、石子、机器设备，也有游轮——一二层的客运游船在开阔的黄浦江上显得小巧而小众。若干年前，苏州河的弯曲和灵巧早已赶走了慢吞吞的货运，让位于单一的客运。眼下，静静的苏州河静静地流淌，水上走的只有游船，外加偶尔巡逻的公务船，尽量让给这条河和两岸静谧和诗情。

同是游船，有大有小，有高有矮。大江大船，小河小船。黄浦江上不乏大邮轮，从外海驶来，泊在吴淞口，也停北外滩公平路码头。曾经繁华而繁忙的十六铺码头，是长江、沿海航线客轮的起锚地，如今"东方红"客轮已无处寻觅，驶往广州、马尾、青岛、天津的客船也已远去，代之的是活跃在杨浦大桥和卢浦大桥之间的短线游船，每艘船的醒目处标有大银行、大企业的斑斓广告，商业味十足。和苏州河游船不同，外滩启航的游船，虽然航线长度不如苏州河，却是船高体宽，设有餐饮、酒吧等一流设施，适合花花世界的红男绿女，迎合霓虹灯下的七彩夜游。

风险也是有的，一江一河游览产品的不同，蕴含着不同的风险。黄浦江上有大船小船，也有货船，百舸争流，发生碰擦等事故的概率也较苏州河为高，况且前者的管辖权超越了上海，上升至国家层面，很多事由海事局监管，而苏州河航运由上海市交通委管辖。

浦江游览已发展了四十余年，运行与服务游刃有余，上海与外滩的金名片引领着游人走过一年又一年。苏河游起步不久，产品与市场逐年发育，成型、成熟的产品才登台，成熟一块上市一块。

洪朝辉的担忧同样是陈丽红的担忧，咱小老百姓的担心政府自然看在眼里。对于苏州河游览配套的软脚，"一江一河办"已和上海市文旅局合作，对接五个沿河区，开动谋划和设计。按照打造星级站点的标准，完善岸线基础设施，增加驿站，包括洗手间等细枝末节都张罗在内。久事苏州河已和四行仓库合作，租用四行博物馆的旅游设施，改造成苏州河游客服务中心。

陈丽红如同游客，对未来充满期待："苏州河已经形成了独立的时空。苏河船游辉映的是当代性，往后，夜景灯将得到进一步提升，释放出更加迷人的光芒。随之，有可能开通夜游。"

外滩源的"外来人"

苏州河游船尽处，便是外滩源。

小时候的外婆家

妻子的父母都是奔波在外的地质队员，她从小随外婆生活，住在离外滩源不远的苏州河南岸。勤劳的孩子早当家，小学三年级时，她已能帮外婆外公赶早买菜。当年凭票供应，鸡鸭鱼得根据人头、户口才能分到，而且数量有限，早去早得，去晚了跑空。她一般在凌晨三点半起床，四点钟出门，一手竹篮，一手淘箩，嘴里哼着"映山红"之类的小调给自己壮胆。苏州河畔黑黝黝，路灯时明时熄。她暗暗做着深呼吸，一路小跑去往北京路菜场，偶尔瞧见灯光下自己的影子，跑得更快了，以为有人在后面撵。当中路过一个倒马桶的场所，虽然臭气熏人，却灯火通明，使她心中略为镇定。

菜场那头，已有起得更早的大妈阿婆在排队。她先是在买蔬菜的摊头前扔下左手上的那只淘箩，对前面的说："阿婆，我排侬后头呵。"赶忙去另一摊头前排队买其他的。有时怕篮头丢失,不知从哪旮旯找来半块红砖,放在一位阿姨身后,不忘打招呼:"谢谢阿姨,我排侬后头呢。"几支队伍里的菜买好回家,天已破晓。

按三代入沪历史计算,她已是地道的"老上海人"。爷爷生在浙江桐庐县景色秀丽的深澳古镇,年轻时来上海打拼,在当时浙江籍占优的民国年间,成为国民党元老张群的副官。国民党败退台湾时,张群以一套法华镇路的别墅相赠,爷爷婉拒,也不愿去台湾。"文革"时期,为躲避横祸,爷爷奶奶回浙江老家居住,直到离世。妻子父母干的地质,满世界的勘探,只好将娃托付给外公外婆。她是个十分"填债"的孩子,从小晓得帮大人分担,小学起始,就能买菜汰衣烧饭,后来随外婆家离开苏州河,搬到了南京东路广西路口的一幢二层老房子里,四十多平方米的使用权房。我们在八十年代末结婚时,还在那儿住过,直到单位分房。

我是个"外来人",老家也在浙江,杭州富阳,和深澳只隔着一条溪水。不过我是新上海人,高考出来,在亲戚的介绍下和她相识、相知、心意相照,最后步入婚姻殿堂,一切水到渠成,波澜不惊。我们也是(经人介绍)自由恋爱。而传统的"媒妁之言"一旦赋予时代意义,和自由恋爱并不矛盾,月下老人的角色不过是做个双方的牵线人。现在的网上相亲不也有"月老"?只不过将月老或媒人换成了网络。传统的不见得都迂腐,现代的也不代表就是领先,传统文化就是要传下来、统下去，当然需要去芜存菁。

常忆起在她外婆家住的一段时间，很是满足。虽然是老屋，但相比周围已算中上，首先得拜上代福荫，居有其屋；其次是地段优越，她去外滩源的华东电力设计院（北京东路668号，近圆明园路）上班，也只要走着去，甚至都不需要骑单车。缺陷是没有独立卫生间，每天早上需要倒马桶，苦了女同胞（一般男人不允许干这活）。

住在外婆家的不长时间里，使我体会了一把上海弄堂文化的妙处。我虽来自外地，但江浙同系吴语方言，加上岳家沪人，使我很快能讲一口沪语并融入"弄堂"。这里住着不同的人家，有三代同堂，也有四代同堂，讲话口音有宁波人、绍兴人、无锡人、苏州人，也有稍远一些的苏北人，大热天，晚饭后大伙在弄堂口乘凉摆龙门阵。上海，江浙的基因是植入骨髓的。

后来，儿子出生了。在幼小的一段时间内，曾随妈妈上下班，早上将他寄放在北京东路的单位哺乳室，下班后接回去，也算和外滩源结下不解之缘。直到"外滩源工程"启动，华东电力设计院大楼属于"源头建筑"之一，被"保护"了起来，妻子和单位的人马不得不搬出外滩，去往武宁路中山路的新楼办公。

女青年会大楼

我的家乡在上海有个"企业家和知识分子联合会"，前者是浙江老家在沪的企业家，后者主要指上大学后留沪的各界知识分子（也有从外省市转过来的），称为上海富阳商会，属于正式登记，经富阳市（现为杭州市富阳区）政府批准成立的社会团体。商会是一个松散的组织，主要开展一些商业交流、乡友联谊，为"外来人"在上海搭建起另一个"家"，也是家乡政府对外招商引资的一个平台。平心而论，浙江各地的商会依法组织、活动正向，对企业的发展起到了积极的促进作用。

2022 年冬天，有乡人来，现任会长、上海澳海控股集团掌门人喻祖洪先生组织部分会员小聚。疫情三年，大家相聚的机会并不多。祖洪会长和孙丙文秘书长在外滩源选了个场子，想让大伙瞧瞧"一江一河"夜景。既然乡友来自风光明媚的富春江畔，那乡人在沪上选的也必须是临水的明媚佳境。去了才晓得，这里原来是 1933 年建造的女青年会（民国时期）大楼，我们茶话的七楼是当年宋美龄的一间办公室，能摆下三大张"圆台面"，从东面的阳台外观，可以看见苏州河和黄浦江的交汇，看见黄浦江对岸的璀璨灯火，以及东方明珠、上海中心等摩天大厦的竞相耀耀。

在座的有商会首任会长、现为名誉会长的上海华滋奔腾控股集团董事长王士忠先生，名誉会长、复旦大学文物与博物馆学系主任陆建松教授，上海财大副校长王洪卫教授，以及常务副会长孙国强、董大根、周云堂、孙丙文、苏飞等等，不一一列举。

接待客人是一方面，大家借机一聚才是真——和小时候一起玩泥巴的伙伴在异乡相聚何尝不是一种幸福？毕竟，来上海的家乡企业家和知识分子是有所作为的。

第一任会长王士忠，1964年出生于浙江富阳，长相儒雅，为人谦逊，头发黑亮，外表颇像一位教授，干的却是企业。在家乡，他做建筑和地产起步，在富阳市区开发出以音乐家名字命名的楼盘"肖邦"，口碑良好。随后在依山傍水的富春江畔开辟以排屋和别墅为主体的"绿城玫瑰园"，获得成功。

"奔腾"企业一旦拥有了稳定的后方阵地，下一步应该是"走出去"。和许多浙商企业一样，理想的桥头堡当然是毗邻的上海，吸纳八方、吞吐四海的上海，江南精英乃至全国人才荟萃的上海。

本世纪前后，王士忠正式来上海谋发展，因为有了相应的基础和经验，他不需要从打螺丝钉开始，但还是采取了稳中求进的发展路子，果断选择逸仙路2816号为大本营，注册成立了上海华滋奔腾控股集团，并渐渐明晰出几大经营业务。老本行工程建筑和地产开发不能丢，为此，在集团本部打造出两幢24层的双子楼，作为公司的"旗舰店"。与以往不同的是，他在上海开发楼宇没有延续传统的住宅，也没有当作一般的商业，而是紧贴时代脉搏，拥抱数字经济，规划了以科技信息企业入住为核心的上海移动互联网创新园。按园区党委书记周萌的话说，华滋奔腾以当好超级"店小二"为己任，已成功将"双子楼"打造成了一个平台经济特色产业园，进入单位全为信息科技企业，其中高新企业48家，即使在困难的三年疫情期间，入住率也维持在 85% 以上，年上交税收 10 亿元。此外，奔腾控股竭力为园区企业服务，引导企业在垂直领域深耕，至今已有多家企业准备上市。时任应勇市长来园区视察时，对奔腾平台经济特色产业园的做法给予了充分肯定。陈杰副市长（原宝山区委书记）更是多次前来园区参观、指导工作。华滋奔腾移动互联网创新园对口支援云南曲靖，投入扶贫资金数百万元。

王士忠是一位从实践中成熟起来的企业家，却也不忘自我充值，曾参加浙江大学经济管理类研究生课程班的学习。融入上海后，专门去复旦大学进修，获得 EMBA 毕业证书。他不迷信来自课本的理论，但理论可以带来比较并修正实践。

王士忠没有重复以前的老路，走的是一条创新之路。金融、地产等行业虽然爆发快，但中国是发展中第一大国，仰仗的是工业和实业，工业是立国之本，强国之根，工业强则国强，实业兴则国兴。作为一名企业家，王士忠无疑是讲大局、讲奉献的，思维具有时代穿透力。在他的内心，永远有这样一个心愿：国家兴旺，企业有责！企业的发展应该和国家的导向同频共振。他外表温和，内心刚毅，谋定后动，雷厉风行。锚定工业后，他选择了和法国企业合资的形式，在扬子江口的启东一侧重锤砸下 20 亿元资金，从制造天然液化气特种设备开始，到建造五万至十万吨级的金属罐运输船；从引进、吸收外方技术起步，到自我创新突破，终于摘下山顶上那颗红艳艳的桃子——华滋奔腾船业公司建造的金属罐液化气船领先全国。目前，集团下属工程建设、工业、房产、综合等四大板块下的十几家公司运行良好。四年前，集团旗下的华滋国际海洋（轻资产）成功在香港上市。

王士忠眼镜后面深藏着智慧的光芒，他渐渐华丽转身，"隐遁"林泉，隐水于海，藏木于林。只参与集团重大决策，将直接管理让给职业经理人，将从家族或合伙类脱胎而来的民营企业向真正意义的社会企业蝶变，自己成为集团的战略把关人和"精神领袖"。他的目光穿透着时空，分明已从一个企业家上升为一名智者。他乐在稼穑，苦盖花圃，多留点时间休息和思考，借时代的山水，考虑集团五年、十年后的未来，思考企业五十年、百年后不倒的精髓和奥秘。

舒枝展叶

如果说王士忠采取了多方出击的战法，喻祖洪、董大根等企业家痴心不改，仍坚守在城市化进程的主战场，几十年风雨无阻，赋能全国城市面貌的脱胎换骨。

喻祖洪的澳海控股集团位于上海金沙江西路 1555 弄 21 号，苏州河在它的南边绕了一个弧形的大弯，将它轻轻裹卷在了里面。与一年 300 亿元产值相比，澳海集团的办公大楼和掌门人一样显得低调和谦逊。

喻祖洪比王士忠小了三岁，杭州大学地理系毕业，却没有去研究地理，而是做起了生意干起了实业。他头脑灵活又富有

271

魄力，二十四岁就当上了一家公司的副总，是一位出道赶早的青年英才。1998年出来创业，创建富阳三江房地产公司。他人在江南赶上春天，随着我国加入WTO和城市化的两轮驱动，地产业斩获颇丰。从青年时代开始，他似乎就为创业而生，爱工作胜过一切，闲着会萎崩。2004年，喻祖洪走出大本营，向外讨生活、讨发展，开始在上海、杭州、重庆、长沙等城市开发市场。2007年成立澳海控股集团，不久将总部迁入上海金沙江西路，从此以上海为依托开枝散叶，布局全国，先后在长沙、武汉、沈阳、长春、银川、济南、郑州、苏州、抚顺、锦州、怀化等二十几个城市开发地产。

澳海的地产并不局限于市中心，更多的是在城市周边打造老百姓承受得起的"亲民"工程，年销售额超过300亿元，一度名列全国地产企业的七八十位，在当地的城市化进程和环境风貌的改观上功不可没。

喻祖洪中等个子，头发不长，不戴眼镜，目光炯炯，走南闯北数十年仍不改浓重的家乡口音，语速较快，但一开口就能抓住重点，指出问题要害。他为人质朴低调，出门背个双肩包，自己喊出租。他学的地理，却对历史兴趣浓厚。一次，我们一起去牡丹江、北大荒等地考察，途中车上时间长，他每天捧一本比砖头还厚的《元史》，坐在大巴士的最后一排啃读。他说：古人为了挤时间读书，有"三上"——马背上、床沿上、茅坑上的说法，现在不骑马改为坐车坐飞机了，就在车上飞机上抢时间，趁这几天行车将元史再理一理。我说世上少了位史学家，多了位企业家；如果不做企业做学问，说不定阁下早已是理论界的一位大神。随便问他一个历史话题，他可以引经据典发挥出一篇论文。自 2018 年夏天的东北之行起，他的"隐形史学家"身份在圈内散开。

2021 年下半年，国家对国内过热的地产业开展调控，刺破一些不必要的气泡。在全行业的风声鹤唳下，一家年产值几百亿的公司不受影响并不现实，但喻祖洪将开发的楼盘分布在各城市的不同部位，很大部分是亲民的中低价房，使得澳海地产避免了成为像某些地产商那样的"阿喀琉斯之踵"。澳海集团也是以地产为主的多元化经营，除却主业，也有建筑施工、生态农业、红酒产业、文化旅游、园林景观、金融投资等经营项目。澳海的功夫在"生意"外，大力配合国家城市化进程的同时，助力东北城市面貌的变化，赋能中、西部地区的发展。前些年，在宁夏银川投入数亿元建设了"西夏风情园"，融历史文化、娱乐休闲于一炉，现已发展为 AAAA 级景区。澳海在江西上饶余干县建设了规模宏大的"山茶油"及生态养殖基地，其"牛郎神田"山茶油，茶籽采自生态丛林，不施化肥和农药，茶籽自开花到成熟历经秋、冬、春、夏、秋五季，民间有"抱子怀胎"之爱称，生产方式采取物理冷压榨，现代中的原始，环保健康。

董大根也是从房地产起家，浸润其中三十年，至今仍干着地产业。他和喻祖洪差不多年龄，只是地产规模略小，一直采取稳扎稳打、步步为营的策略。他高考去重庆建筑工程学院学习城市规划，毕业后进政府机关，1994 年辞职创业，一手支棱起了万星地产企业。2001 年将触角布到上海，成立万星房地产集团，在浦东、宝山等地开发业务。和澳海地产的全国开花不同，万星地产主要布局长三角，坚持守正筑善，以自身积累的"产品与服务"的地产基因，在上海周边树立了一个个经典和标杆。

董大根为中央大政方针的坚定拥护者，坚信中国城市化进程刚过半，房地产的路不会走歪，仍是重要产业；改革开放几十年，我国从沿海到戈壁，从内地到边疆，从大都市到小镇，城市面貌天翻地覆，受到不少国家的艳羡和嫉妒，还不是强大的地产业发力所致？

董大根学的工程建筑，后来又读了上海财大的 MBA，根子里散发出的却是艺术的芬芳。他的夫人陈红梅在上海大学当书画教授，精研书法理论，而董大根的书法自"二王"起步，借东坡的横势，米芾的提按，经过数十年经典的洗礼，集诸家之大成，写的却是自己。他的书法重视整体气韵，险不怪、稳不俗，像面筋一般缠绕而出，而在书写过程中随遇而变，独出机杼，自树一帜。2023 年初夏，他和作家莫言先生探讨书法，各有真知灼见。他从小和书法结缘，小学、初中、大学至今，工作之余独处书房，与之对话，承欢咏歌，永远不感寂寞无聊。

董大根自艺术而哲学，儒、释、道独有理解，尊易学为源头。他在大学时代遇到位《易经》高手，以书法与之交换，将易学导入，经过多年潜学，终于以易学为引线，将儒、释、道三家打通。《易经》原被人以为是一本占卦算命的书，类似于一门巫术，直到孔子写出《易传》为之正名，遂为天下第一经书。一次，夫人陈红梅教授拿来本《注易经》，他看过之后颇感失望：作者只从字面作出解读，过于肤浅！又有一次，在饭局上碰到国内三位知名大学的副校长，都是研究易经方面的一流专家，经过交谈，还是失望。在他看来，易经大道至简，揭示了人类、宇宙运行的规律和变化，譬如，人类发展的历史上，总有一只无形的手在暗中挥动，一场场大戏的安排，一个个主角、配角的登场和消失，是偶然也是必然。易学将儒、释、道甚至玄学连通了。

2023 年 7 月下旬，我随上海富阳商会的 22 名代表考察川滇，有机缘和大根先生同行七日，在凶险的滇藏公路、川藏线，在气象万千的金沙江、澜沧江河谷，沿途论易谈经，胸襟大畅。

大根先生身材魁梧，性格旷达而豁朗，一路健谈，妙语连珠。他善于抓纲举目，说儒、释、道，玄源于易，易经为群经之首，万经之源，将事物运行规律用阴阳两分基本厘清，从符号到文字，西方哲学家崇之为神书。但西方哲人和政治家在富有的东方遗泽面前一知半解，只谈到阳刚一面，阴柔一面被忽视，是以西方一些历史人物只取阳刚霸道，不像我国有刚有柔，走的王道。他碰到易学的一个难点是《河图洛书》，揭示了天地宇宙的许多奥秘，但极难深究。滇藏、川藏两线，阳光冰雪，山腰山顶气候不同；高山峡谷，谷底峰巅植被迥异。在不时的急转弯中，在不停地爬山下坡途中，车内人人紧拽保险带，以防摔倒，他却处变不惊，谈锋正健，不忘告诉年轻人：我国传统文化滋养丰富，青年时代应读"儒"，一路奋发向前，争仕途挣金钱；五十岁后读"道"——慢慢收敛，顺其自然；老来悟"释"，生也快乐，死也安然（不过换副皮囊）。如今，他已过了耳顺之年，脾气性格渐渐收敛，生意也顺其自然，不想一味扩张了。

我忽然觉得浙商群体有些错位，明明干着企业，却涉猎广博，手不释卷，个个像学者——去大学当个教授或许游刃有余。饮食而男女，美味而风月。既然小学毕业的吴仁宝被誉为具有博导的才华，那么新一代经历高考洗礼的浙商必将得到更高的学术位尊。

浙商们在本土已有良好的积累，扎堆上海无非有两种情况：一是在家乡一时陷入低谷，借助沪上桥头堡触底反弹；二是发展到了一定规模，在洪波涵澹的全球化浪潮面前，希望依托上海大码头向外辐射，获取更大舞台。像大根、祖洪、土忠都属于后者。

喻祖洪、董大根一辈子干地产，择一行、专一事、终一生，时间久了，像黄浦江的潮汐，难免落落涨涨。他们不像某些开发商，撬走了银行巨量贷款，爆雷后躲去国外申请破产保护，捍卫的是国外资本，哪管国内洪水滔天？他们干的都是国家导向下的实业，也不是野鹤腿一样细瘦的虚壳，当然不会走入"黑暗森林"，在大水漫灌时湿了上衣。既然在牌桌上坐了许久，他们早已看见了远方升起的曙光，必然随着新时代的风暴奔向扎实美好的未来。

另一位从富阳走出来的企业家、云森集团的创始人周云堂，来上海后在苏州河南岸、近虹桥商务区的正荣中心安了家。浙江云森集团创建于1993年，是一家集种棉、轧花、纺纱、捻线、染整、针织以及房地产、生态农业、旅游、环保建材、外贸销售等行业于一体的大型综合性民营企业。周云堂将总部留在浙江，将分部放在上海，却将拳头伸得更远，远远地伸向西北，深入到新疆的准噶尔盆地和塔里木沙漠，在那里的戈壁滩上种棉花、收棉花、纺纱、织布；在北疆的奎屯市开棉纺织厂、开发房地产；在南疆的沙漠里加工小麦和水稻。云森的产品没的说，全棉织出的毛巾、服装等商品超过日本织物标准。

周云堂白手起家，一路拼搏，历经三十年，打下一片江山。他为人热情，作风严谨，诸事亲力亲为。一次，在他的杭州云森水坞山庄，我见他亲自指导员工对在园区采摘的新茶进行检验、把关，直至加工包装完成，生怕出现差错。他每年去新疆几次，对产自戈壁的优质棉花的种植、收购、纺织，水稻和小麦的加工进行督查和把关。

周云堂身藏爱心，胸中有"鹊桥"，每年将新疆生产的纺织品以及当地红枣、核桃、面粉等农产品销往内地甚至出口，勾连边疆和沿海的联系，以上海的管理和先进生产方式带动新疆的进步，为少数民族地区的发展奉献江浙智慧。

类似的企业家还有很多，群峰耸峙，不一而足。像外滩源一样，他们从老家来到上海，并以上海为据点向全国甚至全世界辐射。

外滩源将他乡人拥入怀抱，把陌生融入身心，也被外来力滋养；外来人凝聚上海，并向外蔓延，目光穿向遥远的浩瀚星空。

外滩源向外

外滩源一期改造后，围墙打开，露出了本来面目。这里也是苏州河游船终点的停泊站。

位置最优越的当数原英国驻沪总领馆，建于道光二十九年（1849），最早使用水泥，同治十一年重建，主打英国文艺复兴风格，又中西合璧。屋顶为西式四坡顶，就地取材铺设中式小青瓦，典雅瑰丽。此建筑被列为外滩源一号，占据苏州河和黄浦江合流处风水佳地，屋前有大块的英式草坪，朝南有罗马柱和拱门，古树环绕，其中一株香樟已有 110 年树龄，二级保护，上贴编号。可见大英帝国当年占尽地利天时的气度。

外滩源是外滩"万国建筑博览会"的起点，也是外滩历史文化风貌区的核心，存留着一批二十世纪二三十年代的近代西洋建筑，也有的是中西结合。这里是上海现代城市的源头，也是我国近现代金融和贸易业的孕育出发地。

外滩源的其他建筑没有大英领事馆的气派和运道，无力占据大片土地，只能以大楼的形式存在，相互挤在一起，沿圆明园路向南一字排开，核心的有光陆大戏院、真光大楼、广学大楼、兰心大楼、女青年会大楼、安培洋行、亚洲文会大楼等七幢历史建筑。进入外滩源，主路地面以复古的鹅卵石铺就，禁止汽车进入，让出空间给品尝美酒、咖啡的热男冷女。

一座尖尖的基督教堂，矗立在外滩源苏州河方向的入口处，进门首先看到的是它精致的尖顶。上海并不缺此类教堂，西藏路、徐家汇的醒目处都有，相当于中国的寺庙，但它是西式的，海派的；历史的背负，反倒显得苏州河的包容与博大。宗教和人类相伴至今，不管东方还是西方，宗教的意义在于，人类的现实世界外，还需要一个精神世界，好比艺术，不一定真实，却美悦，科学不一定优美却真实，而宗教解决的是善与美的集合，为人们提供一种心灵的向往，为孤独和空虚的人心注入内心的慰藉，这跟上帝存不存在无关，既然艺术可以夸张，宗教何尝不能想象？

浙商人常在外滩聚会，我也常在外滩源接待外地来的客人，哪怕是喝一杯咖啡，吃个下午茶。时间一久，竟然给我带出了一两支喜爱外滩源的团队。我也说不好为什么喜欢这里，只是觉得来这里能看见上海的过去，也能透过苏河水看向未来。外滩源的东面，便是著名的外滩，那边人山人海，能看到的地方全是人，走路的、戏耍的、拍照的，年轻人、小孩、老人，外地人、本地人，休息的长条凳上座无虚席，不间断的人流和南京路上的人流连织在一起，和外滩源的静雅、文艺完全是两个世界。不过，外滩源里无端挤进了一家半岛酒店，历史的建筑嵌进了现代元素，两者的反差过分明显。

忆旧不意味着朝后，更不代表衰退，有时反而是一种美丽、美妙和美艳。外滩源是能引发怀旧的，这使我想起了大学毕业后响应时代号召，"到边疆去，到艰苦的地方去，到祖国最需要的地方去"，这一"到"就到了最遥远的地方——新疆伊犁的中苏边境（现中哈边境），在最艰苦的雪山脚下度过了七八个年头，曾立下两次军功，回归沪上的时候，已告别了天真烂漫的岁月，告别了最炫丽的青春光华，到了晚结婚的年龄。虽然艰苦，少见人烟，但那几年雪山草原的经历却构成了我人生最美妙的回忆。那个年代，没有手机，没有网，开始还没有电视，与家中的联系只有写信——对写信满怀幸福，收信充满期待，即使到了今天的微信时代，信号无处不在，还是怀念那时纯洁、宁静的纯美时光，连天上照下来的阳光都是安静的，没有脾气的。物质生活的单调、乏味与艰苦却并不痛苦，反而得到了许多常人难以理解的欢乐——与世隔绝又有联系的安宁，艰苦环境中人与人的亲密无隙，没有尔虞我诈，不需要相互设防，连荒原上的野草都是善良的，花也是真心开放。阳光充满着暖意和温馨。

"到边疆去，到艰苦的地方去，到祖国最需要的地方去"，曾经是一个时代的荣光，但到了八十年代中后期，社会风气变了，好像一艘无序的航船凭风乱漂，不知方向在哪里。高校课堂上的老师羞于提及先驱者用鲜血和生命凝成的骄傲和荣光，真诚的以身许国会被人们在背后讥讽和嘲笑，"去国外、去高收

入的地方、去西方花花世界"成了大家共同的"愿景"……迷
茫程度可见一斑。这时，我藏在心中的一个问号越来越大：辛
亥革命至二十世纪五六十年代，海外知识分子走马灯似的从灯
红酒绿的西方国家回流至积贫积弱的国内，多少人前赴后继，
不计代价；现如今国内高楼林立，发展迅猛，许多学生却从欣
欣向荣的中国，流向发出最后耀眼光芒后正走向衰败的欧美。
难道是人的逆反心思作祟，还是八十年代以来我国的教育严重
出了问题？我不知道。

回到南方后，我差不多在十几所大学学习或培训过，比如
北大、清华、复旦以及党校，学习政治、新闻和文学，深感我
国在商品经济下教育的失落，文化的滑坡，心理的扭曲。嘲国
怨国成为时尚，爱国挺国显得忸怩，有的明星去世多年了，广
播电视念念不忘，街头巷尾那么多人关心，南海撞机英雄王伟
的祭日却无人记得。其他国家的建军节，街头满是欢欣鼓舞的
人群，烈士墓前挤满身披婚纱的新娘，而我们却少有人关心
"八一"建军节。这真是一个可想而知的悲哀……

我看到尖尖的基督教堂矗立在外滩源最显眼的地方，突然
觉得这里的宽容和大气，这也许就是我们的自信，也使我对恢
复和弘扬自己的文化抱有无限希望。当我荒诞和美好的想法奇
怪地混合、笼罩在身上时，我由绮想引发的悲悯被一扫而空，
"存在即现实"，因为我深刻发现了原有的不协调也是协调，发
现了现有的布局也是巧妙布局。

"落花踏进游何处，笑入胡姬酒肆中。"这里向世界敞开胸

怀，世界把这里当作舞台。这里是稷下学宫，也是盛唐的长安街市……

我俯视着外滩源。王士忠、喻祖洪、董大根、周云堂等浙江企业家俯视着外滩源。现代浙商的历史可以重写，新浙商从不以为自己天下第一，第二、第三都不会争，但浙商们多来这里走走有好处，虽然无法预测历史的走向，但这里通江达海。

我矍然发现，外滩源地理空间很小，精神空间很大，勾起了人们对繁华、开放、多元、美好的全部想象，无意间逻辑自洽地诠释了上海"海纳百川、追求卓越、开明睿智、大气谦和"的当代城市精神。

苏州河是开放的，从太湖缓缓走来，串起运河，串起黄浦江，连着南京，连着杭州，走向了东海。

苏州河没有尽头

苏州河水连着黄浦江，向达东海，当河边的码头渐渐消失，崭新的打开方式也产生了。

新的打开方式

1993年的一天晚上，上海海事局副局长王志一边洗脚，一边看着电视。屏幕上，几个杭州西湖清艳的荷花镜头勾住了他的眼神，甜甜的画外音解说着"外西湖、里西湖"之类的语言。他将手上的遥控器轻轻放下，耐心看了起来。忽然，他像瞬间中了邪，身子向上直直蹦起，迈开双脚冲向书房，赤裸的脚趾勾翻了面盆，水溅流了一地。

王太太见状，大声呼喊起来："老王侬发神经啦！赤脚乱往里跑，没见洗脚水洒了一地吗！"

王志一鼓着两眼瞪了她一眼，懒得理会，径直扑进书房，拿起笔写下几个字。

王太太无奈地摇摇头，提了拖把赶忙擦地。

王志一嘴里嘟囔着"里西湖、外西湖""里字不好听，内港较妥当"，便在本子上写下了"吴淞口里叫内港，吴淞口外称外港"。

"苏州河小了，黄浦江两岸的货运码头也撤了，上海的东方大港往哪走？——加强两翼，辐射东海！向外，再向外。"王志一自言自语道。

王太太将地上的水渍拾掇干净了，擦了把汗，嗔怪道："一天到晚神神道道，不知琢磨个啥。"

"你懂个啥？我在捣鼓上海码头的方案，在行业内干了半辈子了，不弄出个好方案，怎么对得起上海海事，怎么对得起苏州河、黄浦江和扬子江？"

"别在鼻眼里插根葱装大象，侬有介重要吗？"

"还别说，上海要规划世界级码头、重量级大港，咱海事局真还重要了！"

王志一是地道的本地人，他幼小的时候，苏州河边码头遍地，商铺熙熙，北路、南路上下码头的人肩挑手扛，热闹非凡。现在，两岸码头一个个倒了，心疼，但没办法。

后来，黄浦江两岸67公里，许多码头也"倒"了，"一江一河"的黄金地盘让出来，搞旅游开发。

王志一早年就读于大连海运学院，毕业后统一分配到江苏连云港港务局当船长，二十世纪八十年代调入上海海运局，继续当船长跑远洋。当他的管理和规划能力显露出来后，被上级慧眼识珠，逐渐走上领导岗位。当时的海运局分港务和海运两大块，港务主要负责港口和装卸，海运包含海洋运输、船厂、救捞等。八十年代中期，水运体制改革，政企分开、政务分开，他所在的单位变为海上安全监督局，到了 1998 年，改为海事局，延续至今。

王志一爱学习胜过任何一项娱乐，喜欢积累资料，工作的余暇深深爱上了海运历史。在他眼里，中国航海史漏洞百出，许多地方应该重写，包括上海部分，他列举了不少案例。一次，中国民主促进会创始人雷洁琼先生问他："什么叫上海?"他说："先有上海县，后有上海市。元朝从三万户建县，上海县开始亮相，已经存在了七百多年，'上海'，就是'上海上去'的地方。"雷洁琼又问："为什么叫浦东浦西? 有没有浦北浦南?"他说："上海的中心以城隍庙为坐标点，这里的黄浦江从南而北穿过，东西两分——浦东和浦西，自然没有浦南浦北。"

岁月不居，河道善变。元朝开始，运河淤塞，明朝年间，浏河淤塞。同样在明朝，苏州河的位置被黄浦江"端"了，主客易位。为了不让人遗忘苏州河曾经的付出，保留了吴淞口（吴淞江为苏州河的本名）的称谓。那年，王志一在吴淞口组织设立了一个上规模的灯塔，除了导航，也有纪念吴淞江的意义。

回望明朝当年，工部局一名副部长来疏浚吴淞口以上河道，包括董家渡至小东门一带。浦江连海，涨潮时间五小时，退潮七小时，黄浦江航道越冲越深，终于抢了苏州河的饭碗。1842年，广州、厦门、福州、宁波、上海五口通商，外国人更钟情上海。虽然北有南通，南有宁波，两者的码头规模优于上海，但上海离大海更近，海船往吴淞口一拐就到黄浦江，自然水深 6 米，涨潮时达到 8 至 9 米，几千吨至上万吨的海轮可直接进入，超万吨轮也可趁潮而入（美国的万吨轮吃水 8 米，当时的万吨级轮船不多）。国际海船大船的进入，催生了上海大码头，也使上海成了"五口"之首。

改革开放后，从船长成长起来的海事专家王志一总憋着一口气，眼睁睁看着深圳从一片田野跃升为对外开放的桥头堡，气势竟然盖过了辉耀远东一个世纪的上海。曾几何时，深圳不过是离海边不远的一个小渔村，靠着国家政策红利走在了全国前列，而上海就缺少这样的政策机会。后来，浦东的开发给上海赢得了这样的机遇，上天似乎想在这儿狠狠补上一把，加持的力度尤其大。既然机会是历史性的，那王志一他们做的事也应该是史诗级的。

1994 年，王志一转正当上了海事局局长，一把手就该思考一把手的事。上海遇水而筑，依水而兴，上海的"海"字就是"水"字旁，海事局的目光瞄向的自然是水，是海，要干就狠狠干一番让世界瞧得上的。

王志一的眼光向南，瞄上了新加坡的水道和那里的码头，眼馋新加坡港口的吸金吞银。一个几百万人口的小国，没有腹地，没有资源，靠着马来西亚等国同样拥有的水道和码头，手持自由贸易通行证，硬生生将自己打造成了世界货物集散中心、全球第一大港。新加坡依水而旺，从一条泥鳅变成了"龙"。

其实，在东亚和东南亚，像新加坡这样的自由贸易港不在少数，而新加坡能脱颖而出，成就世界第一大港，是因为中国、日本、韩国甚至俄罗斯的远东从非洲和欧洲运来的货物都要经过马六甲海峡，每年投喂万亿美元，使新加坡人躺着数钱数到手麻。

王志一没有嫉妒，没有怨恨，只有羡慕，羡慕他们走对了方向，找对了路子。

在历史的舞台上，小小苏州河曾经是航运的拉幕人，船运业务达到上海运力的七成。苏工馆的资料记载，除了客运，苏州河两岸的行业码头也十分密集，如米码头、酒码头、水果码头、沙石码头、木材码头、土产码头以及垃圾码头、粪便码头等，令人眼花缭乱。1919 年，工部局曾派人在苏州河河口统计船只，记录平均每 24 小时有载重 10 吨至 90 吨的货船 1858 艘、货运板 807 艘通过。数字表明，苏州河的船舶货运量比沪宁、沪杭两条铁路的任何一条，都要大五至六倍。苏州河乐不可支。

好景不长，在历史的前进脚步面前，苏州河的浅水码头开始下岗，河面平静。然而，失去航运的苏州河不是一汪死水，而是成了另一些更大更深码头的源头之水。

苏州河的码头并没有沉没，却是化作了另一种打开方式。

憋出大招

王志一成为海事局的首席创意师，开始献计贯穿江海的港口方案。在"加强两翼，辐射东海"之前，67 公里长的黄浦江已经无法满足现代化港口的需要。首先是水深受限，数万吨以上的现代大船进不去。二是缺少腹地，码头周围被居民区包围了。三是污染难题。大船即使能进，可能带来的污染不利于"城市会客厅"建设。尤其是将要举办2010年上海世博会，黄浦江的"会客"、旅游功能凸显，港口除了外移别无他途。何况，跟几十年前比，吴淞口以外的两翼水面和陆地已经不认识了。

王志一小时候，长兴岛不大，横沙岛一点点，九段沙还浸在海水里。他感叹水的魔力，中西部冲来的大量泥沙，撑起了无比强大的长江口填海造陆功能：如今长兴岛发育成熟，跃为我国最大的造船基地和振华港机所在地；横沙岛成年，旅游岛功能彰显；九段沙露出水面长满芦苇，成为鸟类栖息的天堂。

1992年召开的中共上海市第六次党代会上，市委将深水港建设列为上海新一轮城市基础设施建设十大工程之首。当年10月，中共十四大正式提出把上海建成"一个龙头、三个中心"的重大战略。此后，中央多次提出要加快上海国际航运中心建设。交通部长黄镇东标准更高，要求上海港什么船都能进。当时，最大船载为4000标准箱，吃水12.5米。上海市也认为12.5米不够，还得向前向远看，需要从远从深论证。

窥破了新加坡的秘密，上海的地缘优势就凸显出来了，上海不但和新加坡一样，能承接日本、韩国、朝鲜、俄罗斯远东等地的中转货物，而且南连福建、广东，北接山东、天津、东北，更重要的还有一条世界级大江辐射中西部，远达汉口、重庆内陆。上海不像新加坡是个纯粹的中转港，它本身也有大量的货物进出，综合优势远超后者，之所以一直没能赶上新加坡，受到两个因素制约：缺乏深水港；上海港不是免税港，没有自由贸易区。

上级安排王志一担任6000标箱（船载）码头论证组组长，后来担任10000标箱的认证组组长，一直论证到20000标箱。交通部黄镇东部长对王志一说："送你六个字：挖进来，跳出去。"黄部长的意思，对内河要挖深，寻找深水港的目光需深远、向外。

王志一理解了"跳出去"的深意。上海是我国超大的工商城市，虽然占据着长江出海口，但海域面积有限，似乎缺乏营造大型深水港的先天条件，然而，上海找不出不代表周边找不出，跑远洋出身的王志一的目光扇形般展开，瞄向了南北两翼。

良港难遇也难求，上海蹚出了新路。专家组先后对北上（罗泾）、东进（外高桥）、南下（金山嘴）等建港方案进行论证，都因航道水深不够、岸线不足等原因搁浅。1995年9月，专家组以及上海市政府正式提出了"跳出长江口"，在距上海南汇芦潮港约30公里的大小洋山岛建深水港的设想。

王志一记得，自1996年5月开展洋山深水港区选址论证，到2002年6月开工建设，历时六年。共有国内外近200家专业研究机构和高等院校6000多名科研人员参与了新港址论证，参加各专题成果评审和咨询的国内外知名专家学者达1000多人次，其中中科院、工程院院士100多人。国家发改委、交通部等有关部门多次组织专家咨询会、评审会，集中了大批国内外专家、学者和科研人员，从港址选择、工程立项到开工建设全过程进行研究论证，对港口建设的技术可行性和经济可行性进行了深入分析，对地质、水文、气象、环境等各方面进行了综合评判，力求把洋山深水港区工程建成一个经得起历史考验的工程样本。

　　洋山港的决策无疑具有战略性，三易选址，百余院士献计，铸就世纪工程。上海国际航运中心洋山深水港位于杭州湾口、长江口外、上海南汇东南，距离芦潮港 27.5 公里，距国际航线 104 公里，是离上海最近的具备 15 米以上水深的合理港址。开港后在业务上属于上海港港区，行政区归属于浙江省舟山市嵊泗县。洋山港港区规划总面积超过 25 平方公里，按一次规划、分期实施的原则，自 2002 年至 2020 年分四期建成。

　　洋山港具备独特的区位优势：平均水深 15 米，海域潮流强劲，泥沙不易落淤，海域海床近百年来基本稳定，确保船舶航行及靠离泊安全；港区工程方案经过模型试验反复论证表明，工程实施后对自然条件基本无影响；大、小洋山岛链形成天然屏障，能维持原有水深，泊稳条件良好。另外，建设长距离跨海大桥也有先例，符合世界港口向外海延展的路子。

　　为对接长三角，开始进行长江口深水疏浚，除了中央财政，沿途受益单位也出钱筹资，其中上海市政府出资九分之二，江苏九分之一。但宝钢一时想不通，说："王志一，请打住了，深挖航道主要为集装箱服务，我一个钢厂不用集装箱船。"经过协商，后来宝钢人也是支持的。

王志一一直记得黄部长的话。如今，洋山港水深 16.5 米，长江航道疏浚深达 12.5 米，5 万吨船直抵南京。长江沿岸城市顺便享受了海港待遇，苏州有太仓港，无锡有江阴港，万吨轮顺长江直通东海。

洋山港祭出了它的地理优势，港区包括东、西、南、北四个港区，一次规划，分期实施，自 2002 年至 2012 年共完成三期，总投资超过 700 亿元，其中三分之二为填海开支，装卸集装箱的桥吊机械等投资 200 多亿元。至 2012 年，洋山港拥有 30 个深水泊位，年吞吐能力 1500 万标箱。在大型机械的挖掘下，整个码头的岸线达到了 20 多公里。

2017 年 12 月 10 日，上海洋山港四期码头正式开港，项目占地总面积 223 万平方米，共建设集装箱停泊位七个，集装箱码头总岸线长 2350 米，实行全自动无人化操作。四期码头具备完全的自动设备，共配置 36 台吊桥，120 台轨道吊和 130 台自动引导车，全部按照规定的系统指令执行工作。工程建造过程中，技术人员为自动引导车编写了近 36 万条代码，地下埋藏 6 万多根磁钉，安装自动感应灯 650 万只。数字化赋能的智慧港口，保证设备能根据实时装载信息和路况，选择最近最方便的路线，甚至连自动引导车也根据自己的需求，自行行驶到充电站充电，一切原来需要人工操作的工作全部交给机器完成。洋山港是我国唯一一个所有设备均由国内独立研发的码头，拥有完全独立的知识产权。伴随着四期工程的收官，洋山港从一个破落的小渔村跃升为世界第一大港。数据显示，洋山港集装箱吞吐量在 2021 年、2022 年均超过了 4350 万标准箱，连续十三年排名世界第一，将新加坡港远远甩在了后面，也超过了美国全部港口吞吐量的总和。

二期建设时，有人对王志一说："东海大桥四车道，规划落后，可能要饱和。"

王志一摇摇头说："上海内环线一开通即饱和，东海大桥不会，因为它只是一条面对上海的货运专线，最关键的洋山港是智能港，大船换小船——20 万吨船上的货物直接卸载在 5 万吨、3 万吨、几千吨的'小船'上，开往南京、武汉等长江腹地，也沿海路开往福建、广东、山东、东北等港口。要知道，货物运输以水运最为经济，现在几百上千标准箱的支线船可以直接去洋山港倒货，而一趟中欧班列才装几个箱子？最大的才 600 标准箱。"

事实说明，东海大桥运行流畅，至今也没有饱和。

王志一在 2003 年从海事局局长位上退下，去了人大。市领导安排他仍负责交通，主要是海上交通。

2023 年 5 月 28 日，靠泊在冠东国际集装箱码头的大型集装箱船舶"地中海阿波琳"号卸货完毕，标志着洋山深水港冠东码头吞吐量正式突破一亿标准箱。

2023 年 6 月 27 日，上海洋山深水港四期自动化码头正式实施"内支线集装箱船舶双档靠泊"，从此，洋山深水港一至四期集装箱码头全部实现"双档靠泊"，长江内支线集装箱船舶通行得以提速。

　　"双档靠泊"是指在已泊货船的外侧，再靠泊另一条船，即在同一个泊位上，并排停靠两条船舶的操作方式，振华港机生产的龙门大吊可以在两条船上同步进行装卸作业。双档靠泊如神来之手，能有效提升码头泊位和桥吊利用率，港口效率跃升。

　　据海事局科技信息处处长陈锡雷统计，常规作业模式下，内支线集装箱船舶平均换档时间 45 分钟，"双档靠泊"实施后，平均换档时间缩短至 20 分钟，整整缩减一半，相当于单一泊位利用率提升了一倍。

　　陈锡雷喜欢用数字说话。挂靠洋山深水港的内支线集装箱船有 90% 以上来自长江沿线，这些船舶及时靠泊作业，对沿线经济腹地货物及时出运，带动沿线产业发展作用明显。

　　眼前的物象，精神的品级。海事局办公室主任杜羿卓刚过不惑之年，曾在洋山港海事局当了三年副局长，对四期码头的"双档靠泊"自有入木三分的理解。受地形影响，相较于洋山港一、二、三期码头，四期码头前沿潮水流量大、流速高、流向复杂，对船舶安全靠离泊的影响更甚，且码头前沿水深条件和旋回水域相对受限，开展双档作业的难度远高于其他码头。上海市和洋山港海事局根据风力、潮汐、能见度要求，对气象、水文条件及船舶资料进行反复分析、研讨和论证，先后攻克旋回水域不足、码头前沿水流较急等难点痛点，确保了"双档靠泊"的正常实施。

　　杜羿卓喜欢海洋，自接受教育起，对中国海权的沦丧耿耿于怀，这种感觉在他进海事局工作后越发明显。他研究后发现，这跟我国古代以来的政治家和思想家少有海上冒险的经历有关。被誉为人间神祇的孔子，其家乡离海洋不远，但在《论语》中，只有一次提到海，也是那样的轻描淡写："道不行，乘桴浮于海。"可见对海洋的忽视与无为。上海港码头的外移到海上，杜羿卓打心眼里钦佩。

内水码头犹在

我再一次见到王志一时，他已退休十多年。海事局宣传处曹鹰处长亲来陪同。曹处长特意选在一个苏州河附近的咖啡馆约见。一谈到海事局和洋山港当年往事，上了年纪的王志一精神倍增，眼神熠熠。

到了王志一的年龄，见过太多的人生幽暗与光亮，说话不会过于激动。他说："洋山港一至四期，动的不过是小洋山，还是南侧；大洋山还原封不动地留存着。"

今天，王志一的梦想化为现实，夙愿已了。冬去春归，苏州河边也还有码头，不过是供游船泊岸的小小码头。当年洋山港码头开通时，王志一亲赴现场，春风得意。今天坐在风景如画的苏州河畔，瞧着轻盈飘忽的载客游船停泊在外滩源码头，王志一满面春风。两者不同之处，一个是那么小巧，一个是那么宏大。王志一抚今追昔，感慨万千。

杜羿卓很快做了补充："洋山港还在成长。和一至四期集中在南侧相对应，小洋山北侧也已进入开发模式，一旦北区港区建成，南北就有个分工，南区主要停靠国际大船，北区泊国内‘小船’，从长三角等地来的支线‘小船’（区别于几十万吨的远洋大船，其实也不小，500 标箱到 2000 标箱）停泊在北区，和南区的大船进行倒货，这样，洋山港国际、国内中转集散的功能将进一步提升。"

"从上世纪苏州河码头开始，上海的航运一直在高速生长，码头也越来越大，越来越向外，终于突破江和河的限制，伸展到了海上平台。"杜羿卓说。

"杜主任的说法很有想象力。"一旁的曹鹰说，"是不是可以衍生理解为，洋山港大码头是对从前苏州河小码头的反哺和馈赠？"

"嗯，也有道理。"王志一说。

曹鹰来自长江彼岸的南通市，南京大学物理系毕业后，特招进部队服役，转业后来到上海海事局，经历多面，阅世充分，镜片后面的一双眼睛闪耀着练达与智慧的光辉。他说："天下大变，小洋山集装箱已连续十三年全球第一，东面还有 LNG（液化天然气）码头，接受运载能源货轮。"

杜羿卓目光深远地说："虽然集装箱码头洋山第一，但我国吞吐量最大的港口得数宁波舟山港，宁波港水深 24 米，能承接超大型的散装船——北仑港进干货（矿石、煤），册子岛进湿货（石油），管道直通上海。目前形势下，册子岛已成了最大原油储备基地。"

曹鹰说："国际油轮做到 40 万吨差不多了，啥事总有个头，

40万吨已是超级油轮。集装箱轮24000标箱基本到头，再上去没必要了。超级油轮和超级集装箱轮的出现，对世界港口的配套要求提高，一般国家要跟上不容易，再往上去，苏伊士运河吃不消，巴拿马运河气喘吁吁。大处不胜力，大飞机也不是越大越好，A380退休了，B747也是越飞越少，轮船也是一个道理。"

曹鹰人过中年，又经过部队历练，眉宇间呈现出无比成熟的表情。他说洋山港也非一家独大，它的身后紧跟着深圳港和新加坡港；好在上海另有外高桥大港，承接力也异常强大，除了集装箱大户，还拥有全国最大的汽车码头。上海港8750万标准箱的体量，拥据了全球十分之一的份额。上海港蓦然举首，前方已无比较的身影。

而我的神思远游，从眼前苏州河水、黄浦江水，从吴淞口往下，奔流向了长江口的广阔。上海，不仅有苏州河、黄浦江的风姿绰约，也有奔海赴洋的大江大河，不仅是金融贸易的上海，也是大航运大工业大科技的上海。君不知，长江口的南面，浦东机场第五条跑道早已开启，每天承接着1500架次商业航机的起落，伟岸、流畅、祥和的国产C919大飞机就是从这里起步远航。它的北面，长兴岛拥有全球最大的造船基地，052D中华神盾、055万吨大驱、国产航母"福建舰"正是从这里下水，开启中国的海权新时代。旁边，横沙岛的吹填工程已经进行到第N期，填出了超过100平方公里的土地，令新加坡羡慕不已。

上海，除了精致和温柔，含蓄和浪漫，还有包容和开放，大气和卓越，还有吞吐天地之气概。每一个上海，都是独一无二的存续。

宣传处长曹鹰的前任陈洪国，现轮岗至黄浦海事局政委，掌管着黄浦江水道。和属于水务局管辖的苏州河不同，黄浦江水面开阔，水深 8 米，能进出几万吨的大船，航路管理复杂艰难。按陈洪国的话说，黄浦江不但是航道，更是上海乃至国家的水上会客厅，重要性不言而喻。黄浦海事局两三百人马，监管着这段黄金水路，除了人工巡视、安装大量高精探头，还出动无人机进行场面监控。

陈洪国为人谦和热情，这次对王志一局长的采访，还是他和行办主任杜羿卓（原宣传处副处长）牵的线。自从去了黄浦分局，陈洪国头上平添了几根白发。外人和外来游客不知，陈洪国心底清爽，黄浦江经常是条"悬河"。现在外滩防汛墙高达 6.9 米，但上海的海拔高度在 0 至 4 米间，黄浦江历史水高 5.72 米，水位超过公共汽车顶高。外白渡桥设有水文监测站，每升高 5 厘米上报一次，每遇大潮、大风暴雨，从吴淞口倒灌进来的激浪常常使可爱的黄浦江升高为可怕的悬河。

陈洪国挂在嘴角的笑容犹如黄浦江的待客之诚。黄浦江内河接海，是上海城市会客厅的主场，现有公平路国际客运码头和吴淞口国际邮轮码头两个巨星级码头。公平路码头离苏州河和外白渡桥不远，水深 8 米，常有几万吨的漂亮邮轮缓慢进出，构成浦江一景，使黄浦江悠然地漂动起来。理论上公平路码头的水位能停靠 10 万吨级的大船，但具有装扮性质的邮轮烟囱高达 50 米，被迫阻于杨浦大桥。吴淞口国际邮轮码头位于宝钢下游、吴淞口上游的优良位置，再大的"海上城市"也能装下，17 万吨的量子号邮轮、22 万吨的歌诗达邮轮都停靠吴淞口码头。

后来，国产的"爱达·魔都"号邮轮下水了，奇幻缤纷的设计，对中国邮轮产业发展、走向世界和上海城市形象传播意义深远。至此，上海摘下大邮轮、LNG（液化天然气）船、航母三大造船工业上的皇冠。13 万吨级的"魔都号"以上海为母港，作为另一张移动的海上名片，开启国际航线，执航日本及东南亚，并适时推出"海上丝绸之路"等中长航线，打造长、中、短相结合的多样旅行度假选择。黄浦江以邮轮为载体，通过"一船好戏"讲述中国故事，增进中外交流。

大航海时代的源头在中国，如同人类科技的源头起于中国——指南针、火药，如同欧洲启蒙运动的思想种子源自中华。当年，伏尔泰、霍尔巴赫、狄德罗、莱布尼茨、歌德对孔孟儒家的推崇达到了癫狂的程度，当时的中华文明，是欧洲知识分子心中的精神圣殿。那些年，中学西渐，指南针传往西方，开启了大航海时代。是的，中国也曾有过那样的阶段，郑和下西洋的船队到达非洲好望角，一艘大船能载一百多人，比包括哥伦布在内的西方冒险家探索远洋早了近一个世纪。可惜后来官方颁布海禁，中国航海跌落神坛，走向海洋之路被迫中止了 400年。现在，一个时代又回来了。

几百年过去，新时代的航船已经出发，从苏州河奔向洋山港。苏州河捯饬整齐，犹如裹着晨衣的青春女，千娇百媚，永不老去。

从苏州河通达的吴淞口望出去，不只是长江口，不只是东海，前方分明是大洋星辰。

苏州河水无尽头。

2023 年 8 月 8 日初稿

2023 年 9 月 23 日二稿

图书在版编目（CIP）数据

苏州河的早晨 / 詹东新著 . —上海：文汇出版社，
2024.1
ISBN 978-7-5496-4169-7

Ⅰ. ①苏… Ⅱ. ①詹… Ⅲ. ①苏州河–历史　Ⅳ.
① K928.42

中国国家版本馆 CIP 数据核字（2023）第 236137 号

苏州河的早晨

著　　者　詹东新
封面绘图　屠　莺
责任编辑　徐曙蕾
装帧设计　一亩幻想

出版发行　📖文匯出版社
　　　　　上海市威海路 755 号
　　　　　（邮政编码 200041）

照　　排　南京理工出版信息技术有限公司
印刷装订　上海颛辉印刷厂有限公司
版　　次　2024 年 1 月第 1 版
印　　次　2024 年 1 月第 1 次印刷
开　　本　890×1240　1/32
字　　数　190 千
印　　张　9.75

ISBN 978-7-5496-4169-7
定　　价　58.00 元